Dans la même collection :

FRÉDÉRIC DARD par Louis Bourgeois
JEAN GIONO par Jean Carrière*
MARGUERITE YOURCENAR par Georges Jacquemin
ALAIN ROBBE-GRILLET par Jean-Jacques Brochier
VLADIMIR JANKÉLÉVITCH par Guy Suarès*
LE CORBUSIER par Gérard Monnier*
FRANCIS PONGE par Guy Lavorel
JEAN PAULHAN par André Dhôtel*
MICHEL FOUCAULT par Jean-Marie Auzias
HENRY MILLER par Frédéric-Jacques Temple
RAYMOND ARON par Nicolas Baverez
GUSTAVE ROUD par Gilbert Salem
JULIEN GRACQ par Jean Carrière
CARSON McCULLERS par Jacques Tournier
SAINT-JOHN PERSE par Guy Féquant
ALAIN RESNAIS par Jean-Daniel Roob
ANTONIN ARTAUD par Alain et Odette Virmaux*
(avec une cassette de l'enregistrement de
Pour en finir avec le jugement de dieu d'A. Artaud)
ANDRÉ GIDE par Eric Marty
NATHALIE SARRAUTE par Simone Benmussa
PAUL-JEAN TOULET par Pierre-Olivier Walzer
EMMANUEL LÉVINAS par François Poirié
ELIE WIESEL par Brigitte-Fanny Cohen
ANDRÉ MALRAUX par Jeanine Mossuz-Lavau*
COLETTE par Jeannie Malige
PIER PAOLO PASOLINI par Alain-Michel Boyer
JEAN VILAR par Alfred Simon
(avec une cassette de l'enregistrement
des grands rôles de Jean Vilar au théâtre)
JEAN DASTÉ par Jean Dasté
ANDRÉ BRETON par Alain et Odette Virmaux
VIRGINIA WOOLF par Phillys Rose
RENÉ CHAR par Serge Velay
PHILIPPE SOUPAULT par Bernard Morlino

MAURICE RAVEL par Marcel Marnat
(avec une cassette des enregistrements de 1929-1934, réalisés sous la direction de Maurice Ravel ou par des interprètes de son choix)
HENRI MATISSE par Marcelin Pleynet
KATHERINE MANSFIELD par Michel Dupuis
DINO BUZZATI par Michel Suffran et Yves Panafieu
AUGUSTE COMTE sous la direction de Gérard de Ficquelmont
MARY SHELLEY par Cathy Bernheim
CHATEAUBRIAND présenté par José Cabanis
C.F. RAMUZ par Marianne Ghirelli
JOSEPH DELTEIL par Robert Briatte
GÉRARD PHILIPE par Dominique Nores*
(avec la cassette des enregistrements des grands rôles de Gérard Philipe au théâtre)
RAYMOND QUENEAU par Jacques Jouet
MICHEL BUTOR par Skimao et Bernard Teulon-Nouailles
JEAN GENET par Arnaud Malgorn
PAUL LÉAUTAUD par Martine Sagaert
HENRI MICHAUX par Brigitte Ouvry-Vial
MOLIÈRE par Alfred Simon

INA INSTITUT NATIONAL DE L'AUDIOVISUEL

Les ouvrages marqués d'un astérisque comportent des entretiens issus des archives de l'Institut national de l'audiovisuel.

LOUIS JOUVET

Qui êtes-vous ?

Paul-Louis Mignon

LOUIS JOUVET

Qui êtes-vous ?

la manufacture

Cliché de couverture : Karsh-Caméra Press.

L'été 1951, le 21 août, en fin de matinée, dans le Paris des vacances où le piéton réapprenait à flâner, une étrange agitation avait saisi le quartier Saint-Sulpice. Des milliers et des milliers de personnes se pressaient devant l'église comme une énorme fourmilière humaine. Parmi elles, des visages de comédiens et de comédiennes, de personnalités rentrées brusquement dans la capitale pour la circonstance : les obsèques d'un « comédien », les obsèques de Louis Jouvet. Plus tard, le cortège s'avancerait entre deux haies d'une foule anonyme jusqu'au cimetière Montmartre dont il faudrait fermer les portes tant il y avait de monde.

La nouvelle était tombée quatre jours plus tôt, barrant en énormes caractères la « une » de *France-Soir*. Une femme, metteur en scène brésilienne, alors étudiante, raconte qu'arrivée depuis peu à Paris, ignorant l'événement, elle était allée dans un grand magasin quand la vendeuse à laquelle elle s'adressait lui dit, éprouva le besoin de lui dire, tout à trac, à elle, la jeune cliente inconnue : « Mademoiselle, Monsieur Jouvet est mort », mêlant à l'émotion cette nuance de respect : « *Monsieur* Jouvet... »

Louis Jouvet avait été terrassé par une crise cardiaque dans son théâtre, l'Athénée. Aussitôt, une longue file d'admirateurs s'était formée au 24 de la rue Caumartin, à l'entrée des coulisses, pour saluer le comédien étendu sur un divan dans son bureau. Pendant trois jours, le défilé se poursuivit.

Quel pouvoir singulier peut-il expliquer le rayonnement d'un homme si éloigné, par l'ambition et la pratique de son métier, de l'imagerie populaire de la vedette ?

Sans doute, à travers la diversité de ses apparitions à l'écran, sa formidable présence, la fascination qu'exerçaient le regard profond dominant sa haute silhouette, cette bouche aux lèvres charnues, légèrement ouverte par on ne sait quelle attention, quelle curiosité, désir ou menace, et la cadence et la musique de sa diction saccadée, l'avaient inscrit dans la mythologie du cinéma.

A ses débuts pourtant, il avait écrit : « Je ne serai jamais un grand acteur... », ajoutant : « ... et ça m'est bien égal. » Lui qui, sous le masque de l'impassibilité et des foucades de l'ironie, paraissait l'autorité même, lui qui, pour sa troupe et ses élèves, était le « Patron », dépositaire de la science du théâtre, n'avait cessé d'être tenaillé par l'inquiétude et le doute, remettant nuit et jour en question les vérités qu'il tentait d'approcher.

« Lorsqu'il est mort, a noté François Périer, j'ai réalisé soudain qu'il ne m'avait jamais parlé que de théâtre. » Pour discerner ce que fut Louis Jouvet derrière les affirmations, les contradictions apparentes et les paradoxes dont il aimait jouer, nous n'oublierons pas que si, dans son esprit, le théâtre était l'expression supérieure de la vie, sa vie avait été totalement le théâtre. Une foi, avec ses ferveurs et ses intolérances. « Chez lui », c'était *son* théâtre.

Quel homme !

Dans son enfance et son adolescence, Louis Jouvet n'eût pas reconnu une vocation pour le théâtre au sens où l'entend généralement le monde de la scène, sinon dans la patience obstinée — « obstination vague » dira-t-il — avec laquelle il repoussa les tentatives de ses tuteurs qui songeaient à l'orienter vers la marine ou la prêtrise ; son acceptation d'entreprendre des études de pharmacie ne fut qu'un moyen détourné d'aborder le théâtre. Il voyait dans la vocation non un départ, mais un provisoire aboutissement, l'effet d'un choix fondé sur de premières expériences et la conviction acquise, à leur faveur, que l'art du théâtre répondait à une authentique aspiration, à des goûts assurés, appuyés sur les dons et la volonté pour les satisfaire.

Lorsque le candidat bachelier maintient sa détermination en dépit des avis et objurgations de la famille — « Le théâtre est un métier honteux » en est l'antienne —, il n'est pas parvenu à ce point. Il admettra seulement qu'il était attiré par ce que l'activité théâtrale a de plus factice et de plus frivole, une forme de passeport pour échapper aux pauvretés du quotidien que lui promettait la vision de l'officine pharmaceutique de son oncle. « Je me suis trouvé un jour au théâtre, dans une salle, puis sur la scène : je m'en étonne encore moi-même. » Pour y accéder, il aura fallu les rêveries sous les marronniers, au fond du jardin de ses grands-parents, à Belleville-sur-Bar, l'éclat des fanfreluches et l'exaltation des plaisirs qu'il a découverts à la lecture du *Mariage de Figaro*, l'intérêt qu'il prend à dire les textes classiques lors des représentations du collège Notre-Dame de Rethel, et, peut-être davantage, l'odeur du spectacle qu'il trouve dans le dépôt de pain et de pâtisserie que sa mère, après la mort accidentelle de son mari, tient, depuis 1903, à l'entrée de la rue de Caulaincourt, face à un des grands lieux du spectacle dans le Paris de l'époque, l'Hippodrome. Louis, alors pensionnaire à Rethel, y vient pour les vacances. Il est mêlé au public qui entre dans la boutique pendant les entractes, et fait la connaissance d'une figure célèbre de la rue parisienne, le Roi des camelots. Celui-ci l'entraîne rue de Rivoli, là où ses confrères exercent leur talent. L'image de ces parades frappe le collégien.

Dans cette lente démarche intérieure vers le théâtre, au sein d'une famille qui s'emploie à s'y opposer, un trait de caractère de Louis Jouvet se manifeste : il est secret et il est pudique. Il y a des choses que l'on dit, il y en a qu'on ne dit pas, mais si l'on vous interroge, on répond. Dans l'épreuve difficile, parfois douloureuse, de l'exil de sa troupe à travers l'Amérique latine pendant la Seconde Guerre mondiale, malgré la communauté forcée à laquelle elle était amenée par son isolement au milieu des populations indigènes et les conditions précaires de son existence, ses proches ont ignoré ce qui le touchait intimement — bonne ou mauvaise nouvelle.

L'affrontement avec les siens pour le choix d'une carrière n'empêche pas qu'il ait été un enfant aimant, qui ne cessera de professer un respect sincère pour ses origines. Il gardera une gratitude marquée à l'égard de sa grand-mère maternelle, non seulement pour les soins les plus affectueux qu'elle lui a prodigués, mais pour son bon sens et son franc-parler et l'éveil à l'imaginaire qu'il lui a dû à l'écouter conter des histoires avec la verve du terroir. De sa mère, il aura la photo dans sa loge ; à la création du *Coup du 2 décembre* de Bernard Zimmer, il supprimera une réplique parce qu'elle a choqué sa mère.

Sensible, « si sensible à tout » selon Jacques Copeau, il l'est, et même sentimental, tendre, adorant les enfants, lié d'affection avec les chiens. Sa correspondance avec Jacques Copeau, aux premiers temps de la croisade du Vieux-Colombier, témoigne qu'il se livre avec fougue à ses élans, soucieux de ce que la naïveté peut avoir de fécond, et avec la conscience que son appétit livresque risque en effet de l'altérer. La curiosité, le besoin d'apprendre et de savoir, de se rendre maître de certitudes, l'a poussé dès l'adolescence vers les livres. Un besoin et une passion qui se traduisent par une boulimie de lecture. Elle se fixe naturellement sur tout ce qui concerne le théâtre et occupe ses nuits comme ses jours. Du catalogue de la section électricité de l'Exposition universelle de 1900 aux « traités, mémoires, commentaires, souvenirs, introductions, dissertations et conclusions diverses, j'ai lu sur le théâtre, précise-t-il, tout ce qu'on peut en lire. »

Cette frénésie s'accorde à une disposition studieuse que favorise une peur panique de perdre son temps, de négliger d'utiliser tout instant pour engranger les connaissances nécessaires aux travaux qu'il se propose. Toujours, il est tourmenté par la crainte de ne pas en faire assez. Il est toujours en action ; il vit dans un état chronique de surmenage. Vacances signifient lire, prendre des notes, écrire. La rapidité de son jugement accélère le rythme ; il faut que les problèmes matériels soient au plus vite résolus. En revanche, le metteur en scène suspend le temps ou l'allonge indéfiniment lorsque la répétition le place devant l'œuvre dramatique et qu'il sait de quelle patience il conviendra d'user pour espérer pénétrer ses secrets.

L'emportement de ses mouvements du cœur et de l'esprit au service de l'idéal du Vieux-Colombier éclaire la complexité de son caractère. Idéaliste assurément, d'un idéalisme qui a marqué ses éthique et esthétique du théâtre, d'un idéalisme qui s'exprime aussi par son esprit religieux — « Je crois comme un vieux martyr », écrit-il du front, pendant la Première Guerre mondiale —, et si, plus tard, ses liens avec la religion ont été distendus, ils se resserreront fortement à la fin de sa vie.

Cet idéalisme est animé d'une profonde générosité. Sa générosité n'est pas seulement morale ; Jouvet peut être brusque dans les rapports mais, au détour d'une phrase et même dans ses brusqueries, ses boutades, un mot révèle l'attention qu'il porte aux autres, à leurs difficultés et, discrètement, il accomplit le geste nécessaire pour les aider, souvent matériellement. La bonté qu'il a naturellement n'en est pas moins une préoccupation. A l'objet d'une de ses premières amours, en 1907, il affirme « le désir de devenir quelque chose de bon ». Est-ce le sentiment du chrétien inquiet de ses imperfections ? Le 8 avril 1915, « en campagne », il écrit à Copeau : « J'espère être un type après la guerre — un homme — enfin un homme, quoi ! Je me rééduque. Je m'exerce à la confiance, à la gaieté, égalité d'humeur — bonté — et autres vertus. » Préoccupation qu'il exprimera encore à la fin de sa vie.

Gai, il l'a été de tout temps. Jacques Copeau, au milieu des combats du Vieux-Colombier, reçoit cette gaieté comme un cadeau, sensible à son rayonnement et au stimulant dont il lui est redevable. Les compagnons de Jouvet en tournée évoquent le Patron sorti des obligations officielles, transformé en joyeux meneur d'une bande de copains, poussant volontiers la chansonnette et contant les histoires les plus gaillardes. La turbulence de son enfance le porte à la blague. Pour la représentation de *Saül* d'André Gide au Vieux-Colombier, Saül, rôle que tenait Copeau, doit entendre des voix au cours d'une méditation : « Saül, roi Saül... » ; les comédiens réunis dans les dessous du théâtre en ont la charge et, parmi eux, Jouvet. « Un soir, racontait Julien Carette, voici Jouvet, coiffé de la tiare du grand prêtre, qui se met à crier en camelot : ''*Paris-Sport* complet, *L'Intran*, la presse...'' Ce qui, pour n'être pas intelligible dans la salle, ne manque pas de troubler Copeau. Celui-ci, furieux, interpelle les comédiens à la fin du spectacle : ''Je donnerais bien cent sous pour connaître l'imbécile qui a fait l'aboyeur de journaux.'' Et Jouvet, placide : ''Donnez-les moi, Patron, c'était moi !'' »

Il est gai, il est vivant, combatif. Il dévore la vie passionnément. En 1916, l'infirmier Jouvet, sur le front, lance comme un cri : « J'aime tant la vie », à quoi, trente ans plus tard, fera écho une confidence à Léo Lapara : « J'aime tellement la vie que c'en est dégoûtant ! »

Malgré le calme auquel il s'oblige, son humeur est changeante et ses changements déconcertent. Quand il apparaît au début des répétitions, chacun aussitôt évalue le climat de l'après-midi. Jouvet tantôt jovial avec un mot pour l'un ou l'autre, tantôt, le visage fermé par ses soucis, fendant le groupe, le regard fixe, comme si les comédiens n'existaient pas : colérique dans le silence. Il a peur d'ailleurs de sa colère.

L'homme devient rancunier, vindicatif, injuste, s'il estime ou ressent qu'il y a eu manquement à son égard, à quelque valeur, à quelque règle. Le respect, l'estime, l'admiration ou l'amitié lui sont nécessaires pour établir solidement sa confiance dans les autres. Il se reconnaît de parti pris, mais ne fonde pas celui-ci sans logique.

Ajuster le raisonnement par la logique, ne rien laisser au hasard, organiser — et il en a le génie — découlent de l'inquiétude qui lui est naturelle, car elle appelle un ordre pour être — ne serait-ce que momentanément — apaisée ; Jouvet trouve appui dans ce don de bricoler qui l'a conduit, enfant, à se pencher passionnément sur le travail des artisans, à discerner le pourquoi de leurs pratiques, à essayer de comprendre à quoi obéissent leurs gestes. Les actes du bricolage sont concrets et demandent à être précis, appliqués strictement, conditionnés rigoureusement par leur finalité. Dans l'univers du théâtre dont les éléments sont de nature différente, spirituelle ou matérielle, l'art du bricolage, avant de plus mathématiques études, a appris à Jouvet à rechercher la cohérence. C'est pourquoi il est pointilleux avec intransigeance, « son esprit d'entreprise, son amour du travail », que souligne Copeau, assurant à l'ensemble son dynamisme.

Régisseur général au Vieux-Colombier, il ne tolère aucune négligence qui risque de porter atteinte au principe fondamental de l'œuvre commune. Il l'exprime en termes secs, non sans avoir conscience de ce qu'il a d'incommode lorsqu'il cherche à corriger les excès de son caractère : « Tout cela ne m'empêchera pas de me retrouver encore parfois, sinon têtu, du moins peut-être désagréable. » S'il est dur avec les autres, il l'est d'abord avec lui. L'inconfort lui apparaît un aiguillon propre à réveiller « le sentiment et le goût de l'effort ».

La rigueur qui préside au détail de son entreprise ne l'empêche pas de douter, de douter toujours. Par crainte de se tromper, il sollicite tous les avis pour soumettre à la question ce que son jugement rapide a peut-être déjà décidé ; à la fin, l'esprit d'indépendance, la volonté de préserver sa liberté l'amènent à prendre seul la décision. Il a écrit, à ses débuts, dans les plus rudes difficultés, en un temps où une grande pauvreté alourdissait ses tâtonnements sur la voie du théâtre : « Ce qui me maintient, c'est ma confiance en moi », ou encore qu'il veut « considérer froidement la vie pour ce qu'elle vaut ». La conviction intime qu'il saura ne pas transiger sur l'essentiel de son idéal, un regard sans complaisance, mais jamais désabusé, sur la société assurent ses pas au milieu des embûches du métier.

Les années passant, son autorité et le goût d'une provocation jusqu'à l'insolence, propre à mettre l'interlocuteur en posture difficile, n'incitent pas celui-ci à manifester une réticence ou une opposition. Jouvet le regrette peut-être secrètement, peut-être souhaiterait-il voir ébranler la statue du Patron ? Il n'entend toutefois et n'écoute alors que les remarques paisibles et comme détachées du fidèle Pierre Renoir.

Amical, il n'est jamais familier ; toute familiarité serait empêchée par la distance que sa personnalité impose aux autres. Mais la confiance de ses collaborateurs est le contrepoids indispensable de ses inquiétudes. Il aime qu'on l'aime et se montre facilement tyrannique : il ne supporte pas que les siens ne soient pas tout à lui, leur vie personnelle ne doit pas présenter un risque d'écart.

Ce qu'il a d'incommode n'est pas le fait d'un mauvais caractère, car celui-ci ne manque pas d'occasions, au jour le jour, de prouver ce qu'il a de bon ; plutôt d'un caractère en difficulté avec la nature de l'être. Inquiet, oui — son comportement quotidien ne cesse de le rappeler —, et timide, à la fois enthousiaste et hésitant, prudent, mettant en cause lui-même ses choix s'il a le sentiment de n'être plus sûr d'avoir bien choisi, d'avoir bien apprécié la valeur de la pièce qu'il monte. Superstitieux, il sacrifie sans fard aux rituels des comédiens prêts à entrer en scène, touchant du bois, attendant de ses collaborateurs le « merde » de tradition, consultant des voyantes, se faisant tirer les cartes ou tentant de tirer de ses rêves des indications... Maladroit à s'exprimer dans le dialogue avec les autres — de vive voix du moins, car il y a Jouvet qui écrit et Jouvet qui parle : son abondante correspondance de jeune homme dans le domaine du sentiment ou du travail découvre un abandon à ses sentiments, à ses idées, à ses rêves, à ses espoirs, dans une volubilité d'écriture. Les notes qu'il prend et reprend de jour en jour sont un moyen de voir clair en lui-même en même temps que dans son art : « Documents cliniques d'un esprit anxieux chez un homme pour qui l'amour du théâtre est inséparable d'un sentiment de fraternité. » L'écriture lui permet de déposer le masque d'ironie souriante, mordante ou cruelle selon les cas, et de gouaille parfois la plus grosse — les « cons », « connards » qui lui étaient familiers — derrière lequel il dissimule sa timidité, ses incertitudes. A l'issue du spectacle, recevant dans sa loge, il continue à jouer, non plus son rôle mais le comédien-directeur-metteur en scène, avant de se retrouver seul et lui-même.

Seul... Dans les années de célébrité, sollicité de toutes parts, s'il lui arrive de se réfugier dans l'isolement de son « Lamballe », un petit appartement où il est enfoui au milieu de ses chers bouquins, comme dans ses chambres de vacances, à l'ombre des volets fermés où il se plaît, retiré, à consigner ses réflexions — et il semble qu'il soit davantage conduit à ses retraites, à la fin de sa vie lorsque son angoisse devant la mort le tourmente —, il n'en profite que parce qu'il sait pouvoir vite retrouver la présence de ses compagnes et compagnons. La solitude en soi lui pèse, lui insupporte. Wanda, une de ses comédiennes, raconte qu'à l'heure de la sieste, au cours des tournées, il souhaitait parfois la présence d'éléments de sa troupe afin de s'endormir parmi eux.

Qu'il a besoin de se sentir entouré, d'avoir des interlocuteurs ! Même si l'échange prête à discussion, controverse. Il s'amuse à lancer *a contrario* le partenaire pour jouer de ses réactions. Lui-même peut commencer un discours dans une certaine pensée et l'achever dans une pensée contraire. L'important est qu'il ait quelqu'un auprès de lui. Insomniaque, il n'hésite pas à réveiller son proche collaborateur, Léo Lapara, parce qu'il lui faut impérieusement rétablir le contact suspendu.

La Femme est la partenaire privilégiée. La chronique mondaine des coulisses théâtrales a le tort d'accorder une publicité excessive aux aventures amoureuses des acteurs et des actrices. La notoriété des vedettes porte à étaler sur la place publique des événements qui relèvent de la vie privée et à imputer à une profession ce qui se pratique communément ailleurs dans l'anonymat. A considérer d'un peu près, les aventures de Jouvet ont été nombreuses. Mais un observateur de bonne foi admettra que, s'il a pu avoir connaissance des liens qui ont longtemps uni Jouvet à Lisa Duncan, puis à Madeleine Ozeray et à Monique Mélinand, il a ignoré les passades et surtout que Jouvet était marié, père de trois enfants, deux filles, Anne-Marie et Lisa, et un garçon, Jean-Paul, auxquels il a manifesté toujours la plus grande affection et la plus grande attention. En fin de compte, la Femme pour Jouvet est demeurée Else Collin, son épouse devant la loi ! A un jeune comédien qui s'était marié depuis peu, Jouvet a dit : « Tu tromperas ta femme, mais n'oublie jamais qu'elle est la mère de tes enfants. »

Mariage, liaisons, passades... n'intéressent que dans la mesure où ils aident à éclairer la personnalité de Jouvet. Jusqu'à son mariage, grand garçon malingre qui n'aime pas sa « gueule », Jouvet souffre de l'infériorité physique qu'il ressent. Il n'en est pas moins facilement amoureux, et il le sera toujours avec la ferveur de l'adolescence. En 1918, évoquant un passage au collège de Pough Keepsie aux Etats-Unis, il se moque de lui-même : « Il y avait quantité de jeunes filles — environ quatre cents. C'était beaucoup pour ma sentimentalité et la tendresse, encore que... »

Alors qu'autour de la vingtième année, il connaît quelques brèves rencontres, il développe les variations d'un amour platonique avec une « cousinette », Aline Bordas. Trois ans de correspondance, de rares entrevues témoignent de l'attachement enflammé et extraordinairement patient du soupirant à la possibilité d'effusion et d'expression littéraires qu'ils lui offrent de ses tourments, peut-être davantage qu'à l'objet lui-même. « J'ai la gueule de bois morale », conclura-t-il. Jeune protestante, fraîchement issue de son institution religieuse, « Linette » accueille plus cérébralement qu'amoureusement les élans romantiques d'un nouveau Perdican. Celui-ci s'avoue « un peu libertin », s'accuse à l'occasion de « péchés » passagers en « enfant qui se plaît à pécher et à se faire pardonner ». Chez le chrétien qui vit intensément sa foi, le sens du péché ne paraît pas exclure certain goût du péché dans les regrets qu'il en a ensuite.

Le mariage avec Else Collin contribue à le libérer de son complexe physique ; il forme solidement, et pour la vie, des liens sentimentaux fondamentaux — ceux de la famille. A l'amour des premières années succèdent la tendresse, l'affection, l'amitié, assorties d'une confiance qui fera qu'Else assiste à des répétitions, sans que personne ne le sache, et qu'il attende ses conseils. Jamais, en dépit des tentatives de compagnes dont il est profondément épris, il n'acceptera de divorcer. Lorsqu'il s'emploie à séparer rigoureusement vie familiale et théâtrale, c'est qu'il ne veut pas risquer de cultiver des ambiguïtés capables d'affecter la première ; c'est ensuite qu'identifiant désormais vie et théâtre, il a besoin d'une nécessaire liberté dans le domaine amoureux pour accomplir l'œuvre théâtrale dont il a l'ambition.

Amour et théâtre s'associent. A en croire Madeleine Ozeray, Jouvet lui déclare quand ils s'apprêtent à lier leurs existences : « J'ai une femme, des enfants, mais l'avenir c'est le théâtre, c'est toi. » Il désire séduire. Le métier de théâtre implique la séduction. Le comédien a le souci de séduire pour conquérir, pour s'imposer à la partenaire de la scène ou au

public, comme l'homme à la femme. Manière de dépasser la solitude, de s'affirmer, d'établir la relation avec l'autre et son pouvoir sur lui, c'est-à-dire sur elle. Au-delà du manège amoureux, aussi sincère soit-il, mais à partir de lui, de ce qu'il a créé entre les êtres, les données du travail théâtral ne seront-elles pas modifiées ? Rien de ce qui se passe en fait n'est simple, clair. Il n'y a pas de calcul ou il n'en est pas conscient. Toutefois, si le processus de l'interprétation chez le comédien présente un mystère où la personnalité de celui-ci est mise en cause, le mécanisme des rapports dans le jeu de l'amour ne peut-il en proposer un autre et être influencé par les implications de la vie et de la scène ?
Non pas dans l'anecdote que propose le *Paradoxe* de Diderot : l'incidence délibérée des sentiments de la vie privée sur l'interprétation d'une scène. Plus subtilement, une osmose et une forme intuitive de connaissance de l'être et de ses ressources créatrices.

Jouvet, à l'origine, n'est pas — théâtralement parlant — un séducteur, il le devient ; indépendamment de la notion d'emploi dans des rôles où il n'est pas le séducteur type, il séduit. Il en trouve le pouvoir dans le charme étrange qui émane de son être par la maîtrise longuement acquise de ses défauts et de ses qualités. Impressionnant sans jamais chercher à l'être. Un charme au sens fort du terme, magique.

« Seul, à mon sens, l'édifice dramatique peut donner une idée du théâtre »

Une fois le temps passé d'un premier stage dans la pharmacie de son oncle, à Rethel, le bachelier arpente la région parisienne pour ses autres stages et les besognes de préparateur remplaçant qui aident à assurer la vie matérielle, souvent insuffisamment : « Une boîte de sardines vide, un pot de confiture vide font foi des balthazars que je me suis offerts. » Lui qui a tant besoin de voir la vie s'organiser avec précision et minutie en vient à recourir à l'esprit de bohème pour franchir les trop mauvaises passes : « Ce n'est pas que de l'indifférence et de la négligence, c'est de la force d'âme, on ne se soucie pas du lendemain, un peu par indolence, soit, mais il faut se faire pour arriver à cette indolence... » Le théâtre, cependant, a investi son existence. Il court les salles, admire Sarah Bernhardt, « à quel degré de perfection les sonorités, les sons peuvent arriver, et comment le vers garde sa cadence, son nombre, son volume » ; il est saisi, dans le « mécanisme vocal » de Mounet-Sully, par la « clarté à l'oreille et à l'esprit ».

Il adhère au Groupe d'action d'art, cénacle d'écrivains, d'artistes, d'étudiants, qui se veut « syndicat d'idéalistes », d'un idéalisme humaniste aux paroles enflammées : « Faire pénétrer plus de beauté, de clarté et de tendresse dans toutes les formes de l'activité humaine [...]. Soulever vers plus de grandeur, d'héroïsme et de loyauté toute la jeunesse française, toute l'élite européenne [...]. Aider les humbles à aimer la vie, demander aux grands, aux riches, aux puissants, de nous aider par leur génie, leurs dons ou leur action. »

Cette adhésion détermine son entrée, sans retour, dans l'action théâtrale ; il lui sacrifie tout désormais — sans manquer à la parole donnée de poursuivre à leur terme les études de pharmacie. Il participe aux spectacles du Groupe avant de prendre la direction du théâtre que fonde celui-ci. « Anonymat du talent et communisme de la gloire [...]. L'œuvre est souveraine, la scène appartient au seul poète [...]. Faire vibrer les foules populaires à des beautés que les critiques de l'élite lui avaient défendues [...] » en est la profession de foi.

« Acteur, spectateur, machiniste et costumier, accessoiriste, peintre, souffleur et éclairagiste, j'ai assumé tous les rôles. » Jouvet ajoute : « A dix-huit ans, j'étais régisseur. Tout ce que je sais du théâtre, je l'ai appris d'abord avec les machinistes, sur la scène, dans cet espace imaginaire où se passent des actions imaginaires qu'on appelle pièces de théâtre. » Et aussi : « L'humble connaissance de la pratique est le chemin le plus sûr pour aller à la vérité. »

Bien qu'il n'ait cessé de tenir des rôles, petits ou grands, au long de cet apprentissage, son itinéraire dans l'univers théâtral aura commencé par la révélation physique du mystère qu'offre un théâtre encore vide d'acteurs et de spectateurs, mais déjà occupé par le décor et habité par les techniciens, machinistes et électriciens, figures d'apparence fantomatique dans la faible luminosité de l'éclairage et l'étrange réalité de la scène hors spectacle où les voix et les bruits ont une résonance singulière ; il en a été marqué pour toujours.

« L'édifice pour un instant semble nous promettre le secret du monde. Il abolit le temps et l'espace, il peut enfermer l'éternité dans une heure ou étendre une heure jusqu'à l'éternité. » Le jeu des personnages n'a pas débuté ; l'espace scénique se met à jouer : « Auxiliaire et capital, [le décor] est le total des sentiments qui animeront la représentation. [...] [Il] dominera les comédiens et leur donnera le ton [...]. Un décor est un grand sentiment dramatique. »

Ce qu'il appelle l'ordre shakespearien présente, à son regard, la perfection. Avec « ses plans différents en profondeur et en hauteur, renonçant aux artifices de "trucs" et de "faux semblants", la mise en scène de Shakespeare sert directement l'œuvre, au point d'en être la traduction totale et indispensable [...]. L'édifice et l'œuvre dramatique s'égalent, se servent et se complètent l'un l'autre [...]. Jamais le machiniste n'a été aussi près du poète. » Cette conviction, partagée assurément par Jacques Copeau, a déterminé le dispositif scénique qu'il élaborera pour la réouverture du Vieux-Colombier, en 1920.

Par quatre fois au moins, Jouvet a envisagé de monter une tragédie ou une comédie de Shakespeare, *Comme il vous plaira*, *Othello*, *Le Roi Lear* et *Hamlet*. Aucun des projets n'a abouti. La préoccupation première a été sans doute de trouver, dans nos théâtres, les conditions scénographiques capables de ne pas altérer le « rythme respiratoire des scènes » nécessaire à la juste expression de la dramaturgie shakespearienne. L'ordre théâtral moderne ne le permet pas par les modifications qu'il impose au jeu des acteurs. Avec Pavel Tchelitchew, son décorateur d'*Ondine*, fantastique imaginatif, il rêve à des solutions pour *Othello*. Répétant *Hamlet* pour la Comédie-Française, à l'automne de 1946, il entreprend, selon sa méthode, d'esquisser des maquettes grandeur nature à l'aide de mâts et de châssis. Il essaye d'inventer les formules décoratives propres à résoudre le problème de fond ;

il songe aux halles des pays du Nord. Julien Bertheau, qui l'assistait, se souvient qu'ayant à manifester la grandeur royale de Claudius à son entrée, il s'écrie : « Qu'on fasse descendre un chiffon rouge ! » Un signe seulement, symbolique. L'ordre shakespearien étant combiné strictement pour servir la nature de l'œuvre, une action, Jouvet veut arracher le monologue « Etre ou ne pas être » à la rêverie romantique ; il prévoit l'installation d'une passerelle en direction du public. Hamlet-Pierre Blanchar y parviendra en courant pour « agir » le monologue, interpellant les spectateurs.

La conscience de l'immensité de l'univers en soi qu'il perçoit dans le théâtre, de cette attente que suscitent les ouvertures mêmes du décor, le relief et les perspectives de l'architecture scénique, s'accorde à la haute signification que Jouvet prête à l'acte dramatique : « Condamnés à expliquer le mystère de leur vie, les hommes ont inventé le théâtre. Chassés du Paradis terrestre, ils se sont créé cet artificiel et temporaire paradis. » Les propositions à jamais renouvelées du théâtre pour éclairer le mystère de la vie sont fondées sur « un sens, un instinct, un besoin latent, humain, universel — *le sens du dramatique* ». Elles butent sur le propre mystère du théâtre, que sa nature de représentation, de substitut, d'image de la vie condamne finalement à participer au mystère de celle-ci.

Aussitôt, Jouvet s'emploie à cerner celui du théâtre, multipliant les lectures que de plus érudits lui conseillent, sans y obtenir de réponses. Ce sont les nécessités techniques de ce que commande la mise en œuvre d'un spectacle qui lui découvrent, sinon les réponses en termes clairs d'analyse, du moins des moyens incontournables, simples et savants, pour en approcher sensiblement : ceux qui président à l'organisation de l'espace scénique et à la machinerie qu'il implique. « Le lieu dramatique, machinerie, décors et représentation tiennent ensemble. Aménagée à l'intérieur de l'édifice et faisant corps avec lui, la machinerie apparaît comme les organes et les poumons du théâtre dont la fonction respiratoire s'exprime par l'exercice de la représentation. »

Il voit du mathématicien et de l'ingénieur chez le machiniste. Débutant, il a pour maître Alphonse, qui fut gabier de marine ; le directeur-metteur en scène, dans les années trente, rencontre deux maîtres pour réaliser l'œuvre commune, Léon Deguilloux et Camille Demangeat. Léon, l'homme de la pratique ; Camille, avec sa feuille de dessin et son crayon, celui de la théorie ; Léon qui « commence par ses mains », Camille « par son cerveau ». Ils ont le privilège que ne connaît pas l'acteur d'éprouver « le sentiment dramatique à l'état pur, élémentaire mais parfait » et de le plier à des règles artisanales.

Appuyant son travail scénographique sur des études approfondies, confrontant constamment projet et exécution, tirant les leçons des obstacles que celle-ci suscite, Jouvet apparaît devant « une immense table couverte d'équerres, de compas, de plans plus grands que nature, de traités de géométrie descriptive, d'optique », s'affirmant, ainsi que Christian Bérard l'a qualifié, « homme de science du théâtre, de science et d'amour ».

L'esprit, qui ne laisse rien au hasard et subordonne quotidiennement ce qu'il entreprend aux exigences de la pratique, traite en termes de poésie les jeux subtils de la machinerie dans la création dramatique.

Partant de ce que « le théâtre relève des mystérieuses régions de l'esprit où le culte de l'illusion permet aussi de rejoindre le divin » ou qu'il « est un lieu de magie auquel président des lois humaines encore inconnues », la machinerie, « servante domestique de l'imagination du poète », doit « savoir utiliser l'inexplicable et le mystère, c'est là où s'arrête le métier et que commence l'art du théâtre ». Sa fonction est de « copier le réel pour le rendre sublime ou spirituel ».

« C'est d'abord par l'étrange, le fabuleux, ou le fantastique créé par l'appareil de la scène et ses décors, que le spectateur suit docilement le poète dramatique dans cet empire inconnu du théâtre qui n'a plus rien de commun avec le monde sensible qui nous entoure. »

Autant de formules qu'on ne peut contourner par le commentaire, dans la mesure où le choix des mots et leur alliance épousent les réalités que Jouvet ressent.

Celui-ci a retenu l'exemple du geste du potier, son tour de main, l'inflexion de son pouce imprimant « au vase son vrai galbe, son vrai sens », pour marquer, dans le mélange de savoir-faire et d'inspiration, le passage du métier à l'art chez le machiniste. Il en déduit un principe essentiel, qui a inspiré la réforme de Jacques Copeau au Vieux-Colombier, qui, avec Jouvet, a guidé Charles Dullin, Georges Pitoëff et Gaston Baty, les animateurs du Cartel après la Première Guerre mondiale : le refus du naturalisme. « Un objet qui soit comme un vrai objet et qui soit faux, c'est le véritable vrai, c'est la vérité du théâtre. »

« Il n'y a que le faux qui m'intéresse », remarque-t-il en ne s'attardant pas à contempler la nature, lui qui vit le théâtre. Mais « faux » ne signifie pas artificiel, il sera l'expression de la réalité qu'il reflète ; dans le décalage provoqué entre elle et lui, le metteur en scène, allié au machiniste, fera surgir la poésie. Il l'illustre en rappelant le désespoir surprenant, et apparemment inexplicable pour les parents, de l'enfant Auguste Renoir, sortant du théâtre où il avait été conduit pour la première fois, jusqu'à l'aveu (il y avait un piano dans le décor) : « C'était un *vrai* piano ! »

A l'opposé de l'ordre shakespearien, l'ordre italien lui ouvre ses perspectives, dans « un enchantement visuel plus savant que tous ceux inventés jusque-là. Et la scène devient ce lieu mouvant constamment renouvelé. Grâce à un agencement particulier des machines, le décor se change en un autre à la vue même du spectateur, par une substitution mystérieuse qui mêle et regroupe formes, matières, couleurs, lumières et ombres. » Fantasmagorie concrètement et méticuleusement combinée par le savoir et la main du machiniste. Lorsque Jouvet a l'opportunité de disposer de l'Athénée, d'une scène « machinée à l'italienne », il ne l'utilise pas comme simple facteur de divertissement visuel, il met ses pouvoirs au service de Molière, Giraudoux ou Marcel Achard, avec la rigueur même que l'esprit de l'ordre shakespearien lui a enseignée, commandée.

*

Tandis qu'il lit, note, annote, dessine, établit des plans, dresse les perspectives de décors, vaque aux tâches multiples de la régie, le comédien amateur du Théâtre d'action d'art tient, en quatre ans, de 1907 à 1911, une bonne trentaine de rôles. Il n'ignore pas sans doute l'obstacle qu'il aura à surmonter pour s'affirmer dans cette discipline, une diction heurtée qui le porte à avaler les fins de phrases et que, bien des années plus tard, des critiques lui reprocheront encore. « Si je suis parvenu à être comédien, a-t-il confié à Valentin Marquetty, c'est que j'aimais le théâtre plus que ma fierté. » La maîtrise qu'il a atteinte en faisant une vertu de ce qui, au départ, paraissait un défaut, a été une longue et patiente conquête. Jouant *Au grand large* à la Comédie des Champs-Elysées, on l'entendait répéter inlassablement certaine réplique pour arriver à la donner pleinement sans buter sur un mot ou une syllabe. Ses trois échecs au concours d'entrée au Conservatoire, alors « de musique et de déclamation », s'expliquent peut-être par cette particularité.

Un des professeurs, toutefois, Leloir, l'admet dans sa classe en qualité d'auditeur, car il n'a pas manqué d'être frappé par ce que Jacques Copeau, critique dramatique, a noté lors des débuts professionnels de Jouvet, en 1911, au Théâtre des Arts : « sa tenue, sa sobriété et même une sorte de profondeur qui annonce l'artiste ». Copeau, dont l'adaptation des *Frères Karamazov* est représentée dans ce théâtre — Jouvet y apparaît dans le rôle modeste du père Zossima — a surpris, un soir, son interprète assoupi dans les coulisses en attendant son entrée en scène. « En le regardant dormir, j'ai pris conscience de la force de son tempérament de comédien. »

De la classe de Leloir qui a éclairé, pour lui, deux problèmes, celui du comique et celui du style, Jouvet est passé à l'école du drame et du mélodrame. Son maître est un acteur vedette des théâtres périphériques du temps, théâtres de quartier, Léon Noël. Il l'a vu au théâtre Montparnasse ; il devient son disciple favori. Grâce à Léon Noël, il est engagé par les tournées Zeller pour *Le Juif errant*, à l'Alhambra de Bruxelles. Il y éprouve, dans la pratique, la vérité de deux lois qui seront deux de ses commandements : le théâtre est action, le théâtre réclame du comédien une attention constante du public ; l'état de celui-ci, ses réactions guideront son jeu, influeront sur son ton, sur son rythme.

Toute expérience nouvelle, même si elle ne satisfait pas à son idéal, est enseignement. Il a le sentiment de retirer d'une saison au Théâtre des Arts de Jacques Rouché son « certificat d'études primaires du théâtre ». Il ne renouvelle pas son contrat parce que les cachets sont si misérables qu'il en a trop souffert et qu'il met un point d'honneur à refuser des conditions qui sont celles d'une forme de servitude. En revanche, le pactole que représente l'interprétation, au Châtelet, du grand prêtre dans *Champion de l'air* d'Emile Codey ne lui laisse aucune illusion sur la valeur de l'ouvrage : « Pièce stupide et un rôle évanouissant de bêtise », écrit-il à Copeau. Seulement, « je suis curieux de leurs procédés et de leur métier ». Il aimerait effectuer une tournée avec Lugné-Poe — il a créé chez lui « l'homme » de *L'Annonce faite à Marie*, la première pièce jouée de Claudel — car « il y a profit à tirer de sa méthode de travail ».

Une ambition se fait jour. Son projet de « faire un peu la philosophie de son métier » a pour objectif de « toucher par là la mise en scène ». Il prend des notes pour *L'Ecole des femmes*, rêve « d'entrer dans un de ces théâtres de quartier en qualité de régisseur-metteur en scène ». Et, lorsqu'il loue pour une saison d'été le théâtre du Château-d'Eau, il y voit un moyen d'apprendre « les rudiments de ce métier si complexe de directeur et de metteur en scène », un directeur qui apprend à dévoiler les « crapules », à découvrir « des malhonnêtetés insoupçonnées », à voir « la misère qui défile toute la journée » ; Jouvet constate qu'il y a « une infinité d'apprentissages à faire ».

Pendant près de dix ans, l'apprentissage du métier de directeur et de metteur en scène va se poursuivre dans une aventure à la base du théâtre contemporain : la réforme que Jacques Copeau entreprend à l'automne de 1913, en ouvrant le théâtre du Vieux-Colombier.

Certes, Copeau apprécie la personnalité du comédien Jouvet, mais il sait sa science déjà exceptionnelle de la scène, et c'est un « régisseur général » que, d'abord, il engage.

Régisseur général du Vieux-Colombier

Un voisinage d'immeuble, un visage de jeune fille aperçu par la fenêtre, des regards et des sourires qui se croisent, le hasard d'une rencontre devant une boîte aux lettres... ainsi aurait commencé, dans une manière de romance, l'idylle qui a uni Louis Jouvet et la Danoise Else Collin, son épouse. Organisation du destin : Else a eu charge des enfants d'une compatriote mariée avec le directeur littéraire de *La Nouvelle Revue française* et critique dramatique Jacques Copeau. Elle présente Louis, et Copeau recommande le jeune comédien à la direction du Théâtre des Arts, pour la reprise des *Frères Karamazov* ; Jouvet est engagé. Copeau, observateur pénétrant de l'activité théâtrale et d'autant plus attentif qu'il médite de fonder son propre théâtre, surveille le cheminement du garçon et apprend à reconnaître la richesse de sa personnalité.

Il annonce à Jouvet, au début de 1913, « un grand projet qui mûrit, qui pourrait bien passer avant peu à l'action et auquel je serais content de vous voir vous rallier ». Appuyé par Jean Schlumberger, Gaston Gallimard et — de plus loin — André Gide, il loue la salle paroissiale de l'Athénée-Saint-Germain qu'il appelle — du nom de la rue — théâtre du Vieux-Colombier, une appellation à laquelle les colombes du pavement de San Miniato à Florence prêtent une signification spirituelle.

Car le projet de Copeau a une double ambition, artistique et spirituelle. Il a été suscité par « l'indignation » devant « une industrialisation effrénée qui, de jour en jour, plus cyniquement, dégrade [la] société française » et la volonté de « rendre son lustre et sa grandeur » au théâtre. Le refus radical du naturalisme illustré par André Antoine depuis 1887, négation même à ses yeux de l'art dramatique, de sa nature d'illusion provoquée par des conventions reconnues, conduit à la recherche de la poésie qui doit être la source et l'âme. Problème de répertoire, problème de forme scénique. Auprès d'œuvres nouvelles, des classiques seront l'« antidote du faux goût... ». Pour ceux-ci, ni reconstitution, ni modernisation, mais mise « en état de sensibilité » ; Copeau se méfie des systèmes dont les écoles étrangères donnent l'exemple et qui lui paraissent réducteurs. Le dépouillement de la scène, de ce qui fait divertissement, le recours au tréteau nu, l'élaboration d'un style de jeu par les comédiens contribueront à éclairer la vérité singulière du théâtre, de l'humanité qu'il représente, et à déployer la poésie. Pourquoi le tréteau nu ? Jouvet, citant Copeau, explique : parce qu'il « est déjà l'action, il matérialise la forme de l'action, et lorsque le tréteau est occupé par des comédiens, lorsqu'il est pénétré par l'action même, il disparaît ».

Copeau a confié au Smerdiakov de ses *Frères Karamazov*, Charles Dullin, le soin d'approcher les pensionnaires possibles du Vieux-Colombier. Dullin est un ami de Jouvet, une fraternité profonde les liera tout au long de leur carrière. Il transmet à Jouvet la proposition de Copeau : « Fonctions de premier régisseur ». Réaction : « Je serai enchanté de collaborer encore avec vous de cette manière, à condition toutefois que cela ne nuise pas à ma distribution dans une pièce. » Jouvet, bien qu'il lui arrive de douter de son avenir de comédien, ne néglige pas le goût et, sans doute, le besoin qu'il a de jouer ; il en fait une exigence.

Il ne s'en soumet pas moins, dans un entier consentement, à la volonté de Copeau ; pendant les neuf années de leur route commune, il ne semble pas avoir discuté la place que Copeau lui accorde dans les distributions. Ce sera plutôt à Copeau de se soucier des préoccupations du comédien quand il lui parlera d'un personnage qu'il lui réserve : « Je te garde un beau rôle dans *Le Conte d'hiver.* »

Les Registres du Vieux-Colombier content une belle et étonnante histoire.

Que lui doit Jouvet ? D'abord de l'avoir vécue totalement de l'intérieur au poste qu'il occupait. Que lui a-t-il apporté ? Copeau a les idées, Jouvet les réalise... la formule est inexacte, simplificatrice ; elle peut aider à saisir comment l'ampleur des visions de Copeau animées par son intelligence imaginative, par sa passion, la hauteur de son ambition, et toujours nourries de projets pour élargir, approfondir le champ de l'entreprise, a bénéficié du sens d'organisation, de la rigueur de la pratique, de l'intransigeance de Jouvet sur les principes. Copeau est impatient, facilement sollicité par de nouveaux intérêts, en peine de fixer son énergie sur la tâche du moment. Jouvet, alors qu'il exprime son admiration pour l'auteur Jacques Copeau à la lecture de sa pièce *La Maison natale*, s'écrie : « C'est pourquoi je suis si souvent en colère quand je le vois se disperser dans des tas de choses et négliger le principal. » Dans l'échange que provoque la relation de leurs personnalités, le Vieux-Colombier trouve son dynamisme et son efficacité. « L'excellent Jouvet, qui est mon second dans tous les travaux de la mise en scène », note Copeau. Pour Jouvet, celui-ci est le Patron, qui s'impose par son autorité, par la puissance de ses vues et par les dons inventifs dont cet homme de lettres témoigne dans la mise en scène : « Poète scéniste merveilleux se multipliant sur la scène, animant les comédiens dans une alternance d'enthousiasme et d'accablement, de joie et de prostration dont il était coutumier. »

Jouvet est là pour assurer, par la précision de son regard et des dispositions qu'il prend, l'équilibre indispensable. L'entente se fait dans l'alliance des communautés d'idées et de sensibilité, de sentimentalité même, qui alimente l'exaltation, la ferveur, fécondes dans un domaine où les propositions de la pensée et de l'imagination ont à trouver une résolution dans l'action professionnelle.

Prologue

En juin 1913, Jouvet rejoint le premier Le Limon où Copeau a convenu de réunir, au cours de l'été, la troupe du Vieux-Colombier. Ils ont à répéter les pièces inscrites au répertoire de la première saison du Vieux-Colombier, mais aussi à communiquer un esprit, préparer aux disciplines qui, artistiquement, techniquement, devraient modifier la nature du travail théâtral. Isoler les comédiens pour « les nettoyer ».

Le programme est lourd : une demi-heure d'exercices physiques chaque matin ; lecture des pièces projetées — une douzaine pour le seul mois de juillet —, essais de distribution, c'est-à-dire, au fur et à mesure, changements de rôles, entraînement à la lecture à vue avec étude de textes sur des œuvres poétiques, mise en place et répétitions d'*Une femme tuée par la douceur* de T. Heywood et *L'Amour médecin* de Molière, qui composeront le spectacle inaugural ; *L'Avare* et *Dom Juan* de Molière, *Les Fils Louverné* de J. Schlumberger.

En août, Copeau reconsidère ses mises en scène, procède à de nouvelles. En septembre, de retour à Paris, le travail se resserre, consacré toutefois à six pièces alternativement... Voilà où l'esprit de méthode et de fermeté de Jouvet est appelé à s'exercer, sans compter les multiples tâches techniques dans l'aménagement du théâtre et de la décoration qui conduisent le régisseur d'un point à l'autre du théâtre. Jamais on ne le voit assis.

Premier acte

Quinze pièces, dont la reprise des *Frères Karamazov*, pour douze programmes, un à deux par mois, vingt-six matinées poétiques précédées d'une conférence, chaque samedi à quatre heures trente, indiquent le rythme effréné de la première saison ! On en sait le retentissement. Si l'intervention du régisseur général, une fois de plus, est déterminante, le comédien Jouvet y a sa part. Il est apparu dans neuf rôles, et l'originalité de sa nature, la marque qu'il imprime à chaque silhouette frappent aussitôt le spectateur.

Copeau d'abord. « Regarde », dit-il à sa fille Marie-Hélène lors d'une répétition d'*Une femme tuée par la douceur* — Jouvet joue le modeste Master Cranwell et il est alors de dos —, « regarde son dos », voulant souligner le pouvoir expressif déjà de l'attitude. Roger Martin du Gard, entré dans la salle en ami, aperçoit « un grand diable efflanqué » auquel Copeau vient de crier : "Ne bouge pas, toi ! Tu pleures. Pas un geste !" On ne voit le figurant que de dos. Il se tient debout au pied du lit, immobile, la nuque basse, les épaules tombantes, figé dans une pose qui exprime de façon saisissante la douleur du valet devant sa maîtresse agonisante. » Au même programme, *L'Amour médecin* : André Suarès se déclare « mort de rire » devant « le grand cadavre bègue » que Louis Jouvet fait du docteur Macroton. « Fantaisie et mesure » caractérisent son comique dans l'interprétation du « piteux Aguecheek [*La Nuit des rois*] en clown anglais, long, jaune et blanc, avec une face de carême, un teint décoloré par le clair de lune et une voix de collégien effrayé », selon le témoignage d'Henry Bordeaux. « Peut-être Jouvet, remarque Copeau, n'a-t-il jamais mis dans le comique plus de savoureuse naïveté, plus de délicatesse, ni plus de poésie. » Passé encore à l'épreuve du vieux Karamazov, émerveillant par « la puissance, la vérité et l'autorité de son jeu », cette seule saison lui a permis d'établir les bases d'un grand art de comédien.

A l'été, les acteurs au repos, Jouvet veille, avec l'administrateur Gaston Gallimard, aux travaux indispensables pour la réouverture, le 1er octobre. « On aura un guignol propre, bien agencé, qui fonctionnera bien et sur lequel on ne se battra plus tous les soirs avec tous les trois mètres d'étoffes du décor. » Mais c'est « l'été 14 », la guerre, et Jouvet se retrouve, en septembre, infirmier.

Deuxième acte

Jouvet sur le front, vivant au jour le jour les horreurs des blessés et des morts, Copeau à l'arrière, réformé, entreprenant des démarches pour être rendu au service armé, leur correspondance n'est pas un simple échange de nouvelles, elle maintient les liens *dans le travail*. Sans doute, davantage que dans la fréquentation quotidienne au théâtre, leurs lettres, longues lettres, sont l'occasion d'ouvrir sans réserve leur cœur, de communiquer leurs pensées, de partager leurs soucis et leurs espoirs. La seule, totale préoccupation est l'œuvre commune à accomplir. Pour Jouvet, comme pour Dullin d'ailleurs, elle apparaît si importante, pour la France même, puisqu'elle engage l'art du théâtre de demain, sa dignité, sa noblesse, qu'il supplie Copeau de renoncer à être mobilisé : « Si vous vous faites tuer, ce sera la mort de notre œuvre. » « Nous ferons ensemble un théâtre moderne, repartit Copeau, ne t'expose pas inutilement. »

La compréhension, l'entente, la confiance « illimitée » qu'attend le Patron deviennent si fortes que celui-ci lance : « Oui, la communion absolue... » ; il ajoute : « C'est cette qualité humaine de notre union qui est féconde. » Et Jouvet : « Vous me dites qu'il faut entre nous la communion absolue... Et maintenant, je vois, je sais, je sens, je crois. » L'expression, en vérité, d'une foi.

Jouvet s'y donne avec une ferveur qui peut paraître ingénue, comme s'il s'agissait de la grâce en religion. Il y consacre le fils qu'il espère, qui naîtra deux ans plus tard et qu'il appelle déjà Jean-Paul. Il ne manifeste pas d'autre ambition que d'être utile. « Je serai le meilleur jardinier. » Et il signe : « Louis Jouvet, régisseur général du Vieux-Colombier. Ce qui fait plaisir ! Je suis depuis si longtemps le soldat de deuxième classe... »

Sa gaieté, son humour ne cessent d'animer ses propos. « Je vous écris de nuit — de garde — au milieu d'une pétarade épouvantable, qui me fait rêver aux bruits de coulisse pour le "cinq" de *Dom Juan* [...]. Je vous quitte pour les thermomètres, les urinaux, les bassins, le coton, les pinces, l'eau bouillie — et la teinture d'iode. Ah ! rendez-moi mon Colombier. » Pendant qu'il est « dans le coton hydrophile, le sang, le pus, les lavements — ce n'est pas "joli", ni parisien », jamais ne le quitte la pensée du métier, échafaudant des combinaisons de machinerie ou d'électricité. S'il est cantonné dans une salle de patronage qui comporte « une scène, des frises, des portants, des panneaux et des rideaux », le voici de mauvaise humeur, car « tout cela est mal réglé... Ils auraient besoin d'un régisseur. » Alors, il lit Molière et saint François de Sales, médite sur une réorganisation du Vieux-Colombier et fait des projets de régie.

Organiser demeure le verbe clé : « *Faire* un personnel qui soit comme les membres pour le corps ! — J'ai préparé des projets — J'ai des notes — J'ai fait des méditations sur l'obéissance — sur l'art d'obéir et de commander (dans la servitude volontaire que j'accomplis ici) — J'ai médité sur l'ordre — et l'organisation — sur la beauté de l'ordre — la pondération ! » Il prévoit une « comptabilité d'exécution et de travail ».

D'une lettre à l'autre, des commandes d'études sont données. Copeau entend modifier de fond en comble la scénographie (il la voit transformable, à relief variable, à base d'emboîtage de cubes mobiles). Jouvet indique : « Notre future scène sera nue idéalement avant le spectacle — Nous la bâtirons et ferons ses décors au moment de jouer et comme en se jouant. » Il mène des études précises sur la nature des cubes, le moyen de les fixer en les emboîtant. Faute de matériel, il se sert « de morceaux de savon » !

L'idée d'une comédie improvisée dans la tradition de la commedia dell'arte, à partir de types modernes, l'occupe longuement. Ses propositions font l'objet de minutieuses discussions, de commentaires et critiques de la part de Copeau. Jouvet n'a pas manqué de « s'imbiber comme une éponge » de la quotidienneté de l'armée pour en extraire ce qu'on voudra « dans le comique, dans la satire ». Il imagine le type qui pourrait être le sien, « espèce de pantin, d'une drôlerie très imprévue et très variée, avec des tics, des sacs de tics. Le masque du niais, du naïf, doux et timide. »

L'école enfin ; Copeau non seulement l'a projetée dès l'origine, pour réformer l'art du comédien, mais il l'a ouverte. Jouvet, de loin, est réticent et gardera cette réticence. Il adresse toutefois une proposition qui enchante Copeau. Il est frappé par la difficulté que les comédiens ont à animer et à jouer les textes classiques. Ceux-ci lui semblent desséchés, comme des momies, sous l'effet d'explications scolaires, du rabâchage de scènes apprises par cœur, et des traditions, mauvaises, de jeu. Pour les revivifier, il suggère de « les réduire à des canevas que l'acteur devrait improviser, animer et habiller par lui-même », apportant ensuite cette expérience — de l'intérieur — au texte classique. Il étend sa proposition aux jeunes des écoles et des lycées.

Pendant deux ans et demi, dans les pauses que lui laisse, au jour le jour, son service en campagne, Jouvet sera parvenu à dégager des moyens propres à servir le théâtre dont Copeau et lui rêvent. L'apprentissage s'enrichit, s'approfondit. Néanmoins, loin de la scène, sa réflexion se développe sans pouvoir à tout moment être mise à l'épreuve de la pratique : c'est une période de *théorie*. L'action, quand le terme sera venu, fera la part de ce qu'il devra ou non retenir. Pour l'interprétation des classiques, le processus sera inversé, le texte d'abord, le texte seul, sera sollicité lentement, patiemment, pour conduire à l'interprétation.

Ce commerce des idées, fervent, joyeux, que mènent Copeau et Jouvet, s'accomplit avec un plaisir affirmé, une jubilation dans l'écriture. Pourtant, Jouvet souffre intimement des misères morales et physiques qui sont le lot quotidien des combattants. Lors des permissions, ses proches remarquent que ses brusqueries se transforment parfois en révoltes. Copeau s'inquiète de sa fatigue et se réjouit lorsqu'il le voit retrouver « son bon rire ». Il le note : « L'homme a mûri. » Or, ce mûrissement va peser sur leurs rapports dans l'aventure que Copeau engage, à la demande de Clémenceau, en 1917 : une mission de propagande auprès des Américains, le Vieux-Colombier pour deux saisons, à New York, afin d'y contrecarrer l'influence allemande.

Troisième acte

Pour Jouvet, participer à l'aventure suppose sursis — un sursis obtenu au terme de mille atermoiements et tracasseries administratives, bien qu'une insuffisance cardiaque l'ait rendu provisoirement inapte et envoyé en convalescence à Saint-Cyr. La perspective de se revoir « sur un plateau, sur un pont de théâtre » ranime son énergie, ses élans, comme l'enfant impatient de satisfaire tous ses caprices.

Copeau est parti — en avant-coureur — déterminer les conditions de la présence du Vieux-Colombier appelé à être le Théâtre français de New York (*French Players*). L'imagination de Jouvet s'exalte. « Menuiserie, serrurerie, électricité, tissage, teintures... Il doit y avoir là-bas une foule d'innovations et de procédés dits "américains". » Aussitôt, muni des premières indications sur le Garrick, le théâtre où le Vieux-Colombier se produira, il repense l'aménagement scénique avec une telle justesse qu'il s'oppose aux dispositions déjà prises, en démontre à distance, avec sûreté, les erreurs, et impose à Copeau sa vérité. Selon les vues communes, il organise l'architecture scénique nécessaire à la folle exploitation qui, en deux saisons, leur fera donner, en deux cent quatre-vingt-trois jours, trois cent quarante-cinq représentations de quarante-sept pièces dans quatre-vingt deux décors ! Un spectacle nouveau, ou presque, par semaine, chaque fois un ou plusieurs décors à réaliser — Jouvet conçoit la plupart d'entre eux — quelques répétitions... Jouvet, conforté sans doute par ses méditations du front, a découpé l'espace dans sa largeur avec des colonnes, et en hauteur avec un premier étage, une loggia, déterminant autant de cases permettant de diversifier les éléments de décor. L'invention préfigure le dispositif que les Parisiens découvriront, à la réouverture du Vieux-Colombier, en 1920, et dont l'image fixera l'originalité de l'œuvre de Jacques Copeau dans la mémoire du théâtre de ce siècle. Le reporter du *New York Herald* surprend Jouvet environné « de cubes emboîtables, de passerelles, de marches d'escalier, rappelant le jeu de construction de quelque enfant géant ».

La logique, la rigueur, la précision, à la fois de cette boîte à jouer et de l'organisation du travail sous la férule de Jouvet, ne suffisent pas à surmonter de graves et de plus en plus graves difficultés. La « mission » de Jacques Copeau n'est pas supportée financièrement par le gouvernement français et dépend des libéralités d'un mécène, Otto Kahn, et du montant des recettes. Or, si les saisons du Vieux-Colombier marquent le théâtre américain, si elles conquièrent des spectateurs fidèles, conscients de l'importance de l'événement, et suscitent des jugements passionnés qui soulignent la personnalité de l'entreprise, elles se heurtent à des incompréhensions dues aux différences de mentalités, d'habitudes, et surtout sont délaissées par une bonne partie du public initial. De vifs succès sans doute, et des sujets de satisfaction pour Jouvet — la totale et parfaite utilisation du dispositif scénique pour *Pelléas et Mélisande* de Maeterlinck, et l'appréciation de son talent de comédien — mais des recettes trop inégales — Copeau ne peut pas toujours se rémunérer —, un séjour rendu d'autant plus pénible que l'éloignement des familles, les mauvaises nouvelles de la France, une existence quotidienne ingrate, affectent le moral des comédiens. Enfin, le travail hâtif, épuisant, pour un Copeau sujet, avec raison et par nature aussi, au découragement, et de moins en moins en mesure de maîtriser une situation qui se dégrade intérieurement, provoquent d'insidieux dissentiments, une forme d'« empoisonnement collectif » selon la formule de Roger Martin du Gard. L'obligation d'illustrer un répertoire trop éclectique, conforme à des objectifs nationaux, déconcerte les comédiens amenés à jouer des œuvres que l'idéal du Vieux-Colombier rejetait, et dans des conditions artistiques médiocres, à l'opposé du rigorisme des principes.

Jouvet, le premier, le vit mal. Il confiera à Léon Chancerel : « Tu ne sauras jamais le courage qu'il nous a fallu pour tenir, pour lutter jusqu'au bout. » Il manifeste des exigences qui blessent Copeau. Par ses notes, rapports, il s'emploie à rétablir l'orthodoxie. Ses relations avec le Patron se distendent. Celui-ci, tout en reconnaissant l'honnêteté de Jouvet dans la crise, ne se sent plus à même de lui assurer désormais une pleine confiance. Certes, des lettres, des entretiens, tentent de dissiper les malentendus, de combler « un grand intervalle obscur » et relancent heureusement leur collaboration que Copeau envisage maintenant d'égal à égal ; rien pourtant ne sera jamais plus comme avant. Lorsque Copeau décide de renvoyer Dullin qui est, à ses yeux, le meneur, Jouvet intervient en faveur de son camarade, sans résultat, mais témoignant de ce que son attachement à l'œuvre symbolisée par le Vieux-Colombier ne dépend pas des aléas de circonstance : « Moi, vous me renverriez, lance-t-il, je ne partirais pas. »

Quatrième acte

Il n'est pas parti.

Il participe à la réouverture du Vieux-Colombier, à Paris. Sur la base des expérimentations au Garrick, il dessine le fameux dispositif qui, dans le dépouillement, va au-delà et réalise la synthèse des vertus du tréteau nu et de la scène élisabéthaine, avec un jeu de plans, de marches et d'escaliers diversifiant la circulation des acteurs. Le jubé de l'église Saint-Etienne-du-Mont lui en suggère le cadre et le relief généraux. Des éléments décoratifs ajoutés selon les pièces aident à situer le ou les lieux de l'action. Copeau et lui conviennent de préférer au bois traditionnel des plateaux le ciment, pour ne laisser aucune facilité au comédien — cette souplesse qu'offre le bois — pour que celui-ci soit obligé à une totale maîtrise de son corps et, par cette discipline, atteigne à l'expression la plus pure de son art.

Dans l'éclairage est introduite une invention appelée les « jouvets ». Découvrir, à partir des possibilités que donne l'électricité, des moyens nouveaux capables de faire de la lumière un facteur de la poésie de l'ensemble est une préoccupation déjà ancienne. Rompre avec les formules traditionnelles semble à Jouvet devoir s'inscrire parmi les novations du Vieux-Colombier. Au front, il écrivait : « C'est terriblement dur pour imaginer scientifiquement, mais j'ai des projets. J'ai travaillé tout ce matin sur des *éclairages par réflexion* ! et je suis très content de mes idées. »

Les « jouvets » présentent un système de lanternes pivotant sur elles-mêmes ; ils permettent des changements rapides en fonction des nécessités de l'action et portent en particulier sur les couleurs et l'intensité. Ils sont restés un excitant bricolage, faute d'avoir été l'objet d'une mise au point technique accomplie.

Le dispositif et l'utilisation du tréteau prêtent un relief saisissant aux *Fourberies de Scapin*. Dans la silhouette, magnifiquement cocasse, de Géronte armé d'une ombrelle, dont « Jouvet tirait les plus amusants effets », a noté Copeau, le public parisien redécouvre le génie singulier du comédien. Pour Jouvet, la trouvaille admirable de Copeau réside dans ce que « l'ombrelle vit de l'action et vit avec elle continuellement », et il témoigne plus généralement sur la mise en scène : « Copeau ici est novateur. Dans une vision étonnante, il retrouve et restitue à Molière l'esprit de la comédie italienne, il retrouve, le premier peut-être, l'inspiration créatrice et originale de l'œuvre [...]. Tout ce qui a été tenté depuis Copeau emprunte à Copeau. »

Malgré les réussites, communion, confiance ne se restaurent pas. Copeau, lui-même, passe par des doutes qui, à terme, le décideront à se retirer du Vieux-Colombier. « Quoi que je fasse cet hiver, écrit-il à Jouvet en août 1920, des pièces que j'ai à monter, et quand ce serait des merveilles de mise en scène et d'interprétation, ce ne sera encore qu'un misérable travestissement de ma pensée. Quant à cette pensée même, je ne puis vraiment l'exprimer. Je tâtonne après elle et parfois je la touche sans la voir. » Jouvet éprouve de plus en plus amèrement que l'activité du Vieux-Colombier arrive à s'écarter des principes originaux. Par crainte que ne lui soient imputés les gauchissements du travail, il s'insurge — ce que Copeau supporte de moins en moins.

A la veille de la rentrée d'octobre 1922, il constate que sa loge a été déménagée. « Alors, lui demandent les machinistes, ce n'est plus vous qui vous occupez de nous ? » Le programme de la saison est arrêté ; il n'en a pas été informé. Le divorce s'accomplit. Le 2, Copeau consigne dans son journal : « Jouvet s'est présenté aujourd'hui à mon bureau pour me redemander sa liberté. Il m'a dit qu'il ne se sentait pas heureux et qu'il rendait les autres malheureux, que sa résolution était prise et prise depuis longtemps. Il était très ému et semblait prêt à pleurer. » Le 3, par lettre, il accepte le départ : « C'est un chagrin, mais c'est une délivrance. » Jouvet répond, le 4 : « Laissez-moi vous dire que je ne crois pas m'être jamais laissé éloigner du Vieux-Colombier et que si je le quitte, c'est peut-être afin de rester plus près de lui. » A la mort de Copeau, en 1949, Jouvet évoquera son « unique Patron » : « Comme quelques hommes de ma génération, je peux dire que je lui dois tout ce que je suis. »

« Dans cette auberge de l'amitié qu'est un théâtre »

Il a trente-cinq ans — la formation théâtrale suppose alors un long cheminement. Se séparant de Jacques Copeau, il entre dans les théâtres des Champs-Elysées, Comédie et Grand Théâtre, en qualité de directeur de scène. Jacques Hébertot, qui les dirige, lui confie en outre la mise en scène des spectacles de la Comédie, en alternance avec Georges Pitoëff. Dès 1924, Hébertot doit se retirer. Jouvet fait le saut ; il rachète le bail de la Comédie. Le voilà directeur de théâtre.

Il y apporte l'exigence artistique et morale qui l'a toujours guidé, et la détermination, à ses yeux naturelle, de subordonner tout, vie, intérêts, sentiments, et ceux — pour l'essentiel — des collaborateurs dont il s'entoure, à l'œuvre à accomplir. Le compagnonnage n'est pas toujours facile.

Il est marqué toutefois par la fidélité de ceux qui y participent, répondant à celle de l'animateur pour sa troupe : la personnalité de celui-ci, les objectifs qu'il propose établissent les liens entre eux. La troupe est une manière de « famille ». « C'est même, à ma connaissance, précise-t-il, la plus parfaite réalisation de la famille », jusque dans « les irritations, les jalousies, les fatigues et les querelles toutes pleines d'affectueuse tendresse dont est faite la vie quotidienne d'une troupe de théâtre ». Jouvet est si attaché à la sienne que, s'il refuse à deux reprises au moins le poste d'administrateur général de la Comédie-Française, c'est sans doute qu'il n'entend pas être détourné de ce qu'il s'est employé à construire peu à peu : *son* théâtre ; c'est aussi qu'il ne trouverait pas de vraie satisfaction à travailler avec des comédiens qu'il n'aurait pas choisis, qui ne seraient pas de « sa famille ». Il n'en fait pas moins appel, lorsque la réussite de l'œuvre en dépend, à des acteurs ou des actrices extérieurs, parfois vedettes du boulevard, de Victor Francen à Marguerite Moreno ou Fernand René. L'un d'eux, Pierre Renoir, devient le membre le plus proche de la famille.

Directeur-metteur en scène... Jouvet définit ainsi sa fonction parmi les directeurs. Au directeur « passe-partout », homme des « disponibilités indéfinies » qui prolifère comme le champignon nuisible, il oppose ceux dont les « prérogatives sont justifiées par des vertus professionnelles » — auteur, acteur, metteur en scène ou délégué d'une collectivité ou de l'Etat.

Directeur-metteur en scène et non pas directeur-acteur, car le directeur avec lui se soumet aux décisions du metteur en scène, lui-même, choisissant les interprètes avec le seul souci de servir la pièce. Or, le metteur en scène n'estime pas toujours qu'il y ait un rôle, sinon de second plan, pour Louis Jouvet, au point que l'administrateur Vincent Marquetty s'inquiète de voir le théâtre privé de l'apport commercial de son nom. Il arrive que le metteur en scène retienne en fin de compte le comédien quand, après toutes les démarches possibles ou les essais effectués, aucun des interprètes envisagés ne convient ou n'est disponible. Ainsi pour Hector dans *La guerre de Troie n'aura pas lieu* de Jean Giraudoux.

La direction de théâtre de Jouvet peut paraître autoritaire, elle s'accompagne cependant d'humilité. Jean Sarment, un des pensionnaires du Vieux-Colombier à New York, rapporte une confidence de son camarade, un soir qu'ils rentraient ensemble après le spectacle : « L'amusant du théâtre, vois-tu, petit père, c'est qu'on ne sait pas où il commence ni où il finit. Cela te donne de la marge pour "bricoler". » Toute l'activité de Jouvet balance entre cette modestie de l'artisan et l'idéal orgueilleux de l'artiste. Rien n'est laissé par lui au hasard à quelque poste que ce soit. Il s'assure la collaboration des meilleurs professionnels, régisseurs, machinistes, électriciens. L'esprit du Vieux-Colombier lui souffle d'élargir son action à celle d'un foyer artistique. A la rentrée de 1927, les spectateurs gravissant les degrés qui conduisent à l'étage de la salle découvrent des expositions de peinture, de sculpture, sur l'édition, le cinéma, etc. : le Salon de l'Escalier. Parallèlement commence la publication d'une revue, *Entr'acte* ; celle-ci ne présente pas seulement un commentaire sur l'actualité du théâtre, elle multiplie les perspectives, traite de l'histoire du théâtre et des arts. Salons et publications sont abandonnés après quelques saisons, mais un esprit est affirmé : le théâtre de Jouvet — l'hommage lui est rendu par Copeau — est le mieux organisé de Paris.

Jouvet veille à tout. Dès neuf heures, il est dans son bureau ou, à dix heures, dans sa classe au Conservatoire. Préoccupé — Alice Doris, qui a été sa secrétaire à la Comédie des Champs-Elysées, en témoigne — que tout document, dossier, maquette, photographie, livre... soit bien rangé, classé, exempt de poussière — il est vigilant sur ce point —, il répond personnellement à chaque lettre, reçoit auteurs, comédiens, accorde rendez-vous à de jeunes inconnus qui veulent faire du théâtre, leur consacre de longs moments afin de leur donner le plus juste conseil, se concerte avec son équipe administrative, répète ou tourne l'après-midi, s'autorise de courts répits, un bref sommeil d'un quart d'heure ou d'une demi-heure avant de jouer, s'entretient parfois dès avant le lever du rideau, à l'entracte ou à la fin du spectacle, avec la troupe sur l'interprétation, sur ce qui ne va pas, à quoi il importe de remédier, se laisse aller ensuite à un peu de détente ou essaye parfois, après la représentation, d'ébaucher avec les machinistes le prochain décor, disserte, discute en soupant et, la nuit s'avançant, prend encore des notes sur les réflexions de la journée, dort enfin, peu. Bientôt, la journée suivante commence. Jean Sarment a écrit : « Il agit le théâtre. »

L'été de 1927, Jouvet prend l'initiative de proposer à ses confrères Charles Dullin, Gaston Baty et Georges Pitoëff de se réunir dans un cartel. Tous les quatre, avec leurs personnalités artistiques différentes, mènent un combat analogue dans le sillage de Jacques Copeau. Combat, car ils connaissent également des difficultés souvent graves, financières d'abord, pour maintenir sans compromission un théâtre d'art. Que leurs efforts ne se dispersent pas, qu'ils parviennent à les conjuguer, pour la publicité, par exemple, qui coûte cher, est l'objectif de Jouvet. Désormais, dans la pleine indépendance de leurs activités respectives, à l'occasion de rencontres autour de déjeuners réguliers, le Cartel contribue à imposer une certaine idée du théâtre et gagne des batailles communes. Celle, en 1928, des *Oiseaux* d'Aristophane, à l'Atelier. A l'occasion de ce spectacle, Dullin a décidé de fermer les portes d'entrée dans la salle à une heure précise, pour un meilleur confort des spectateurs. Le soir de la répétition générale, un critique retardataire reste dehors. Mouvement d'indignation de ses confrères. Les journaux retirent l'Atelier de leur ligne programme. Le théâtre risque d'être ignoré du public, d'être condamné à l'échec. Réaction du Cartel : il exige que la mesure soit étendue à tous ses membres. La presse peut-elle se couper de la part la plus vivante du théâtre ? Elle cède. La ligne programme de l'Atelier est rétablie !

La solidarité du Cartel s'exprime par des accords dans l'établissement du répertoire. Jouvet s'apprête à monter *Volpone* de Jules Romains et Stefan Zweig. Le long succès imprévu de *Léopold le bien-aimé* de Jean Sarment retardera la création. Jouvet, qui doit jouer Mosca, n'a pas encore l'interprète pour Volpone. Un rôle pour Dullin ; Jouvet passe la comédie à celui qu'il nomme le « Charles national », qui trouve là un de ses plus grands succès. Quand Gaston Baty renonce à *Othello* après trois semaines de répétition, il met à la disposition de Jouvet, qui s'intéresse à la tragédie de Shakespeare, traduction, maquettes de décors et de costumes et notes de mise en scène.

En 1936, les animateurs du Cartel — sauf Pitoëff parce qu'il n'a pas la nationalité française — sont appelés, avec Copeau, à diriger les mises en scène de la Comédie-Française.

L'inquiétude de l'homme rejoint celle du directeur devant les ambiguïtés du succès. « Il n'y a pas, au théâtre, des problèmes, il n'y en a qu'un : c'est le problème du succès. » Il n'y a pas de théâtre sans succès. « Mais le succès à quel prix ? » A la toute fin de sa vie, alors qu'il répète *La Puissance et la Gloire*, tirée du roman de Graham Greene, il répond à l'interrogation du peintre Pierre Soulages, le décorateur, soucieux de l'accueil qui sera réservé à son travail : « Fais ce que tu sens. Si tu le sens vraiment, tu trouveras toujours quelqu'un pour l'aimer. »

Pourtant, pendant qu'il répète, il ne cesse de s'inquiéter sur l'avenir du spectacle. A la veille de la création de *Siegfried*, la première pièce de Jean Giraudoux, ne déclare-t-il pas : « Ça ne fera pas un rond, mais ce sera l'honneur de ma vie d'avoir monté c'te pièce-là. »

L'impossibilité de discerner, avant l'épreuve du public, l'acceptation ou le refus d'une œuvre qui intéresse, qu'aime le directeur-metteur en scène, est un des éléments du mystère du théâtre. Au moment où il crée *Knock* de Jules Romains, la pièce, aux répétitions, apparaît un peu courte ; Jules Romains, en quelques jours, écrit un acte de complément : *Amédée ou les Messieurs en rang*. Jouvet se persuade aussitôt qu'il tient là l'œuvre la plus originale des deux, la plus forte ; il la place en seconde partie du programme. A sa surprise, le public ne ratifie pas son jugement ; il est contraint d'inverser l'ordre des pièces. A terme, constatant qu'elles se gênent l'une l'autre, il doit retirer *Amédée* de l'affiche.

Les premières représentations passées, s'il est convaincu d'avoir réuni les conditions nécessaires au succès, et que les spectateurs sont rares, le voici troublé. « Pourquoi Renoir, qui était au jardin (à droite de la scène) tandis que j'étais à la cour (à gauche de la scène), a-t-il senti comme moi, au même moment, dès les premières répliques de *La Margrave* d'Alfred Savoir, que la partie était perdue et que la pièce ne marcherait pas ? J'étais à ce moment-là en coulisse, attendant mon entrée, et je me rappelle l'effroi que j'éprouvais à écouter mes camarades et à sentir, moi aussi, comme un courant d'air froid, la désaffection de la salle entière. »

Après l'échec sévère de *Tripes d'or* de Crommelynck, il évoque le soir où il y a eu « plus d'huissiers dans les corridors du théâtre que de spectateurs dans la salle. »

Malgré les mauvaises passes, constituer un répertoire nouveau demeure l'objectif premier. Moins peut-être par un sentiment de devoir conscient que par démarche naturelle, logique : pour gagner un public toujours plus large au théâtre qu'il entend servir et l'associer à sa recherche, il faut apporter le vivant d'ouvrages du temps.

Jouvet connaît la chance de créer, dès son deuxième spectacle, une comédie qui, pendant plus de vingt-cinq ans, remplira les salles : *Knock ou le Triomphe de la médecine*. Un échec... il reprend *Knock*. Plus tard, lorsque l'exploitation sera mieux assurée, la reprise de *Knock*, avec ses décors escamotables, permettra d'attendre l'achèvement des répétitions du prochain spectacle dont les décors occupent déjà la scène. Ce n'est qu'un détail, mais qui éclaire les contraintes dont le directeur-metteur en scène Jouvet a à tenir compte.

Le succès n'est pas affaire d'argent, mais de justification de l'entreprise, de liens confortés avec le public. L'argent n'est que le moyen d'assurer la continuité du travail. Jouvet n'oublie pas le jugement péremptoire de son oncle pharmacien : « Le théâtre est un métier honteux. » S'appuyant sur l'expérience, il s'est interrogé, il a réfléchi, il répond : « Si le commerce de l'esprit, des sentiments et des idées n'était qu'un commerce tout court, si l'avidité du gain ou l'appétit de l'argent devenaient sa seule préoccupation, le théâtre évidemment serait un métier honteux. Ce n'est pas un métier où l'on s'enrichit et le désintéressement y est la règle générale. Et s'il était permis d'y faire fortune, le théâtre perdrait d'un coup ses vertus et son honnêteté et c'est alors qu'il serait un métier honteux. »

Quand Jouvet tourne pour le cinéma, ses cachets aident à favoriser la marche d'une exploitation qui, quelles que soient les difficultés financières, rassemble toujours les conditions artistiques et techniques, musique, décors, machinerie, costumes, interprètes, capables de servir chaque pièce avec éclat.

*

« Dans cette auberge de l'amitié » qu'il dirige, Jouvet a sa plus grande chance : la rencontre de Jean Giraudoux. Son génie théâtral fournit au poète les moyens d'accomplir son œuvre dramatique ; la dramaturgie, l'écriture de Giraudoux donnent forme à l'idéal que l'homme de théâtre s'est forgé.

Celui-ci fait sienne la définition que Giraudoux énonce dans *L'Impromptu de Paris*: « Si tout ce public, les lumières baissées, est maintenant tendu et recueilli dans l'ombre, c'est pour se perdre, pour se donner, pour s'abandonner. Bref, il aime. »

De son côté, conscient de ce que la communauté d'une salle ne parvient pas à surmonter la solitude inhérente à l'individu, il note : « L'homme a le désir d'échapper au pacte social et le théâtre remet l'homme dans ce contact. » Giraudoux reprend : « Ne plus aimer égoïstement, étroitement ! Se sentir soudain généreux, capable d'héroïsme et de tendresse, de droiture et de dévouement, avoir un cœur neuf, assumer toutes les responsabilités. C'est cela le théâtre. » Jouvet fait écho, par tâtonnements successifs, dans l'approche qu'il veut sensible de la nature de la cérémonie théâtrale : « Le théâtre rend aux hommes la tendresse humaine. Par une œuvre représentée, une libération se fait, une élévation survient, une connaissance intérieure se pratique, une vie profonde se déclare entre les hommes. Une œuvre ne vaut que par la générosité qu'elle contient, l'offre qu'elle apporte, l'émoi qu'elle éveille et qu'on aimerait proposer à son tour. Une offre d'amitié et d'amour entre les hommes [...]. Une belle pièce, c'est aussi une grande réconciliation entre les spectateurs, entre les hommes. »

Le regard mûri, pénétrant, du directeur de la Comédie des Champs-Elysées ou de l'Athénée n'a pas fini de refléter l'expression ardente du jeune directeur du Théâtre d'action d'art. « Humanisme du dramatique. »

« Il est le créateur. Seul, il a droit à ce titre, car tout dérive de lui »

Au commencement est l'édifice dramatique, ensuite le décor s'y dispose, et la machinerie ; mais déjà décor et machinerie ont été commandés par les impératifs de la pièce à représenter : c'est l'auteur qui est le premier responsable. Les jeux de la mise en scène et de l'interprétation en découlent et sont déterminés par sa création. Ainsi s'organise l'ordre théâtral de Jouvet.

« On fuit sa vie, on cherche à la rêver. » « L'irréel est plus "total" que le réel. » « Il n'y a de vie intense qu'au théâtre... » Ces trois remarques indiquent la perception que Jouvet a de l'univers dramatique. Il est commun de dire que l'œuvre, une fois représentée, échappe à l'auteur, que celui-ci est débordé par sa création — du moins lorsque l'humanité et la poésie authentiques qui l'habitent acquièrent un tel rayonnement, d'interprétation en interprétation du public comme des comédiens, qu'elle devient « classique ». Le poète dramatique a charge de fournir au jeu du théâtre, à travers les mille et un reflets qu'y surprennent les spectateurs, selon leurs préoccupations, leur sensibilité ou leur humeur, un matériau qui s'enrichit, se diversifie à l'infini et approche, à terme, d'une représentation « totale » et « intense » de la vie. La conscience que chacun en prend dans ses sensations de spectateur éclaire la réalité singulière contenue dans l'œuvre dramatique, les possibilités que celle-ci nous offre de dépasser le quotidien de l'existence pour — répétons Giraudoux — « nous remettre en jeu dans l'émotion universelle ».

Ici, réside le mystère de la création dramatique. Celle que considère Jouvet explique les choix de son répertoire. Non pas qu'il ne se trompe pas, qu'il ne commette pas, à la lecture, d'erreur d'appréciation sur la valeur d'une pièce. Un partage s'effectue : les pièces qui collent à la réalité immédiate de la société, qui proposent des portraits si limités dans leur dessin — des rôles, estime-t-il, pas des personnages — que les traits, le pittoresque de la personnalité des interprètes, le savoir-faire suffisent à les animer, sans prolongement aucun — il pense à Jean Gabin dans *La Soif* de Bernstein ; et les œuvres, d'autre part, qui, au-delà des situations, de l'action, des anecdotes, ouvrent des perspectives, « reposent sur des malentendus » et prêtent à débat, indéfiniment. C'est tout le problème du théâtre. Les premières n'entrent pas dans son horizon ; il recherche les secondes.

Jouvet apparaît comme un pêcheur lançant, au jour le jour, inlassablement, notes et réflexions avec la même soif d'arriver à des certitudes, renouvelant avec une patience obstinée les hameçons. Il n'a pas la prétention de percer « l'inexplicable mystère du théâtre », la réponse contre laquelle il bute en définitive ; il s'efforce de définir les moyens techniques et leur articulation propres à lui donner ses dimensions, son relief scénique les plus justes. Peu d'hommes de théâtre sans doute se sont employés à embrasser la totalité du domaine théâtral et à en maîtriser la connaissance ; peu ont ainsi associé la pratique et la méditation et tenté de rendre, par les recherches tâtonnantes de l'écriture, de l'expression satisfaisante, la difficulté d'aboutir à une vérité.

« Il n'y a ni idées, ni conception dans une pièce de Molière ou de Racine, mais des sensations », déclare-t-il lors d'un cours au Conservatoire. Le terme d'inspiration est accolé à l'imagerie de l'écriture et de l'artiste. Jouvet parle d'« état physique [...] des sensations et des sentiments que le poète a cristallisés en écrivant ses mots ou ses phrases ». Il a cette formule : « Les mots d'une phrase ou d'un vers sont les traces et les cicatrices des sentiments du poète. »

Le langage en soi lui semble essentiel, non pas parce qu'il est ornement et facteur de plaisir, mais parce que, pour les artisans de la scène et le public, il est le révélateur des mouvements suscités par l'état physique du poète lorsqu'il écrivait. « Les ouvrages dramatiques ne se qualifient pas par l'invention. Ils se qualifient par le style. » Par démonstration, il s'amuse à rapprocher autour du même sujet l'*Andromaque* de Racine et *L'Amour veille* de De Flers et Caillavet.

Si le style, c'est l'homme, c'est non seulement que langage et style sont commandés par des images traduisant les « enchantements que le poète a provoqués en lui-même », mais qu'ils épousent une respiration particulière à celui-ci. « Le texte n'est qu'une respiration écrite. » La différence d'écriture de Claudel ou de Giraudoux n'est pas le seul fait de l'usage grammatical et des trouvailles du vocabulaire, et Jouvet alerte le comédien : elle est conditionnée par la différence de leur respiration. Il est vrai qu'à entendre Claudel mâcher ses phrases avec son rude accent, on surprenait les rythmes et la musicalité nécessaires à la diction de ses versets. Jouvet évoque les moments de répétitions où l'accord, soudain, de la respiration du texte par l'interprète en scène avec celle de Giraudoux l'assurait de la justesse enfin trouvée du jeu. Il pense qu'à cet instant, tout auteur est amené à reconnaître l'état intérieur qui l'a porté à écrire la scène, qu'il ne saurait se remémorer par la réflexion, et dont en quelque sorte la représentation le délivre. Dans ces intervalles irrationnels de sensibilité, Jouvet situe une part des mystères du théâtre.

Knock, comme tous les personnages, est une énigme

Son compagnonnage avec Knock, au long de près de quinze cents représentations réparties sur un quart de siècle depuis 1923, lui apprend l'étrange et irréductible pouvoir d'une œuvre qui satisfait aux exigences de la poésie dramatique.

Sa découverte de la pièce d'abord, ses enthousiasmes spontanés à la lecture du texte au cours d'un déjeuner avec Jules Romains et, tout de suite — ce qu'il vérifiera plus tard avec Giraudoux — l'incapacité où l'auteur semble être d'apporter des éclaircissements à son metteur en scène et interprète sur d'apparentes obscurités, sur le personnage lui-même. Le docteur Knock « est », voilà tout ! « Mais, pendant les répétitions, conclut Romains, je vous dirai très bien ce que je ne veux pas. » Les comédiens répètent : « Nous recevions du texte la pulsation physique primaire, mais rigoureuse [...] ; cependant, j'étais inquiet. » Il s'inquiète de certaines ruptures de ton, d'une bouffonnerie qui vire à la gravité, sinon au tragique. Pitoëff, qui a demandé à lire la pièce, n'y voit-il pas « l'affreuse tragédie de notre époque » et veut, à tout prix, la monter ? Il est vrai, souligne Jouvet, que, sous le masque d'une comédie de la médecine, Jules Romains montre « comment les idées gagnent un ascendant sur les esprits et sur les corps, comment, par une insidieuse provocation, elles maîtrisent les hommes et les asservissent. » L'époque, avec la montée des totalitarismes, va terriblement l'illustrer. La comédie même n'a rien d'explicite. Elle garde son masque. Au spectateur de le soulever.

Jouvet s'interroge surtout sur Knock : « Qui est-il, je n'en sais rien. Je n'ai jamais pu avoir avec lui la moindre conversation, le plus petit dialogue. » Mais « son tempérament exige, sa logique impose, sa pensée conduit. Il n'est pas possible de parvenir à échapper à l'emprise de Knock. »

Jouvet, jusque-là accoutumé, par ses rôles, à se dissimuler derrière le maquillage et sous la perruque, cherche une composition originale, singulière : « Jouez cela avec votre tête », lui conseille l'auteur. La silhouette trouvée, cheveux lissés, regard haut sous les lunettes cerclées de fer ou brusquement pointé vers le patient, comme celui du serpent sur sa proie, col cassé, veston noir, pantalon gris rayé, Knock mène le jeu; Jouvet lui prête son étonnante présence et la magie de sa diction.

Au fil des reprises, une remarque lui est faite. La mise en scène, qui fut qualifiée d'avant-garde, ne s'est-elle pas démodée ? Il entreprend de la modifier, à plusieurs reprises. Chaque fois, il n'aboutit à rien de satisfaisant, à croire que Knock, en lui imposant son apparence, en lui dictant le caractère de son interprétation, en lui imprimant l'ascendant qui émane du personnage, a fixé l'architecture de l'ensemble.

« Cet attelage dramatique si bien noué »

« Attelage dramatique »... l'image giralducienne caractérise l'accord parfait réalisé entre le poète et l'homme de théâtre. Jouvet a proclamé au Théâtre d'action d'art : « Le théâtre est à la fois une église et une école. » Giraudoux, dans son *Discours sur le théâtre*, voit dans le spectacle « la seule forme d'éducation morale ou artistique d'une nation ». Ensemble, dans *L'Impromptu de Paris* — Giraudoux par la bouche de Jouvet —, ils interpellent l'Etat et plaident pour un théâtre de service public : « Tu as à soigner le théâtre comme ta propre bouche, n'y souffrir aucune poussière, aucune tache, veiller à son éclat. Ce n'est pas une question de crédits. Les dents en or n'y sont pas nécessaires... C'est une question de santé, d'haleine. A théâtre carié, nation cariée. »

L'entente au-delà des mots, fondant une amitié limpide, sans nuage, ne conduit pas à l'intimité ni à la familiarité. Dans le monde du théâtre où celle-ci se produit facilement, Giraudoux et Jouvet maintiennent l'usage du vouvoiement. Face à la réserve sans apprêt, à la finesse et à la délicatesse naturelles de Giraudoux, Jouvet se montre, selon ses propres termes, « attentif et discret ». Le bonheur qu'ils éprouvent assurément, l'un l'autre, dans la confiance absolue qui s'est, d'emblée, formée entre eux prête à leur correspondance une grâce spirituelle charmante. Alors que Giraudoux attend, non sans impatience, que *Siegfried* puisse entrer en répétitions, il écrit : « Excusez cette lettre de fiancée qui ne veut pas voir reculer son mariage au-delà des grandes vacances, et tient à aller en épouse aux bains de mer. C'est tout simplement que j'aime le fiancé. » Et, au lendemain de la création d'*Amphitryon 38* : « Un simple mot. Je serai heureux de vous réserver ma prochaine pièce », ajoutant avec humour : « Je ne vous expliquerai pas les raisons de cette décision. »

Giraudoux s'en remet totalement à Jouvet parce qu'il a perçu en lui un metteur en scène « moins tapissier que poète ». « Il n'y a jamais entre Jouvet et moi qu'un contrat, celui qui exclut les félicitations mutuelles — excepté aux insuccès — et qui remplace la louange inverse par une collaboration spécialisée, une affection ouvrière et le dévouement que suppose cet artisanat du théâtre qui est devenu, comme dit l'opérette, "ma passion et mon honneur". L'auteur dramatique a maintenant deux muses, l'une avant l'écriture, qui est Thalie, et l'autre après, qui est pour moi Louis Jouvet. » L'adhésion immédiate de celui-ci à la dramaturgie de Giraudoux, la reconnaissance qu'il fait d'un art conforme à ses rêves — « Le théâtre est d'être réel dans l'irréel. » — s'accompagnent du sentiment que l'avenir du théâtre qu'il veut édifier peut être assuré par la création des œuvres de Giraudoux.

Dès la lecture de *Siegfried von Kleist*, le titre sous lequel il a reçu la pièce, Jouvet aborde l'ouvrage en architecte dramatique. Giraudoux, depuis cinq années au moins, a entrepris, avec la liberté de son écriture, de composer une pièce à partir de son roman *Siegfried et le Limousin*, Jouvet estime que huit heures seraient nécessaires à sa représentation. Il accumule les pages de notes et en dégage les orientations principales : « Acte I : rebâtir l'intrigue, l'exposition. Acte IV : le IV est tout de même dramatiquement le plus faible. On ne sent pas ce qu'il y a de conséquences sociales et politiques en Allemagne du fait que Siegfried est français. Le combat dans l'âme de Geneviève n'est pas assez apparent. Il faut à cet acte obtenir un maximum d'intrigue, d'intérêt. » Il amène Giraudoux à reconsidérer la scénographie fantaisiste qu'il prévoyait, pour en arriver à des données théâtrales plus conformes aux « secrets » du théâtre. En trois mois, *Siegfried* est au point. Provisoirement du moins, car, tout au long des répétitions, Giraudoux apporte des corrections, attentif aux indications, réactions, commentaires, que le metteur en scène formule, parfois « à demi-mot [a rapporté Jean-Louis Vaudoyer], parfois par la seule intonation, par un geste de la main, moins encore : par un hochement de tête, un mouvement des lèvres. Il s'était tacitement établi entre eux une alchimie qui alliait l'intelligence et le cœur. » Giraudoux n'a jamais fini de remanier son texte. *Siegfried* est créé en 1928. Pour une reprise en 1931, il le resserre, et Jouvet lui-même, qui a repris le rôle de Zelten après avoir tenu celui du général Fontgeloy, en modifie le caractère, apparemment sous l'influence de la montée du nazisme en Allemagne.

Ainsi s'ébauche, sinon une méthode, car rien n'est concerté, mais une pratique ; de pièce en pièce, elle contribue à fortifier l'architecture dramatique du théâtre de Giraudoux : « Je travaille avec Jouvet, indique celui-ci, mais je suis son élève », et il le remercie, par une dédicace, de l'« avoir adapté au théâtre ». Leur connivence est d'autant plus exemplaire que Giraudoux ne parle pas ou ne parle guère de ses pièces au moment où il les confie à Jouvet. Celui-ci raconte : « Giraudoux, pour *La guerre de Troie*, me dit : "J'ai trouvé la première réplique de la pièce" et, à propos d'*Electre* : "J'ai la dernière phrase." »

Lorsqu'il prépare la mise en scène d'*Intermezzo*, Jouvet tente d'obtenir des éclaircissements sur la nature du Spectre. Il met en garde l'auteur : « Le gros écueil me paraît — dans l'incompréhension du public — vis-à-vis du spectre. Il faut se préoccuper de lui, lui fournir une identité — vague, mais qui permette les hypothèses. » Il ne reçoit pas de réponse et croit bon de ne pas insister, de ne pas chercher à forcer un domaine secret. Quelques années plus tard, envisageant une reprise, il a la surprise d'entendre Giraudoux lui dire : « J'ai pensé au spectre, justement ces jours-ci. — Alors, dis-je précipitamment, comment voyez-vous le spectre ? Cette fois, il faudrait que ce soit clair et que nous n'ayons plus d'hésitations comme à la création de la pièce. — Ce n'étaient pas des hésitations de ma part, me dit-il doucement, seulement, je ne voyais pas le spectre comme vous l'avez présenté ! » Pressé de questions, Giraudoux finit par répondre : « J'imagine qu'il devrait être comme un comprimé, une synthèse de spectre et comme l'arc-en-ciel de tous les spectres. » Et Jouvet de conclure : « Le génie mène à un point où les paroles n'ont plus, pour celui qui les emploie, le sens qu'on leur prête. »

Giraudoux prend plaisir aux répétitions. « Je connais peu d'opérations aussi attirantes que celle du divin habillage qu'est une répétition. » Il en restitue la fantaisie, le saugrenu et le sérieux profond, dans *L'Impromptu de Paris* ; il y brosse le portrait de la troupe répétant *La guerre de Troie n'aura pas lieu*, prêtant parfois à l'un des traits qui appartiennent à l'autre, mais n'oubliant pas la propension qu'a le pharmacien de première classe Jouvet à soigner ses pensionnaires ! Impromptu... Quand il envoie un premier texte, il appelle la participation du metteur en scène : « Vous avez à le compléter, à l'illustrer et à en baptiser les acteurs [...]. Annotez au crayon, à l'encre, au sang. »

De même qu'il est pointilleux à l'égard de son œuvre, qu'il la remet sans cesse sur le métier, qu'il écrit de New York à Jouvet : « Voulez-vous faire remplacer dans le second acte de *La guerre de Troie* le mot *puma* par le mot *léopard* (ou *guépard*, ou *ocelot*, comme vous voudrez). Absolument indispensable et urgent », sa confiance ne l'empêche pas d'exprimer les réserves ou les critiques nécessaires, de formuler des conseils. Par une note, il demande à Jouvet et à Madeleine Ozeray de jouer plus « dur » une scène d'Hector et Hélène dans *La guerre de Troie n'aura pas lieu.*

Il s'intéresse, de plus en plus, au détail de la mise en scène, crayonne le costume qu'il voit pour Oreste dans *Electre*, aide efficacement Madeleine Ozeray à trouver l'esprit d'Ondine, à en rendre la nature de « monstre terrestre ». Le spectacle d'*Ondine*, avec son important appareil décoratif, les problèmes qu'il a fallu surmonter, de technique et d'interprétation, l'entraîne à participer de près au travail, jusqu'à diriger la répétition quand Jouvet se doit d'être en scène.

L'alliance ainsi scellée dans le théâtre, par le théâtre et pour le théâtre, au long d'années marquées le plus souvent par le succès, détermine brusquement Jouvet à sortir de sa réserve envers les critiques. Pierre Brisson, le critique du *Figaro*, un ami, a usé de termes blessants à propos de *Cantique des cantiques* : « Article de mode [...] fleurs en coquillage ». Jouvet réplique avec âpreté : « Il n'est pas permis de parler de Giraudoux comme d'"un fleuriste en coquillages". Croyez-vous, mon cher Pierre, qu'on serait bien flatté si l'on disait de vos récents feuilletons que ce sont de précieux graffiti de la pensée. »

Appelé à expliquer le succès des pièces de Giraudoux, il dit : « Nous avons affaire à un véritable magicien du théâtre, à celui qui possède cette éloquence particulière, ce don sacré de la parole qui, différenciant les écrivains de théâtre, élève et isole, au-delà des dramaturges, l'homme élu et prédestiné [...]. N'aurais-je d'autre titre de gloire, dans l'exercice de mon métier et de ma carrière, que d'avoir joué ses œuvres, celui-là me suffirait. »

Il n'oublie pas les paroles de Giraudoux : « Si vous ne m'aviez pas pris ma première pièce, je l'aurais fait jouer ailleurs et puis je n'aurais plus fait de théâtre. »

« Une nuit éblouissante »

Treize pièces de Giraudoux, neuf de Jules Romains, cinq de Marcel Achard, quarante-quatre créations de dix-sept auteurs — jusqu'à Jean Genet et Sartre — soulignent l'importance de l'apport de Jouvet à la création contemporaine. Trois recréations aussi qui sont des repères dans l'évolution du théâtre moderne : *L'Ecole des femmes*, *Dom Juan*, *Le Tartuffe*, et Jouvet songeait encore à *L'Avare* et au *Misanthrope*.

Avec l'œuvre de Molière, Jouvet n'a cessé d'entretenir des relations personnelles, privilégiées, depuis sa première interprétation d'Arnolphe au Théâtre d'action d'art. *L'Ecole des femmes* et *Dom Juan*, leur lecture et relecture, les notes qu'il prend, les études qu'il mène jalonnent sa vie pendant vingt-cinq ou trente ans, avant qu'il les joue. Molière est le patron, il est la référence, et il l'est d'autant plus pour l'homme de théâtre qu'il n'est pas un littérateur dramatique, mais un comédien-poète ; tout, avec lui, part du théâtre et se résoud au théâtre.

Le metteur en scène et l'acteur réunis en Jouvet observent le mystérieux cheminement de la pièce classique jusqu'à nous, et le chemin à parcourir avant de parvenir à elle. Les divergences et les contradictions des commentaires scolaires et doctes accumulés par trois siècles, avec l'espoir d'en dégager la signification et l'éclairer, ont eu, à ses yeux, le mérite d'entretenir la curiosité et l'intérêt autour de l'œuvre ; elles n'ont en rien atteint ce qu'elle a « d'impénétrable, d'irréductible » : l'énigme, cette part en elle qui prête à d'éternels débats, qu'elle continue à proposer, qui perpétue sa vie par l'attirance qu'elle suscite chez le spectateur. « Une œuvre de Molière n'est plus, à l'heure actuelle, qu'une devinette, une question qui se pose à l'esprit du critique et à la sensibilité du comédien. »

Jouvet considère le personnage au cœur de l'énigme et qui participe de celle-ci.

Un *portrait* d'abord sans doute, emprunté, pour certains de ses traits, à des modèles du temps, mais aussitôt leur échappant. S'il est doué de la nature qui fait les personnages, le *fantôme* qu'évoque Molière a « l'identité multipliée », propre, de génération en génération, aux ressemblances suggérées par l'époque. « Une ressemblance idéale », conclut Jouvet, qui indique à ses élèves : « C'est évidemment par vieillissement, par le temps, qu'un rôle devient un personnage. »

La propriété qu'a le personnage d'« offrir un jeu d'interrogations à l'infini de réflexions et de réfractions », ne doit pas conduire le metteur en scène et l'acteur à imposer *leur* interprétation, *leur* conception — Jouvet a le terme en horreur. Ils réduiraient l'universalité du personnage à un cas et priveraient le spectateur de sa possibilité d'intervenir, selon sa personnalité, dans le jeu.

Pour Arnolphe, pour Dom Juan, pour Tartuffe, Jouvet rejette les qualificatifs, les caractéristiques, les jugements disparates que les commentaires leur ont accrochés au cours des siècles. Il n'affuble pas Dom Juan de ceci ou de cela. Dom Juan ne lui apparaît pas un séducteur à proprement parler ; plus exactement, sa démarche séductrice répond à « une attitude spirituelle, intellectuelle » ; il est un homme en quête de sa vérité, qui voudrait croire et qui ne le peut pas. Jouvet retient l'interrogation d'une petite fille à sa mère, au troisième acte de la pièce, « après le dialogue entre Dom Juan et Sganarelle et après la scène du pauvre : ''Enfin, Maman, je voudrais comprendre. Le Dom Juan, est-ce qu'il croit ou est-ce qu'il ne croit pas ?'' » Ce qui guidera le metteur en scène, c'est l'énigme de la pièce en laquelle Jouvet voit un « miracle » dans la tradition du Moyen Age : « L'angoisse de l'homme vis-à-vis de son destin ; c'est de salut et de damnation qu'il est question... » ; Dom Juan reçoit une suite d'avertissements providentiels.

Avant même que sa mise en scène, son interprétation assurent la fortune d'une pièce, jusque-là contestée, de Molière, il en attribue le mérite « aux aptitudes nouvelles » du public. Or, ces aptitudes nouvelles, si elles dépendent de l'esprit du temps, sont liées à la mise en sensibilité du public par un parti de Jouvet qui se refuse au parti pris mais écoute le texte : « Une pièce, et en particulier une pièce classique, est devenue pour moi une nuit éblouissante. Il suffit d'attendre que la pièce s'éclaire d'elle-même, sans le secours d'autres lumières que ses répliques et ses propos. »

Insistant sur « l'inexplicabilité verbale » de la pièce, il perçoit son génie « dans sa *docilité*, sa plasticité à la scène, aux comédiens ».

« La pièce est un métal pur qui ne s'échauffe, ne devient ductile et conducteur que par une sensibilité physique, en mouvement, en action. Elle résiste à tout autre traitement. » Il invite à prendre garde « de ne pas abuser de l'œuvre par une fantaisie déréglée de l'esprit, une expropriation de l'esprit qui l'a conçue. »

L'étude de la nature singulière du « classique » induit des commandements de la mise en scène.

« La mise en scène est un état d'esprit »

« Jardinier des esprits, médecin des sentiments, horloger des paroles, accoucheur de l'inarticulé, ingénieur de l'imagination, cuisinier des propos, régisseur des âmes... » : Jouvet multiplie avec bonheur les formules imagées pour cerner la fonction qu'il illustre dans le jeu complexe du théâtre : *metteur en scène*. Les termes choisis la situent délibérément parmi les serviteurs, parmi des tâches matérielles de l'artisanat. Si Jouvet accorde à celles-ci toute la noblesse souhaitable, c'est aussi qu'il leur attribue une importante responsabilité. Le metteur en scène n'a-t-il pas à « gérer les biens spirituels de l'auteur en tenant compte des nécessités temporelles du théâtre », ou encore « se placer du point de vue d'un soir et de l'éternité ».

Le balancement constant entre les deux sphères de l'activité humaine contraint cet équilibriste à autant d'adresse que d'humilité, de perspicacité, d'intelligence sensible, d'intuition, que de savoir-faire. La disposition spiritualiste rencontre heureusement chez Jouvet l'art du bricolage. S'il est un artiste dans le siècle, qui incarne totalement la fonction, c'est bien lui. Par la somme de ses connaissances et de ses expériences, par l'autorité qu'il a conquise, en tout lieu de la scène et à tout moment de l'opération dramatique — du choix de la pièce à celui du décorateur, du costumier, du compositeur, des comédiens et à la confiance faite aux techniciens —, des répétitions aux représentations, il est en mesure de dominer l'ensemble de la situation, de veiller à la bonne marche des rouages, de résoudre les problèmes les plus divers, d'imprimer le mouvement nécessaire à l'accomplissement du spectacle : il s'affirme le grand organisateur. Somerset Maugham a écrit : « Il donne au public le rare plaisir de contempler le jeu de l'intelligence sur des sujets qu'on a l'habitude de voir traiter sur le mode sentimental. » Le sentiment qui se dégage de ses mises en scène vient de la cohérence et de la maîtrise parfaites des éléments de la représentation, de la clarté avec laquelle chacun d'eux est mis en place et concourt à la valeur humaniste et esthétique du tout.

Jouvet peut prendre assurance à vérifier la justesse des solutions d'ordre technique et de leur réalisation. Alors qu'il lui arrive d'être abrupt dans ses adresses aux comédiens, son respect pour la haute qualification professionnelle des machinistes, des électriciens, le met de plain-pied avec eux, lui fait manifester plus de compréhension, mener le dialogue avec une cordialité particulière, attendre d'eux et de son habilleuse les appréciations les plus autorisées sur lui-même parce qu'« ils entendent la pièce tous les soirs, objectivement, avec au cœur l'amour du théâtre ».

Il ne s'inquiète pas moins de ce qu'en amont, dans les approches successives de l'œuvre dramatique, le travail du metteur en scène est condamné à l'incertain et à la relativité.

Les exemples parfois aberrants qu'il relève autour de lui de la pratique de la mise en scène lui ont appris que celle-ci n'est pas un métier assorti de règles précises de conception et d'exécution. En possession d'une pièce, avec le besoin de dissiper progressivement ses parts d'ombre, le metteur en scène a des raisons de la soumettre à l'analyse, à la critique, et d'y introduire ce qui est de lui-même. « La mise en scène est un commentaire », précise Jouvet, et ne peut y échapper. D'où les incessantes et divergentes interprétations des « classiques ». Jouvet les constate, s'en étonne ou s'en irrite ; il s'efforce de garder une conscience claire de la difficulté et de définir la méthode capable d'éviter les déformations sensibles et ce qui lui semble sans doute une hérésie : l'appropriation de l'œuvre par le metteur en scène.

Privée du soutien des règles, la relation que celui-ci établit avec la pièce institue un « état d'esprit », de la même façon que Jouvet en discerne un, chez l'auteur, dans la création, « opération tumultueuse de tout l'être, indissociable, irréductible », dont aucune mise en scène ne peut épuiser les possibilités d'interprétation. »

« Esprit unique » de l'auteur, « esprit second » et, par là même, « multiple du metteur en scène », l'essentiel est de restituer l'unité organique de l'œuvre, de « retrouver l'état d'esprit de l'auteur, l'humeur ou le ton de l'auteur au moment de l'écriture, son inspiration ». C'est pourquoi Jouvet estime que la fonction implique la recherche constante de « raisons d'admirer et d'aimer », évoque « l'accointance affectueuse avec les pensées ou les sentiments du poète et de l'auteur ». Il en déduit « une attitude » qui, à son tour, commande les seuls moyens de rejoindre l'auteur : *la répétition, le travail de scène.* « Cette recherche, ce travail d'approximation, cet effort aveugle et sensible, c'est l'art de la mise en scène. » A terme, s'il a atteint l'objectif, il procède à la délivrance, en l'auteur, d'une œuvre qui ne s'accomplit vraiment que dans la représentation ; il procède à « une naissance ».

Jouvet réalise sa première mise en scène au printemps de 1923, à la Comédie des Champs-Elysées : *Monsieur Le Trouhadec saisi par la débauche*, suivi, à la fin de l'année, par *Knock*, deux comédies de Jules Romains. Quittant le Vieux-

Colombier où il avait fait les décors de tant de pièces, il est le maître d'œuvre total des spectacles. Non qu'il se considère décorateur : il n'a pas le don des couleurs. Mais il a le sens du mouvement du décor et du lieu, il sait, dans une lente élaboration, créer par le dessin, le relief, l'organisation de l'espace, le sentiment dramatique qu'il demande au décor. Décor d'imagerie pour *Monsieur Le Trouhadec saisi par la débauche*, décor linéaire, schématique, pour *Knock*, l'un et l'autre « jouent ». Les palmiers du jardin du Casino, à Monte-Carlo, s'inclinent ou se dressent au gré des fluctuations sentimentales de M. Le Trouhadec ; la montée du docteur Knock vers Saint-Maurice, dans la vieille guimbarde du docteur Parpalaid, est suggérée par l'élévation progressive d'une illustration enfantine. Les décors font image, non ornementation ni divertissement ; par leur économie rigoureuse, leur pouvoir expressif, sont-ils si éloignés du dispositif du Vieux-Colombier ? Quand Jouvet fera appel à Cassandre, à Christian Bérard, à Pavel Tchelitchew, leur génie décoratif s'accordera toujours à cette rigueur, dans une stricte subordination aux nécessités de l'expression dramatique.

A l'aide de toiles, montants, châssis, dresser aussitôt que possible, en scène, une maquette aux dimensions du décor, la modifier, s'approcher au plus près, par tâtonnements, de ce qui peut satisfaire aux besoins de la pièce, éprouver physiquement ce qui ne convient pas, est la méthode communément appliquée. Car le décor, tant qu'il n'a pas été expérimenté, n'existe pas en soi. Il ne peut pas s'édifier dans quelque lointain atelier, et le metteur en scène diriger les comédiens dans le vide d'une scène nue, sans référence aux liens qui les réuniront au décor. Il arrive que celui-ci, une fois monté, révèle soudain une résistance, qu'en dépit de ce qu'il avait de séduisant dans le principe, il ne convienne pas exactement ; il a sa vie à sa manière, il importe d'en tenir compte.

Le bon rapport du comédien avec un meuble est également

déterminant, moins « dans sa qualité décorative » que « dans sa participation aux mouvements de scène », cette « espèce de danse » qui traduit les mouvements intérieurs de l'action.

Léon Leyritz, le sculpteur, décorateur d'*Intermezzo* de Giraudoux, a plaisamment défini l'exigence de Jouvet à l'égard de sa corporation : « La tâche du décorateur au théâtre Jouvet consiste à avoir avec le Patron une conversation d'apparence légère, à lire une pièce quand il en joue une autre [...] à donner de grands coups de ciseaux dans la tarlatane [...] user de gros fusains sur du contreplaqué [...] exiger despotiquement que celui-ci donne des fleurs et que la tarlatane soit nuage — vitrail ou ville entière [...] quand tout cela s'est accompli consciencieusement, il a mérité d'être appelé "mon frère" par Jouvet ! »

Le metteur en scène, lorsqu'il recourt à cette collaboration, espère obtenir d'elle les moyens d'une magie qu'il ne pense pas avoir le talent de créer, même s'il a puissamment le sens de ce qui, dans le décor, peut provoquer chez les spectateurs un sentiment fondamental — celui de l'attente — et rendre sensible la « coulisse mystérieuse ». « Les plus beaux [décors] sont ceux dont les ouvertures ou les coulisses aggravent ou augmentent cette attente essentielle. » Il propose à Guillaume Monin de multiplier les ouvertures dans le palais où se déroule la tragédie d'*Electre*, afin de suggérer, dans la pénombre, des présences aux aguets, menaçantes, d'alourdir l'atmosphère, de contribuer déjà au dramatique des situations. Il suscite la magie en ménageant à certaines sorties des escaliers descendants invisibles : les personnages semblent absorbés par un royaume souterrain. En revanche, des ascenseurs derrière le décor font surgir fantastiquement, en haut des remparts, des personnages qu'on vient juste de voir sortir.

L'attention apportée au moindre détail, le souci de frapper l'imagination par une invention nécessaire rendent Jouvet extrêmement exigeant. De jour en jour, il réclame de nouvelles propositions, des modifications de maquettes, longtemps insatisfait. Si besoin est, il change de décorateur en cours de répétition. René Moulaert, pour *Intermezzo*, cède la place à Léon Leyritz parce que « la tournure d'esprit de Giraudoux lui est tout à fait étrangère ». La pièce joue sur le rapprochement du quotidien d'une campagne française et l'insolite de la présence d'un spectre. Jouvet a l'idée d'établir un contraste entre le décor et le style d'interprétation. « D'une campagne reposante et inoffensive avec bouleaux aux troncs noirs et blancs, hêtres et tilleuls, faire tout à coup insensiblement les pins tordus de la Voie appienne à Rome ou les cyprès de la Villa d'Este la nuit. Parallèlement — dans le premier décor, calme — caractère funambulesque et un peu ''sorcellerie'' des quatre (inspecteur, maire, droguiste, contrôleur) quand ils confèrent *sur* le spectre, alors que — dans le second, tragique et qui laisse de l'effroi — les scènes du spectre seront, au contraire, jouées avec naturel, calme et cette poésie que donne le texte. »

Roland Oudot, qui a la charge des décors d'*Ondine* de Giraudoux, ne peut donner forme aux rêves de Jouvet ; il en a conscience, avec une grande honnêteté professionnelle, il se retire. Commence l'aventure Tchelitchew.

Pavel Tchelitchew travaille à New York. Dali, approché, n'étant pas libre, il est sollicité, refuse d'abord, puis soudain reprend contact, débarque et, bien que ses premières esquisses aient pris appui sur les indications de Jouvet, ne tarde pas à entraîner le théâtre, et Jouvet le premier, dans la tornade de son imagination. Jouvet est subjugué par cette force créatrice qu'il n'est plus en mesure de contenir. « C'est un mystique, note-t-il, un poète du théâtre. Il a une conception des décors apocalyptique. Il voit les décors comme les personnages de l'action les voient. » Ses propos sont étranges, enflammés, surréalistes. Il n'hésite pas à demander des modifications de texte, légères et, d'une certaine manière, à influer sur la mise en scène ; par le rapprochement des costumes, sous l'effet des lumières, celle-ci devient une mise en scène de couleurs. « Le garde, orange, doit se déplacer, il est fait pour aider certains verts et certains bleus ». Du vernis à ongle nacré est utilisé pour réaliser l'effet d'irisation qu'il souhaite pour la vaste coquille où trône le roi des Ondins. Imagination superbe et coûteuse que les recettes les plus grosses de Paris — avant même celles de Maurice Chevalier au Casino de Paris — peuvent offrir au directeur. Certes, Jouvet ne lésine pas sur la dépense, ne sacrifie jamais la qualité, le détail utile à l'harmonie générale. Lanvin, Patou, Lelong, Schiaparelli, avec Karinska ou Ira Belline, exécutent robes et costumes. Jamais, cependant, de gaspillage : le bureau de Siegfried, habillé selon la nature du décor, devient trône dans *Amphitryon 38* de Giraudoux et remplit le même office pour Priam dans *La guerre de Troie n'aura pas lieu*.

L'Ecole des femmes aura été l'œuvre à la réalisation de laquelle Jouvet se sera le plus attaché, dans un engagement profond de son être, de la multiplicité de ses dons. Il a professé pour elle « une manière de prédilection ». Leur commune histoire a duré plus de quarante ans : il a joué Arnolphe une première fois en 1909 et la dernière fois en 1951, à New York ; ce fut, ce soir-là, sa dernière apparition en scène.

Dès 1912, il prend des notes de mise en scène, crayonne un projet de décor accompagné d'une aquarelle en 1922 ou 1923, songe alors à une distribution au moment où il espère confier le rôle d'Agnès à Ludmilla Pitoëff. Jusqu'en 1932, il renouvelle ses projets de décor. A cette date, séjournant à Londres, il esquisse les deux aspects du décor mobile que Christian Bérard, quatre ans plus tard, magnifiera de ses traits et couleurs. Un commentaire de Jouvet indique qu'il n'ignore pas l'audace de la tentative, « faite avec respect et amour ». Curieusement, c'est un problème de théâtre naturaliste qui a inspiré sa solution : « Comment jouer vraisemblablement sur une place publique des scènes d'intimité ? » Comment concilier, au même endroit, les conversations d'Arnolphe à l'occasion de rencontres de hasard sur la place, et ses entretiens avec Agnès qu'il cloître dans la maison ?

Les dessins sommaires de Londres montrent d'abord la maison émergeant au-dessus des murs de clôture, dans un cadre campagnard — devant, Arnolphe croisera Horace —, ensuite la maison dominant un jardin enserré entre ses murs. De l'un à l'autre, les murs se sont ouverts sous l'effet d'une machinerie et ont découvert le jardin où Arnolphe peut à loisir parler avec Agnès à l'abri des regards. Dans l'un et l'autre lieu, Jouvet préserve l'unité « classique », en l'adaptant à la vraisemblance de la vision scénique du XXe siècle. Lorsqu'en 1936, avec Madeleine Ozeray, il dispose enfin d'une Agnès selon ses vœux, il demande le décor à Christian Bérard et lui soumet cette proposition. Bérard n'est pas toujours facile à apprivoiser. « Ce qui touche en lui, déclare Jouvet, ce sont ses refus devant une œuvre, le sentiment douloureux de son impossibilité à imaginer, son impuissance, ses exaspérations, ses colères, ses partis pris où il s'accroche avec passion et qu'il lâche soudain. » Que faire avec une maison, des murs, les arcades d'une place ? Jouvet peut craindre qu'il renonce. Non ! Brusquement, il a l'idée, ou plutôt les idées, qui, épousant les exactes nécessités techniques, font du décor la poésie même et réussissent à allier la vraisemblance moderne recherchée et la convention théâtrale du XVIIe siècle : cinq lustres au ciel évoquent la scène louisquatorzienne et expriment le théâtre.

Théâtre : la scène de l'Athénée est haute, Bérard élance excessivement la silhouette stylisée de la maison. Théâtre : il imprime une blancheur uniforme aux murs et, d'un coup de pouce, efface les fenêtres, ne laissant que des ouvertures béantes sur fond de flanelle noire. Les couleurs des costumes — tissus de crin brillant conférant le merveilleux des carapaces d'insectes aux personnages — éclatent dans la blancheur générale du décor, réchauffée par les projecteurs.

Jouvet et Bérard renouvellent avec bonheur leur attelage classique à la Comédie-Française. Jouvet est appelé par l'administrateur Edouard Bourdet à mettre en scène ; il choisit la comédie baroque de Corneille, *L'Illusion*, jeu du théâtre sur le théâtre. Pierre Dux, un des interprètes, rappelle « l'extraordinaire machinerie qui, dans cette pièce magique, faisait surgir de l'ombre les éléments de décors venant des cintres, des dessous, de la cour, du jardin, et s'assemblant dans un extraordinaire chatoiement de couleurs » sur des rideaux de velours noir.

Le jeu des couleurs et des lumières, des sons et de la musique, complète et avive l'harmonie des mises en scène de Jouvet que leur beauté et leur subtilité distinguent dans le théâtre de l'époque.

L'étude de l'éclairage menée depuis le Vieux-Colombier, avec l'ambition de rénover la vision scénique, se traduit de pièce en pièce par des recherches d'un extrême raffinement.

Jouvet a sa palette : « Tout devient infernal par le rouge, céleste ou glacial par le bleu, et tout est soudain effacé par la crudité du blanc ou la tache d'un projecteur. On se croirait dans les limbes, et le blanc s'éteint [...] un peu de jaune monte, douteux ; pauvre, purulent et triste, le jaune est la couleur la plus difficile, elle monte mais n'atteint jamais son éclat, c'est une lumière d'assistance, sa couleur n'a pas d'existence. »

Ses notes pour *Intermezzo* montrent avec quelle précision et pénétration des problèmes posés par l'œuvre — la promiscuité du monde des vivants et de l'au-delà du spectre — ses éclairages contribuent à l'expression dramatique : mise en place « d'effets conjugués pour passer d'une campagne riante et reposante à un paysage sévère et tragique » ; utilisation de « gazes, transparences et contre-éclairages » ; installation particulière pour réaliser des effets contraires : « premiers plans éclairés, fonds indiqués seulement » ou « fonds éclairés exclusivement. Le spectre et Isabelle étant éclairés par des projections spéciales et locales sur eux-mêmes (ou des éclairages en hauteur en bleu et par grandes surfaces). » Sa minutie lui fait choisir « un projecteur très puissant, dont le rayon peut être réduit ou élargi (préférablement à arc que lampe à incandescence, pour obtenir une lumière très blanche de contraste) ».

Il est vrai que, sur ces points, « l'accointance » du poète et du metteur en scène se manifeste dans le goût que le premier a de l'invention des images, et le second de celle des lumières. Quand, au début du deuxième acte d'*Amphitryon 38* de Giraudoux, « le soleil échantillonne un à un ses rayons » à l'aurore ordonnée par Mercure, le metteur en scène échantillonne ses projecteurs, mais l'auteur stimule l'éclairagiste lorsque Mercure s'écrie : « Pas celui-là ! Rien de sinistre comme la lumière verte sur les amants qui s'éveillent. Pas celui-là ! Le violet et le pourpre sont les couleurs qui irritent les sens. Voilà, voilà le bon, le safran ! » La critique accorde une attention exceptionnelle à cet aspect du spectacle et hausse au lyrisme ses commentaires : la lumière « passe de l'azur profond à l'émeraude, de l'émeraude au gris cendre, de la cendre à la nuit »...

La tonalité des lumières, ses variations, ses éclats ou ses nuances, les passages insensibles de l'une à l'autre permettent sans doute de susciter des vibrations dans la sensibilité du spectateur, qui rejoignent celles du texte. C'est une autre forme de musicalité. L'appréhension globale de l'univers théâtral conduit Jouvet à y inscrire les sons, les bruits, la musique. Commentant sa mise en scène d'*Amphitryon 38*, il remarque que, s'il n'a pas introduit de musique, on entend « un rossignol qui chante, une foule qui appelle, une armée qui part. J'ai essayé de "sonoriser" aussi certains moments de la pièce. »

Ses notes encore pour *Intermezzo* présentent un inventaire de bruits : « chants d'oiseaux (et pas n'importe lesquels : alouettes, merles, pinson, rossignol) ; cloches de vaches, horloge de village, cornes d'appel de berger, froissement de branches », toutes notations sonores qui ne débouchent pas sur un réalisme, mais s'intègrent à la poésie de l'ensemble.

Plus généralement, Jouvet associe un compositeur à la création : Georges Auric, Francis Poulenc, Maurice Jaubert, Vittorio Rieti, Darius Milhaud et, à cinq reprises, Henri Sauguet. Brèves fanfares, airs de danses populaires d'*Electre*, chanson de *Tessa*, ou ponctuations soulignant par exemple la réplique « Le petit chat est mort » — une manière de respirer. Selon les pièces, leurs nécessités, la musique prend une part plus ou moins importante au déroulement de l'action ; elle lui est liée organiquement. L'ouverture a son plein sens, elle donne le *la*, elle crée le climat, elle est aussi la transition utile, pour le spectateur, de sa vie quotidienne, soudain effacée par l'attente de la représentation, à l'entrée dans l'action.

Le compositeur participe aux lectures initiales afin d'assimiler la musique propre à l'œuvre, les rythmes déjà marqués par le metteur en scène. Ensuite, celui-ci en vient au détail, ne signale pas seulement ce qu'il souhaite à tel ou tel moment ; il indique vocalement ce qu'il attend, « allant parfois, rappelle Henri Sauguet, jusqu'à l'onomatopée ». « Page à page, le texte défilait. Ici, non, ici, oui, là peut-être. Il rythmait une marche, un pas, déterminait certains accords, certaines "lumières" mélodiques en se servant de couleurs, de formes. Ainsi le galop d'un cheval, le mouvement, l'intensité d'une arrivée de personnage. »

Ce n'est qu'après de nombreuses répétitions, lorsqu'il commence à s'assurer des équilibres du spectacle, que Jouvet fixe les interventions de la musique. Pourtant, même si la présence du compositeur n'est pas toujours nécessaire, il la réclame ; personne ne peut s'absenter de l'œuvre en gestation, dont il doit avoir une sensibilité de jour en jour plus approfondie et affinée.
La musique, enfin, est enregistrée, par mesure d'économie, parce qu'« elle devenait aussi comme un objet qui lui appartenait, lui paraissait plus soumis à son dessein, à son travail, à son but ».
Le comédien peut entrer en scène.

« Le comédien est un monstre inexplicable »

Il y a le comédien Louis Jouvet, et il y a les autres, les pensionnaires, à l'année, de sa troupe, et ceux et celles engagés pour une pièce.

Au premier, Copeau a écrit : « Tu as le privilège inestimable de posséder une nature, un physique et le don de l'invention. » Pourtant, ce physique, longtemps, le fait douter de son avenir dans la discipline. Il lui faut s'habituer à sa « gueule », finir par l'accepter. Dans ses dernières années, il écrit encore : « L'approbation du public, malgré tout ce qu'elle a de persuasif, ne me garantit pas tout à fait que je suis un "comédien véritable". »

Ses doutes, ses incertitudes, ses angoisses par moments peut-être, sont suscités par la monstruosité apparente d'une vie qui « se passe à parasiter les sensations et les sentiments des autres ou à être parasité par eux ».

« Quel rare plaisir peut-on prendre à dire en franchise des paroles quand on cache la dissimulation dans son cœur ? » Il qualifie le comédien de « Protée ou caméléon, exhibitionniste ou mégalomane, mythomane ou hystérique ».

De soir en soir, il s'applique, en sortant de scène, à fixer par des mots les impressions qu'il vient de ressentir pendant le jeu, du moins ce qu'il a cru observer. Peut-on avoir un souvenir véridique de ces moments ? Ce regard réussira-t-il à cerner l'abîme intérieur, à le réduire ? A le faire admettre intellectuellement, moralement ? Les mots sont-ils capables de rendre compte de cet inconnu ? Il a conscience de leurs limites et le supporte mal. « Tout cela est là, sensible, visible, en moi et je cherche à le penser, à le lier, à le raisonner et à m'en expliquer l'agencement, les raisons. L'instrumentiste que je m'efforce d'être est en mauvaise intelligence, en perpétuelles discussions avec son instrument. »

Par principe artistique, au long de la représentation, il écoute la salle — c'est son habitude —, il cherche à mesurer les degrés de son attention, à discerner si elle s'intéresse, si elle est émue, et à modifier l'interprétation en conséquence. Eprouve-t-il une attention plus soutenue que de coutume, plus rapidement éveillée, la surprise le trouble. « Peut-être ai-je trop écouté la salle ? »

D'un soir à l'autre, il essaie d'agir différemment sur la sensibilité des spectateurs. *Knock* est à l'affiche ; il prévient ses camarades — l'indication est portée sur la courbe des températures du docteur Knock : « Je jouerai confidentiel et plus bas que d'habitude. »

Ses responsabilités de régisseur, puis de metteur en scène le portent à surveiller le comportement de son partenaire, « le ton et la hauteur de sa voix, son maquillage, sa diction, son articulation, et le rythme du texte », continuant cependant à écouter le public, rappelé, le moment venu, à son rôle, à sa réplique. Il peut caractériser ses personnages considérés de l'intérieur, les phénomènes qu'il relève à travers des sensations physiques. L'état physique de l'acteur s'affirme la pierre de touche de l'interprétation, dans la mesure surtout où il a la chance de retrouver celui, originel, de l'auteur. Il souligne : « Tout est suspect sauf le corps. »

Voici ses notes : « Le père Karamazov me laissait Karamazov au III, après le souper qui était une véritable participation au personnage. Jusque-là, j'avais du mal, je le composais ; puis, dès le souper, j'étais à mon aise, j'étais heureux de jouer. Cette goinfrerie, cette ivrognerie, avec excès de toutes sortes, la crainte de l'enfer, mêlée au goût canaille de la débauche, me plaisaient à moi-même. J'aimais ce personnage, il me pénétrait.

« *Aguecheek* — décontraction physique, uniquement contraction musculaire respiratoire pour rester dans le rythme du texte — idem pour *Le Barbouillé*, le mouvement — rythme — seul impose et commande toute l'exécution. La pulsation du sentiment est tout...

« *Knock*, sport, crispation des jambes et des mollets, musculaire, rythmique.

« *L'Ecole des femmes*. Bonheur de dire quelques vers fluents et tendres, bons à la bouche et doux au cœur. »

Parfois, l'accord ne se réalise pas, malgré la bonne volonté, l'honnêteté professionnelle du comédien. A la différence de ceux qui, très vite, trop vite, se cabrent : « J'ai toujours fait ce qu'on me demandait, lui dit Pierre Renoir, même en le désapprouvant. L'essai est nécessaire. Quelquefois, j'atteignais au sentiment. D'autres fois, j'en étais quitte pour donner mon opinion après des tentatives sincères, et dire le résultat de cet essai. » Il prend l'exemple d'Egisthe dans *Electre*. Il s'est plié de bonne foi à la discipline de la mise en scène : « Au I, j'étais très libre et confortable ; au II, jamais. » Giraudoux lui-même a senti que quelque chose manquait, qu'il y avait eu « une saute » dans sa création. Il était prêt à revoir la scène, sans assurance de faire mieux. La difficulté de l'interprète peut dénoncer une faiblesse de l'auteur.

Une règle se dégage pour Jouvet : « Ne jamais préjuger, ne pas se presser. Laisser le temps, le travail, l'expérience, nous conduire à ce qu'il faut. »

Dans la pratique du regard intérieur qu'il dirige sur le jeu, sur les composantes du spectacle, la température du public, pendant la représentation, dans la possibilité même d'exercer ce regard, il constate l'apparition d'un phénomène essentiel de l'art du comédien : le *dédoublement*. Au-delà de la particularité de son attitude d'acteur-metteur en scène, il y discerne une étape dans l'approche du personnage, la deuxième.

Il reconnaît la première dans l'empressement de l'interprète à exprimer les sentiments qu'il prête au personnage, à croire à la justesse et l'efficacité d'une sincérité qui ne véhicule alors que ses propres sentiments d'homme. « On joue trop tôt. » Il importe de franchir ce cap. Sinon, le personnage, au lieu de déployer ses infinies ressources d'expression, de proposition sur la nature humaine, se réduira aux données physiques, mentales, sentimentales, de celui que Jouvet nomme *un acteur*, lorsqu'il désire différencier un tel comportement de celui qu'exige le « comédien véritable ». L'acteur ne fait que répéter, de rôle en rôle, sa personnalité et en imposer les limites, aussi vigoureux que soit son tempérament, brillant son savoir-faire et séduisant son pittoresque. Il se substitue au personnage, il n'en donne que l'illusion, car « le héros descend dans le comédien. Mais jamais il ne s'incarne. » Il est « un fantôme toujours plus grand que celui qui a la charge de l'évoquer dans l'esprit et l'imagination du spectateur ».

« Une sorte de corridor pour les idées et les sentiments d'autrui »

Ici intervient le dédoublement. Un peu l'état de l'homme qui parle à un interlocuteur en menant, en lui-même, d'autres pensées. Soudain, le comédien éprouve les limites de la sincérité, de sa prétention naïve à s'identifier au personnage ; il ressent, à l'intérieur du jeu, une dissociation entre le personnage et lui, il distingue l'un et l'autre, il comprend ce que « jouer » signifie, que la sincérité a fait place à la simulation et que celle-ci appelle un contrôle. « Il perçoit son rôle complexe d'instrument et d'instrumentiste. » Pour bien jouer, l'instrument implique dépossession, dépersonnalisation, désincarnation de soi-même ; elles sont consécutives à l'attention singulière, sensible, prêtée, dans le dédoublement, aux sentiments du personnage, aux relations à établir avec celui-ci, et au vide qu'elle produit chez le comédien.

Une dernière phase est nécessaire, « celle où l'exécutant domine enfin sa sensation », celle où il peut avoir la chance « d'atteindre enfin au personnage par un effort de sensibilité et de spiritualité ». Jouvet utilise les termes d'« intuition » ou de « sentiments intuitifs ». « Dans la conscience même, dans la surveillance, le contrôle de cette sensibilité, vous arriverez à un moment donné à avoir intuitivement, c'est-à-dire par une sorte de révélation, le sens de ce que vous faites. »

Il ironise. « C'est plus facile à éprouver qu'à dire... Ce n'est pas le personnage qui se réalise dans le comédien, mais c'est au contraire, le comédien qui s'irréalise dans le personnage. Seul le personnage a une identité, l'art du théâtre, pour nous comédiens, est dans le paraître. Il réside dans une ambiguïté où nous avons bien du mal à nous retrouver. » Il rêve : « Si le comédien pouvait apprécier son état en jouant, s'il pouvait parvenir par lucidité à saisir ou à éprouver les correspondances, les unissons entre lui et le public, entre lui et son rôle, et cet unisson extraordinaire, l'unisson total des trois : public, auteur et lui-même, il aurait atteint le point extrême où se place ce que l'on pourrait appeler le sens intuitif du rôle en action », et Jouvet porte en note : « Idée de fusion dont il est le "fondant", la matière fondante. » Il dit « effort de spiritualité » ; au terme d'une aussi longue, difficile, patiente, éprouvante, décourageante, exaltante recherche, le comédien réussira-t-il à surmonter sa nature de monstre qu'il semblait d'abord présenter, à trouver une justification spirituelle à son existence. « La vie ne me paraît vraie qu'avec cette vie artificielle et *supérieure* du théâtre, non pas la vie des coulisses, mais la vie qui s'y crée et s'y pratique dans le jeu, la vie de la représentation. »

Les dispositions naturelles de Jouvet ont favorisé cette prise de conscience des phases de l'interprétation. Le besoin sans doute de comprendre l'inexplicable, les interrogations incessantes et les observations jamais satisfaites, et les inquiétudes qui les relancent ; la vérité possible est peu à peu traquée. L'idéalisme ensuite : il refuse les complaisances, les facilités du métier et oblige à fouiller le domaine, à y découvrir les sentiers qui permettront de s'élever, qui justifieront l'engagement dans le théâtre. Enfin — il s'agit maintenant de problèmes personnels — une vertu, ce don de l'invention reconnu par Copeau, et ce qui semble au départ un handicap, une diction étrange, heurtée. Jouvet utilise qualité et défaut et forme peu à peu un art original.

Qualité et défaut se rejoignent. Le physique même qui impressionne si fortement Copeau, mais contraint le jeune comédien à s'en servir en le métamorphosant dans l'emploi des compositions : les vieillards, les ridicules, les niais... par élaboration, construction, donc contrôle des moyens mis en œuvre. La bizarrerie de la diction participe à la construction ; maîtrisée, elle engendre un phrasé rythmé, musical, et apporte sa tonalité au style du comédien, à sa poésie.

Des comédiens poétiques, on entend dire parfois : « Ils jouent faux. » Jouvet répliquerait encore : « Il n'y a que le faux qui m'intéresse. » Le faux qui, dans la perspective, sous l'éclairage de la scène, impose sa vérité. Dans l'opinion commune, une interprétation est soit théâtrale, divertissante par la grandiloquence, les effets appuyés, extérieurs — *comédiante* —, soit donne l'illusion d'une réalité des sentiments,

« comme dans la vie », un faux-semblant. L'interprétation poétique se fait le truchement des sentiments authentiques à travers les signes de la théâtralité. Là se situe l'art de Jouvet, un art intérieur fondé sur la soumission au texte, sur l'écoute du texte, un ensemble de signes vocaux, plastiques, auxquels la présence — le don fondamental de vérité du comédien — confère l'unité et la vie.

Il établit une distance entre l'interprète et le personnage, entre le comédien et le spectateur. A la simple participation émotionnelle du jeu réaliste, il substitue un jeu de réflexion, de reflets, dont la poésie contribue à exalter celle de l'œuvre, animée par le tempérament dramatique. Car — Jouvet y revient sans cesse — la minutie avec laquelle il s'emploie à décomposer les mécanismes ne modifie pas leur nature — une articulation de sensations et de sentiments.

Un soir, il se maquille dans sa loge, en présence d'un auteur venu lui lire une pièce ; il s'apprête à jouer *Petrus* de Marcel Achard. L'auteur, entre deux répliques, lève les yeux. Jouvet le regarde d'un air étonné, lointain, incompréhensif. Non, ce n'est « plus tout à fait Jouvet ; c'est Petrus, déjà, qui le fixe d'un œil naïf, ahuri ».

Abandon de soi, dédoublement... La complexité du cheminement commun des sentiments et de l'expression artistique dans la recherche de Jouvet peut être mal perçue, s'il ne réalise pas lui-même l'équilibre nécessaire. « Avec sa tête d'oiseau de proie, l'être féroce, paillard, cynique et d'une imbécillité prodigieuse qu'il fait du *Malborough s'en va-t-en guerre* de Marcel Achard éteint, selon Antoine, la joie de cette truculente fantaisie. » L'énormité de la caricature semble trahie par les moyens du comédien. Pourtant, celui-ci a tenté d'éclairer ce qui rattache les comédies de Marcel Achard à la tradition de la commedia dell'arte et lui donne du caractère : le pittoresque et le charme d'une fantaisie cocasse, recouvrant la cruauté, les bassesses et les violences de la nature humaine.

Il qualifie *L'Ecole des femmes* de vaudeville. Le parti n'est pas toujours accepté. Pierre Dux observe que « la plus grande "erreur volontaire" commise par le metteur en scène se révélait bénéfique ». Il rappelle la scène « où Horace, chassé des abords de la maison d'Arnolphe par un "grès" que lui a jeté Agnès sur l'ordre de son tuteur, apprend à ce dernier que le "grès" contenait une lettre, une lettre d'amour qu'il lit ingénument au malheureux Arnolphe, obligé dans cette situation ridicule de dissimuler sa stupeur et son chagrin. Or, la mise en scène de Jouvet montrait Agnès jetant le "grès" et Horace y découvrant la lettre. Dès lors, si le récit de cette scène surprend Arnolphe, il ne surprend plus le public. La donnée dramatique est radicalement changée. Mais les rires du public, voulus par Molière, devant la déconvenue d'Arnolphe, sont doublés ou triplés du fait que les spectateurs, déjà au courant des déboires d'Arnolphe, se sentent sur lui quelque supériorité et s'en amusent davantage. »

Jouvet pousse Arnolphe aux limites de la caricature avec ses airs de grande marionnette, ses yeux exorbités, roulant d'inquiétude et de fureur, la respiration hoquetante qui scande ses tirades ; il n'en ménage pas moins, dans la sensibilité du spectateur, malgré l'odieux du personnage, le mélange du plus fort comique et l'âpreté tragique du rugissement final d'Arnolphe, pantin « blessé », défait. L'expression est portée à ce degré de puissance par l'intensité constante de son jeu, une intensité qu'il s'emploie, vers le dénouement, à hausser au paroxysme. Pendant la scène du notaire, raconte Wanda, le titulaire du rôle peut s'affoler d'entendre le Patron-Arnolphe murmurer entre ses dents, en hochant la tête furieusement : « Ah ! le salopard... Me faire cela à moi... connard... fumier ! », et Jouvet, à la fin de la représentation, de dissiper l'angoisse du garçon : « Ce n'est pas contre toi que j'en avais, mon p'tit père, mais contre ce salaud d'Horace qui se fait aimer d'Agnès, et c'est ce qui préoccupe l'esprit d'Arnolphe pendant la scène du notaire. »

A l'entracte, il a tellement transpiré qu'il lui faut changer de chemise et de perruque ; à la fin du spectacle, il a vidé une grande bouteille d'eau. Il est épuisé.

Le tempérament de Jouvet a la ressource d'un tel dépassement de lui-même. Barman de l'Enfer à l'enseigne d'*Au grand large*, la pièce de Sutton Vane, quand, debout, l'œil fixe, les mains derrière le dos cramponnées à une table de bar, il criait : « J'ai besoin d'une prière, j'ai besoin de la prière d'un homme », il déclenchait, raconte Madeleine Ozeray, la panique chez les autres comédiens, créant l'angoisse, le vertige. »

Aussi précisément organisée que soit son interprétation dans le dessin extrêmement rigoureux de sa mise en scène, il sait improviser, imprimer une tonalité différente si les circonstances l'exigent. L'anecdote de *Jean de la Lune* de Marcel Achard est inscrite dans les annales du théâtre. Aux répétitions, Michel Simon ne laisse rien paraître de ce que pourrait faire son personnage, Cloclo, l'entremetteur parasite ; il bredouille à mi-voix, il grommelle. Jouvet doit établir celui de Jeff, l'amoureux poète, sans véritable réplique. Le soir de la générale, Michel Simon, brusquement, se découvre, introduit une drôlerie si énorme qu'elle met Jouvet en difficulté. Celui-ci l'éprouve durement, non sans colère. La scène terminée, il sort. Lorsqu'il revient, son attitude, sa façon d'être, son ton sont changés, le personnage retrouve son pouvoir, la comédie son équilibre. L'auteur, stupéfait, assiste avec émerveillement au rétablissement.

Jeff figure l'amoureux qui séduit parce qu'il ne cherche pas à séduire, qu'il n'emprunte rien à la panoplie du séducteur : une naïveté ambiguë. Jouvet s'attribue volontiers les naïfs, il s'y destine déjà au Vieux-Colombier. Il renouvelle le séducteur malgré lui avec *Domino*. Pour *Tessa*, l'emploi se précise ; après des hésitations, le grime de sa jeunesse, qui dissimulait son visage, trouve, dans le charme et l'autorité de la maturité, le talent d'être séducteur.

Longtemps, le manque de confiance en son physique et ses dons comiques, la réussite qu'il leur doit, le tiennent à l'écart des rôles graves. Après s'être décidé à jouer Hector, faute de pouvoir engager les tragédiens qu'il souhaitait, il devient, avec superbe, le tragique chevalier Hans d'*Ondine*.

Au carrefour des expériences de la vie et du théâtre, de la pratique et de la réflexion, de la connaissance et de l'invention, l'art du comédien déborde toute catégorie, s'élargit, s'épanouit, illustre le paradoxe du développement d'une personnalité dans l'abandon de sa personnalité. « Il faut retrouver le texte à l'état naissant, ne jamais mettre le sentiment dans le texte ; le musicien fait danser le danseur, le comédien fait dire le personnage. » Mais si Jouvet le fait dire si bien, c'est aussi que la discipline de l'art exalte la nature profonde du comédien — ne serait-ce que dans le pouvoir du regard. La critique remarque : « Il a une façon de regarder qui est à faire frémir » ou : « Son visage émacié, son bel œil si ouvert et qui souvent ne veut rien voir, son corps ascétique mais agile lui confèrent l'autorité mystérieuse d'un magicien d'Asie. »

« Ne joue pas, dis le texte »

Cette indication familière et impérative est le commandement premier du metteur en scène. « Statue à peine animée de la parole », a écrit Giraudoux du comédien. Jouvet l'anime puisqu'il voit, dans les mouvements, la traduction de ceux, intérieurs, du texte. Jamais réalistes, ils n'ont pas à évoquer les évolutions auxquelles prête le quotidien, ils ont à permettre à l'interprète de trouver le ton juste de sa réplique. Une sorte de danse : la scène de Dom Juan et des paysannes paraît réglée par une chorégraphie. « Jouer la situation, ce n'est que mouvement, rythme, ton, par la réplique, pas plus loin, pas plus haut. »

Pendant qu'il prépare un prochain spectacle, Jouvet accumule les notes, s'entretient longuement avec ses auteurs, de vive voix ou par lettre. Quand a lieu la première répétition, il arrive sans rien. C'est maintenant une confrontation physique, directe, entre lui et la scène. La répétition est « la recherche de cet état intérieur, cette analogie — ressemblance par similitude — de l'état physique et de la disposition d'esprit avec le personnage ». Pour communiquer aux comédiens ce qu'il attend d'eux, « il n'est d'explication que physique [...]. Analyse d'un texte, propose-t-il, par sensation, par son nombre, par son rythme, par son phrasé, par sa respiration. »

Il se reconnaît lent, mais la lenteur est déterminée par la difficulté d'approcher la vérité d'une œuvre et par la méthode de travail qu'elle impose. « Acheminer doucement les comédiens vers une composition dont l'expression définitive n'apparaîtra que dans leur union parfaite devant le public. » Il n'est jamais assez de temps pour donner le meilleur. Le compte se fait en additionnant répétitions et représentations. Ce n'est pas à la fin des répétitions, aussi nombreuses soient-elles, c'est au cours des représentations que la maturation du rôle s'effectue, les progrès s'affirment. Peut-on parler d'un achèvement ?

Toutefois, lors d'une reprise — *Knock* surtout — le dessin de la mise en scène et le ton de l'interprétation sont précisément fixés, arrêtés, la troupe ne peut que s'y soumettre ; Jouvet ne lâchera personne avant de l'avoir obtenu. Aucune liberté, à la différence — relative — de ce qui se passe à l'occasion d'une création.

L'œuvre nouvelle, au cours de ses études préliminaires, lui a suggéré les grandes lignes de la mise en scène, les directions de l'interprétation. Il ne le laisse pas paraître ; il s'avance selon une quête chaque jour remise en question. Les indications parfois contradictoires d'une répétition à l'autre troublent, déconcertent. Il est prêt à la discussion à la fin du travail de la journée ; sur le moment, il rejette les objections, les récriminations. Il bouscule même avec des brusqueries qui font mal, portent au désarroi, moins sans doute par impatience, irritation ou vivacité d'humeur — des comédiens en témoignent — que pour obliger à une attention plus aiguë sur une difficulté particulière. Les changements, les contradictions apparentes de ses indications successives répondent au souci de parvenir à la meilleure économie théâtrale. Wanda déclare : « Il savait admirablement vous amener à faire ce qu'il voulait. »

On reprend inlassablement la réplique, on l'écoute : « Tout débute par l'incantation verbale des répliques. C'est par la sonorité des mots que tu trouveras le sentiment. » Entendons : le sentiment qui se dégage du texte et qu'on finira par saisir, pas celui — personnel — du comédien. Jouvet refuse une tentation répandue : commencer par déterminer des apparences, un comportement extérieur, qui conduiraient au sentiment. « Dans le personnage, les manières extérieures et la façon d'être ne sont que les conséquences du sentiment. »

La récitation, note-t-il, est le mode le plus humble de connaissance. Lui-même recopie le texte de *Dom Juan* en marquant les respirations. « L'art du comédien est de vouloir s'égaler au poète par un simulacre respiratoire qui, par instants, s'identifie au souffle créateur. » Et la respiration est liée au mouvement. Ainsi, peu à peu, le texte dramatique donne forme au spectacle. Jouvet prend garde que l'interprète, par un geste, ne se laisse aller à un pléonasme visuel. « Du moment que tu le dis, tu n'as pas besoin de le faire », lance-t-il à Falconetti, au cours d'une répétition de *La guerre de Troie n'aura pas lieu*.

Le service de l'œuvre de Giraudoux a précisé un art poétique fondé sur l'éloquence dramatique. Présentant *Electre*, Giraudoux annonce « de longues tirades, de longs récits, des monologues. Je déteste ces répliques qui durent une seconde. » De pièce en pièce, Jouvet pénètre le « secret » de l'interprétation. « Secret » si profondément, intérieurement, dépendant de la personnalité de l'artisan que, le plus souvent, il n'a pas été retrouvé depuis.

La directrice de scène, Marthe Herlin, envoie ses recommandations à un confrère belge qui se propose de monter *Electre* : « Le texte de M. Giraudoux est un texte qui demande surtout à être dit. M. Jouvet s'est attaché à ce que les acteurs disent bien le texte et à ce qu'ils évitent de le "jouer", surtout de le jouer en tragédiens. » Jouvet commente, par lettre, à Giraudoux la reprise de *La guerre de Troie n'aura pas lieu* : « Madeleine [Ozeray] joue très remarquablement parce qu'elle dit et déclame fort et net son texte, avec une égalité de ton absente de ces volutes et de ces mouvements de mains qu'elle avait autrefois. » Il examine le travail d'un acteur appelé à doubler, en quelques heures, dans *Electre*, un camarade défaillant : « Il s'appliquait seulement à dire la réplique, en donner le sens, sans souci d'inflexion, de nuances. Et le texte et la scène de l'œuvre avaient dans ce jeu hésitant et impersonnel une prépondérance, une sonorité pas seulement de nouveauté pour moi, mais celle que je souhaitais et que je m'irritais le soir de ne pas obtenir avec l'autre acteur. »

Il accompagne en général cette stricte « récitation » d'une position de face, pour la satisfaction du public qui préfère voir les visages que les dos, par souci également sans doute de proférer le texte et de le faire entendre au mieux.

Il ne néglige rien de ce qui peut restituer l'état physique du personnage (il entraîne Madeleine Ozeray, dans son approche d'Ondine, à marcher pieds nus sur la scène et à la ville). La rigueur du parti sert admirablement le style des spectacles. Elle ne prête à aucun dessèchement de la sensibilité dramatique ; celle-ci, au contraire, est exaltée par le plaisir des sens que provoque la recherche musicale et plastique de l'interprétation accordée à celle des éléments visuels et sonores. Elle s'accompagne, lorsque le texte le propose, de la plus allègre fantaisie. Jean-Louis Barrault évoque le passage de Jouvet dans la compagnie Renaud-Barrault, au théâtre Marigny, pour la mise en scène des *Fourberies de Scapin* : « Jouvet eut des trouvailles magnifiques. D'abord, il porta la farce au niveau de la plus haute poésie. Scapin, en blanc et noir, inspiré de Scaramouche, devenait le "prince des valets". La maîtrise de Jouvet était digne de celle de Molière. Il ne se préoccupait plus de la petite cuisine ordinaire qui soucie en général les metteurs en scène : la logique des entrées et des sorties, par exemple. Posséder un métier, c'est en devenir libre. Tout cela voltigeait au gré de la fantaisie sans cesser un moment d'être juste. »

Les représentations commencées, les comédiens ne sont pas quittes envers le metteur en scène, avant, après chacune d'elles, à l'entracte, pendant, s'ils sont directement ses partenaires. Horace ne dit jamais ses tirades devant Arnolphe sans subir ses objurgations à mi-voix, comme celles d'un chef d'orchestre préoccupé de remédier à un rythme défaillant ; pour indiquer celui qu'il veut, il claque de la langue. Certaines de ces remarques — à vif — frappent par leur lucidité et leur portée. A la répétition de *La Machine infernale* de Jean Cocteau, Jean-Pierre Aumont, jeune titulaire du rôle d'Œdipe, bouleversé par les applaudissements, sort de scène avec l'espoir de recueillir un encouragement du Patron. Celui-ci ne semble pas lui prêter attention. Jean-Pierre Aumont finit par le provoquer : « Alors ? — Alors, mon petit gars, tâche de refaire tous les soirs, consciemment, ce que tu as fait ce soir inconsciemment. »

Au-delà du conseil de circonstance, le metteur en scène invite le jeune comédien à une réflexion sur son art. Il y a pédagogie. Le 12 octobre 1934, Jouvet est nommé professeur au Conservatoire.

« Non, je ne suis pas un professeur... »

« Cage aux fauves » : Wanda qualifie la classe de Jouvet au Conservatoire. Jean Meyer y perd treize kilos « au cours de trois années d'envoûtement ». Pour François Périer, élève d'André Brunot mais qui faisait de fréquentes apparitions : « Si l'on devait subir les piques d'ironie de Jouvet, on les acceptait volontiers comme une des données du privilège qu'il y avait à bénéficier de relations avec lui. Son action professorale avait ceci de déterminant qu'elle nous entraînait à vouloir exercer le métier aussi bien que lui. »

Jean Meyer relate le premier cours : « Ce jour-là, afin de nous mieux connaître, il exigea d'entendre ses nouveaux élèves à tour de rôle. Le plus ancien se présenta dans une scène du répertoire Robert de Flers et Caillavet. La classe ne devait pas aller plus loin. Impassible pendant cinq minutes, Louis Jouvet, brusquement, à la vingtième réplique, arrêtait l'audition et, afin qu'il n'y eût désormais plus place pour le moindre malentendu, nous déclarait qu'il n'avait pas été nommé professeur pour entendre de pareilles sornettes, etc. S'ensuivit un cours précis d'histoire du théâtre. D'Eschyle à Feydeau, tout fut jugé et étiqueté. Nous sûmes une fois pour toutes ce que nous avions le droit d'aimer ou le devoir de haïr. »

Jouvet ne ménage pas l'amour-propre. Non seulement ses remarques fustigent : « C'est un désastre, c'est désastreux » ponctuent le plus souvent l'audition des scènes, mais il peut blesser. Parfois, inattendu, un « Tu es un comédien, tu es une comédienne » a plus de prix qu'aucun diplôme. Qu'il soit cruel dans sa manière d'agir, lui-même en convient et la justifie : « Le métier du théâtre est plus cruel que moi. »

Sa nomination au Conservatoire, domaine réservé jusque-là des sociétaires de la Comédie-Française, semble indiquer la volonté d'ouvrir l'institution aux forces vives du théâtre, deux ans avant la décision ministérielle qui confiera aux hommes du Cartel les principales mises en scène de la Maison de Molière. Jouvet, toutefois, n'oppose pas un système aux pratiques en cours. Il se contente de déclarer : « Vous n'êtes pas là pour passer des concours, mais pour apprendre le métier. »

A la veille d'occuper son poste, il fait une priorité de « *discerner* dans ce que ces jeunes gens sont ce qu'ils pourront être et ça *tout de suite* : accoucher à terme, et même avant terme si c'est possible, la sensibilité du candidat comédien » ou « ne pas lui laisser égarer son âme de comédien ». Expérience, sensibilité, rapidité et acuité du jugement l'aideront d'abord à reconnaître les possibilités des élèves d'avoir ou non une bonne chance d'avenir. « Après la deuxième ou la troisième classe, raconte encore Jean Meyer, il prit à part un élève et lui parla longuement, avec beaucoup de gentillesse. Le lendemain, l'élève était démissionnaire. Il en a gardé depuis beaucoup de reconnaissance à Jouvet. » Chaque fois que la situation l'exige, celui-ci dépouille la brusquerie et, à l'écart des autres, témoigne de prévenance et de compréhension.

Lui-même est alors trop incertain des vérités de son art pour prétendre au dogmatisme. L'homme de doute, d'interrogation, voit dans l'enseignement une façon de parler de théâtre, de tester ses connaissances, d'approfondir sa réflexion, de la mettre au clair. « J'apprends plus que vous en vous faisant travailler [...]. Ce qui m'étonne tous les jours dans mon métier, que je pratique depuis un certain nombre d'années déjà, c'est tout ce que je ne sais pas. Mais j'en ai déjà une vague idée. Ce qui me permet de venir "débloquer" ici avec vous [...]. C'est une expérience que j'essaie de communiquer. » A quoi se mêle sans doute le plaisir d'agir sur les jeunes. Comme dans son théâtre, on l'appelle « Patron », surtout pas « Maître ».

Les filles d'un côté, les garçons de l'autre, il est à l'heure précise à sa table et n'accepte aucun retard. Des principes simples au départ, un souci d'ordre intellectuel et moral d'abord : « Il ne s'agit pas au théâtre de réussir mais d'acquérir une valeur humaine et individuelle qui vaut peut-être mieux que la réussite. » L'intérêt du Conservatoire ? « Une vingtaine de scènes du répertoire classique étudiées à fond, cela suffit. » Si l'un ou l'autre manifeste quelque embarras à suivre ses commentaires : « Retenez ce que je vous dis, vous comprendrez ensuite. » Parfois, il donne l'exemple, rejoint celui ou celle qui passe la scène et indique le ton, les gestes du personnage dans les emplois les plus divers ; il exprime merveilleusement l'ingénuité.

La difficulté est gage d'un travail fructueux. « Il faut se contrarier en jouant à contre-emploi. Chaque fois que vous éprouvez le sentiment qu'une chose vous est facile, je parle d'une chose obtenue sans effort, ce n'est pas bon. » D'ailleurs, précise-t-il à un élève : « Est-ce que tu aimeras tous les rôles que tu auras à jouer ? » Pourtant, aimer son personnage, découvrir les raisons de l'aimer lui apparaissent les conditions nécessaires d'une juste interprétation. « Le métier d'acteur apprend à aimer. »

Il met en garde contre les précipitations et les impatiences : « On ne fait pas un comédien avant vingt ans de travail », et compare celui-ci à un accumulateur de sentiments. Les années servent à le charger. Plus il sera chargé, mieux il fonctionnera. « Ce qui fait de Raimu le plus grand acteur de notre époque, c'est — il le souligne — qu'il est *puissant dans le sentiment.* » Sans celui-ci, la technique n'est que du chiqué.

Toutefois, pour fonder son jeu sur le sentiment du *personnage* et non sur celui du comédien — « Si tu mets ton sentiment à toi, jamais tu ne trouveras celui de Molière » —, il faut commencer par parvenir à lui. Le professeur rejoint le metteur en scène : « Ce procédé consiste à dire le texte à longueur de journée pour en avoir la facilité mécanique et la puissance respiratoire. Une fois que tu as atteint ça, tu peux laisser aller le sentiment. » Il invite à « mécaniser par la diction ce qui a été écrit par un nommé Molière » et assimile l'exercice à un « pétrissage ».

Une image résume l'art du comédien tel qu'il le propose à ses élèves : « Equilibriste ou jongleur, porteur de deux masses différentes mais de poids égal, l'acteur se meut en scène, avance dans son rôle, s'appuyant tantôt sur l'exécution mécanique d'un texte auquel il est lié par la mémoire, tantôt sur la situation dramatique dans laquelle son rôle le place et dont sa sensibilité est le lien. Mémoire mécanique et affectivité sont les deux bras du fléau de ce balancier à l'aide duquel il avance dangereusement dans l'exécution du rôle, sur le fil tendu de l'action, en ne perdant jamais conscience de lui-même et soucieux du public qui l'écoute et le regarde, sous peine de perdre son centre de gravité. »

« La tête froide et le cœur chaud. » Maîtrise de l'instrument qu'est le comédien. Apprendre par exemple à *cadrer sa voix* selon la salle, son acoustique, la résonance dans le public, et jouer l'action, agir le personnage. Jouvet insiste. Il sait la tentation, pour l'élève, de s'arrêter aux idées, aux pensées. L'action n'est pas seulement le moteur de la pièce, elle porte le comédien à atteindre l'état qui a été celui de l'auteur au moment de l'écriture, qui lui fait une nécessité de dire son texte, sa réplique.

Les mille et un détails de la technique qu'il s'efforce d'inculquer composent une méthode d'approche des grandes œuvres, de leur texte, de leurs personnages. L'apprenti comédien y reconnaît les convictions du comédien et metteur en scène Jouvet. « On ne sera jamais Alceste. On joue Alceste, on ne l'est pas. »

Si Jouvet se montre si exigeant, si dur, c'est qu'il met dans son enseignement la passion intolérante de la foi. Il redoute l'attirance du miroir aux alouettes, des facilités du cinéma. Alors, il proclame : « Il n'y a de vrai art dramatique et d'apprentissage qu'au théâtre. Il n'y a que le théâtre qui nourrisse, qui fortifie, c'est-à-dire où l'on ne gagne pas matériellement sa vie mais où l'on peut s'enrichir de valeurs morales professionnelles que le cinéma ne peut aujourd'hui ni offrir ni donner ; il est dangereux pour l'acteur ou le comédien de méconnaître ces considérations. »

« Un puissant rameau greffé sur le tronc robuste et millénaire du théâtre »

Lorsque Jouvet énonce cette profession de foi en songeant au cinéma, il séjourne à Medellín, en Colombie, une halte dans la course folle de son théâtre en exil à travers l'Amérique latine, pendant la Seconde Guerre mondiale. Plus que jamais, les circonstances l'incitent à ces examens de conscience. Il leur donne pour thème : « Dignité de l'acteur en 1943 ».

Voilà dix ans que Jouvet a commencé une carrière d'acteur de cinéma. Il s'y est bientôt imposé : une vingtaine de films tournés en cinq ans. Les metteurs en scène qui l'ont dirigé soulignent l'humilité avec laquelle il se soumet à leurs indications. Avec ses partenaires, il entretient les rapports les plus simples : un comédien parmi les autres.

Il n'en est pas moins réservé à l'égard de ce qui lui apparaît, non pas un art nouveau, mais une technique nouvelle s'exerçant sur l'art dramatique, « une moderne activité de l'art dramatique, du théâtre ».

Certes, il reconnaît son importance et invite à ne pas la négliger. Il prévoit le développement des arts *mécaniques* et *télémécaniques* et perçoit l'influence qu'ils sont amenés à avoir sur la pratique du théâtre. Il la remet en question. Il peut être bénéfique, la « purifier » en « ralliant les vocations douteuses » attirées par la popularité et les gains qu'assure le cinéma.

Si le second terme, les cachets de Louis Jouvet à l'écran, intéressent le directeur de l'Athénée pour leur contribution à l'équilibre financier du théâtre, le metteur en scène se réjouit d'abord du premier terme, l'élargissement d'audience dû à la popularité acquise ainsi par le comédien. « Crois-tu, confie-t-il à Guy Lefranc, que je serais devenu ce que je suis, s'il n'y avait pas eu le cinéma ? » Le phénomène de multiplication des spectateurs opéré par celui-ci offre une chance de gagner un auditoire éloigné jusque-là du théâtre. Un de ses premiers actes, en 1933, est la mise en film de *Knock*, comme Pagnol l'a fait de *Marius* ; il la réalise lui-même avec l'assistance d'un technicien, Roger Goupillères. Une adaptation adroite de la pièce, le jeu de quelques extérieurs, le déplacement de la caméra de la rue à la salle d'attente, de la salle d'attente à la salle de consultation du docteur Knock, à la pharmacie ou à l'intérieur de l'hôtel promu clinique, suffisent à transposer cinématographiquement la comédie de Jules Romains en préservant le style théâtral de sa représentation. Théâtre filmé sans doute, jeu à la caméra, mais qui n'a pas perdu de son pouvoir, un demi-siècle plus tard, et qui témoigne du théâtre. A la différence du second *Knock* de 1950 : sacrifiant au réalisme, s'ingéniant à donner un ton quotidien au texte, marquant abusivement des temps pour « faire naturel », le metteur en scène Guy Lefranc a détruit le rythme de l'écriture, le phrasé rigoureux des répliques et, du même coup, la vertu dramatique et poétique de la pièce. A l'automne de 1940, Jouvet cherchera, en compagnie de Max Ophuls, à renouveler l'expérience du premier *Knock* avec *L'Ecole des femmes* ; les circonstances suspendront la réalisation du film.

Le bénéfice n'est pas seulement matériel, il a une incidence morale. « Une grande part du commerce de l'art dramatique, estime-t-il, est fondée sur l'affection du public pour ses interprètes. Le public réclame de ses comédiens et de ses vedettes de théâtre qu'ils soient aussi des acteurs et des vedettes de l'écran. »

Il ne s'inquiète pas d'une concurrence ; le bon sens l'incite à trouver un mode d'association pour une expansion commune.

Il s'inquiète des intérêts qui menacent d'aliéner la liberté de la création : ceux des politiques ou des affairistes, pour qui le cinéma est une industrie à rayonnement international. Leurs calculs, leurs ingérences risquent d'accuser les ambiguïtés du succès dans l'entreprise spectacle.

En présence d'une situation difficile à maîtriser, « le petit artisanat du théâtre garde encore, à côté, son aristocratie ». Comparé aux agréments de *l'aquarium climatisé*, il offre au comédien le charme d'un *vivier champêtre*.

Pour l'essentiel — ce dont la technique cinématographique est le support et se fait l'expression —, la vraie question est de *nourriture*, de *développement* et de *perfection*. Il admet que « la syntaxe cinématographique rivalise avec celle du langage, qu'elle est même plus riche [...]. Je sais que le "fondu enchaîné" est une expression unique et incomparable mais l'art des figures parlantes n'a pas encore trouvé son langage : il emprunte le nôtre. » Un langage considéré comme un moyen, alors qu'il est une fin sur la scène. Dans l'évolution de la technique, le cinéma, parti de la seule image, a cru, à l'invention du parlant, pouvoir « se servir des mots [c'est Jouvet qui cite] pour approfondir la vision et lui donner une consistance plus réelle », mais « les mots, continue-t-il, n'ont pas été inventés et créés pour approfondir la vue »... Dans l'esprit du serviteur de Molière et de Giraudoux, le langage n'est pas commodité mais suscitation. « Il est l'expression aboutie d'une émotion et sa vertu est plus efficace et souveraine que ce frémissement des lèvres, cette contraction de la paupière ou de la phalange que le cinéaste cherche à surprendre et isoler sur le personnage. » La subordination où le cinéaste tient le langage, le plaquage des mots sur l'image dénoncent dans son esprit une infirmité : ne pas avoir réussi à définir un langage véritable dans les rapports de l'image et du texte.

Il s'inquiète encore d'une contradiction. L'art dramatique est « un art d'entreparleur, d'effusion, de communication » dont le langage est l'instrument ; l'image cinématographique « est d'abord solitude ». Il s'interroge sur la nature même du comédien dans les deux genres. A la limite, le cinéma peut-il emprunter les comédiens au théâtre ou doit-il former les siens propres assujettis aux exigences particulières de son expression ? Jouvet oppose la majestueuse « personnalité » acquise à l'écran, « sans élaboration, sans cette longue patience nécessaire au théâtre », à celle « que le comédien de théâtre n'obtient qu'à force de dépersonnalisation quotidienne ». Sans insister sur la différence de signification qu'il lui est arrivé d'établir entre les termes, il dit bien « l'acteur de cinéma ». « Le seul qui soit encore en contact avec nous, le seul grand, c'est Chaplin. »

Il serait malhonnête d'enfermer Jouvet dans ces réflexions et les conséquences qu'il en a tirées en son temps. Dans leur constat provisoire, elles touchent par la volonté de ne rien faire, de ne rien accepter qui n'ait été jaugé à l'aune d'un idéal où la vie de l'artiste trouve sa justification. Cet appel, par exemple, qu'il formule ainsi : « Quels que soient les révélations, les changements que peut provoquer le cinéma dans le domaine spirituel où le théâtre est encore son aîné et son souverain, il ne faut pas abandonner, avant preuves à l'appui, le seul local où nous soyons assurés qu'on peut encore jouer, vivre dramatiquement, en toute noblesse et avec l'assurance de pouvoir toute sa vie se perfectionner sur un même rôle et aiguiser ses talents et ses ambitions sur un répertoire dont la qualité et l'efficacité n'ont pas encore été dépassées. »

L'évolution de sa carrière cinématographique montre comme le comédien Jouvet est porté à sacrifier à l'acteur Jouvet, plus exactement à un personnage Jouvet commun à ses rôles différents. Les imitations auxquelles il prête chez les chansonniers l'obligent à prendre garde. Alors que, film après film, producteur, réalisateur, scénariste-dialoguiste — son ami Henri Jeanson — s'emploient à soumettre les rôles aux caractéristiques physiques de l'acteur-personnage, lui s'efforce d'en limiter les effets ; il demande au metteur en scène de le reprendre s'il fait trop « du Jouvet ».

Dans les divertissements que sont, le plus souvent, ses films, il se divertit sans doute, le premier, à user des dons de composition qui ont fondé sa carrière théâtrale au Vieux-Colombier. Il reprend les postiches, maquillages — de visage et de diction — abandonnés au théâtre. Il multiplie les masques à plaisir, se livrant à une sorte de carnaval dans le double personnage de *Copie conforme* de Jean Dréville, entraîné par le scénario à accumuler les déguisements. Au-delà de l'exercice, le talent poétique du comédien, conjugué à la force expressive de sa présence, confère au personnage « Jouvet » la réalité et la vérité mythiques des héros de l'écran, qualifiés de magnifiques « effigies ».

Davantage que la fantaisie du chapelain de la *Kermesse héroïque* ou de l'évêque de *Drôle de drame*, qui s'inscrit naturellement dans celle des films de Jacques Feyder et Marcel Carné, le réalisme d'*Hôtel du Nord* de Carné, de *Carnet de bal* de Julien Duvivier ou de *Quai des Orfèvres* d'Henri-Georges Clouzot éclaire l'apport original de Jouvet à la création cinématographique. La confession de M. Edmond, l'homme du milieu repenti d'*Hôtel du Nord*, malgré les trouvailles du dialogue d'Henri Jeanson, n'aurait qu'un pittoresque sentimental sans la résonance singulière de la diction, accordée à la pression du regard. La scène a lieu la nuit, le couple M. Edmond-Renée est pris dans la pénombre ; comme au théâtre, Jouvet découvre, dans le texte, dans la façon de le dire, par son tempo, sa musicalité, les secrets du personnage. Sa personnalité, son esprit, son approche de l'art dramatique, son style, ont fait de lui, au cinéma, un comédien pas comme les autres. Quelle que soit la valeur des films, l'art du comédien de théâtre a laissé sa trace.

En octobre 1939, lorsque la drôle de guerre, la mobilisation d'acteurs et de techniciens l'obligent à fermer l'Athénée, Jouvet écrit à René Thomas-Coèle : « Je ne suis pas parti, je ne peux pas si je veux aider à la reprise du cinéma. »

« On ne fait du théâtre que par plaisir et en liberté »

La défaite de la France consommée, Paris occupé par les troupes allemandes, dans quelles conditions, ou plutôt à quelles conditions, le théâtre de l'Athénée pourra-t-il reprendre son activité ? L'autorité allemande propose à Jouvet l'administration générale de la Comédie-Française en lui demandant de mettre au répertoire des œuvres allemandes. Mais le théâtre de Giraudoux, lui-même, et celui de Jules Romains sont proscrits ; ils sont jugés *anticulturels*. « Ce n'était plus mon métier, il y aurait eu équivoque. »

Dès le 3 septembre 1940, il confie à Marcel Karsenty le projet d'une tournée au Brésil, en Uruguay et en Argentine. C'est une tradition ancienne des compagnies françaises. Il n'avait pu, jusque-là, répondre à l'invitation de ces pays. « On nous avait dit : si votre compagnie ne part pas, il n'y aura pas là-bas de saison française. » Il y voit la chance de retrouver la liberté que la censure allemande lui refuse ; il fera entendre notre langue, illustrera la poésie dramatique de Molière, de Romains ou de Giraudoux et, à travers elle, notre culture, auprès de populations amies dont l'enfermement de la France, dans sa défaite, nous sépare.

Ici s'inscrivent les premières lignes d'un *roman comique* sans équivalent dans l'histoire — comique au sens où il rapporte l'aventure d'une troupe de comédiens. Il mêle la grandeur et les misères, le merveilleux de la scène, de l'accord avec les publics étrangers, des joies partagées avec eux dans l'exaltation du succès, et les pires difficultés matérielles et morales vécues en coulisses. Les souvenirs de Jouvet, de Marcel Karsenty, l'administrateur, des comédiennes et comédiens, Madeleine Ozeray, Wanda, Catherine Moissan, Léo Lapara, associé à l'administration au milieu du périple, et le livre de bord du théâtre en ont fixé le récit.

Prévu pour trois mois, il va durer plus de quatre ans, si l'on compte le temps du prologue : celui qui permet d'acheminer de Paris occupé à la zone libre et à Lisbonne, et d'embarquer à bord du bateau brésilien le *Bagé*, une troupe de vingt-cinq acteurs et techniciens et un énorme matériel. Quand il reviendra à Paris, Jouvet fera cet inventaire : « Un équipement complet de scène et d'éclairage, trente-quatre paniers pour trois cent quatre-vingt-quinze costumes, deux paniers de chaussures, quatre paniers de chapeaux, deux paniers de maquillage, deux paniers de perruques, cinquante et une grandes caisses de décors — quarante-sept décors (dont quatre comportent une importante machinerie permettant des changements à vue) — plus cent trente huit cantines d'archives et bagages d'acteurs. Au total : deux cent trente-trois colis représentant un volume de trois cent soixante-dix neuf mètres cubes pour un poids total de trente-quatre tonnes ».

Il a fallu ruser. Transporter clandestinement la part de matériel en dépôt à Paris. Les comédiens résidant dans la capitale l'ont quittée pour une tournée en zone libre. Celle-ci achevée, plus question d'y revenir en attendant le départ, l'autorisation de sortie donnée par l'occupant risque de ne pas être renouvelée. Jouvet ne dispose d'aucune mission, ni d'aides officielles.

Le *Bagé* prend le large le 6 juin 1941. Pendant la traversée, le Patron fait répéter les huit pièces du programme. La première représentation — celle de *L'Ecole des femmes* — a lieu au théâtre municipal de Rio de Janeiro, le 7 juillet 1941.

Elle n'est pas abordée sans crainte. Le conflit mondial qui se poursuit, la France vaincue, déchirée, en morceaux, occupée ou libre sous conditions, les familles des comédiens au loin, dans l'une ou l'autre, Pétain à Vichy, de Gaulle à Londres, les relations ambiguës du premier avec les Etats-Unis où se sont réfugiées des personnalités françaises dont l'attitude est distincte de celle de De Gaulle, la présence en Amérique latine de colonies allemandes importantes ajoutent à l'incertitude naturelle des gens de théâtre au moment d'affronter un public inconnu. Jouvet a noté cette angoisse : « L'attention, le silence étaient si intenses, si inhabituels pour nous, que nous étions tout à coup effrayés. » Soudain, la chaleur des applaudissements révèle la poignante émotion des spectateurs, « émotion de retrouver l'esprit français. Le rideau baissé, je retrouvais mes camarades, le visage apaisé, consolés, heureux. Heureux, non pas de la satisfaction que leur donne d'habitude le succès ; mais d'un bonheur plus grave, qui faisait renaître l'espérance dans leurs yeux et dans leur cœur et qui raffermissait leur foi dans notre pays en même temps que dans leur métier. »

Au long des soixante-sept mille kilomètres de l'expédition, au cours des trois cent soixante-seize représentations devant sept cent mille spectateurs, les réactions des publics, les contacts avec eux, comme les aléas techniques dus au climat, à l'altitude, ont toujours été pour Jouvet l'occasion d'observations. S'il y trouve confirmation des valeurs spirituelles qu'il attribue au théâtre, à son langage, il reconnaît que « l'art dramatique, pour des causes légères, éprouve de profondes altérations. C'est ainsi qu'à Quito, capitale de l'Equateur, l'alexandrin s'allonge en proportion d'un souffle qui, à trois mille mètres d'altitude, se rétrécit curieusement et crée chez le récitant une angoisse qui remet en question, pour lui, le problème de la déclamation. »

L'été 1941, personne au sein de la troupe n'imagine qu'elle s'avancera jusqu'à Quito et au-delà. De Rio de Janeiro à Sao Paulo, de Buenos Aires à Montevideo, en passant par Rosario et Santa Fe, la tournée est heureuse ; elle suscite la même émotion chaleureuse. De retour à Rio, avec la perspective d'un embarquement prochain pour la France, via l'Espagne, voici soudain que tout bascule.

En France, rien n'a changé. De retour à Paris, Jouvet se heurterait aux mêmes impossibilités. L'accueil dont lui et ses camarades ont été l'objet, les encouragements du préfet de Rio le persuadent de rester pour préparer une deuxième saison.

C'est un nouveau contrat qu'il propose à ses camarades. Cinq d'entre eux sont déterminés à rentrer ; ils partent. D'autres venant de France, telle Monique Mélinand, ou engagés sur place, comme Léo Lapara, les remplacent. Jouvet fait appel à des décorateurs locaux. Il a la chance de recevoir une pièce inédite que Giraudoux lui a envoyée, *L'Apollon de Marsac* ; il l'inscrit aussitôt à son programme. Avec elle, l'activité créatrice de la compagnie semble continuer.

Pourtant, malgré l'assurance des engagements, l'aventure commence ; alourdie de pesanteurs internes et extérieures. Interne : la rupture progressive de Jouvet et de Madeleine Ozeray. Dans l'atmosphère d'une petite collectivité isolée, souffrant de l'éloignement des siens, du manque de nouvelles, doutant de son avenir, elle affecte dangereusement les rapports de la troupe ; Madeleine s'ingénie à monter ses camarades contre l'autorité du Patron, à mettre publiquement en question le metteur en scène.

Extérieur : le poids de la conjoncture politique. Dès la première saison, Jouvet a été invité à se prononcer pour Pétain ou pour de Gaulle. Il s'y est refusé, attentif aux conséquences que tout choix risquerait d'avoir en France sur leurs familles. « Vous tenez à ce que je représente quelqu'un... Alors, disons Molière, Giraudoux, Jules Romains... » La boutade n'a pas satisfait les représentants de la France libre. Les Uruguayens se sont rangés dans leur camp ; le second passage à Montevideo se solde par un échec et aggrave une situation financière à l'équilibre constamment fragile.

La troupe vit de ses seules recettes. Entre deux séries, toujours limitées, de représentations, celles-ci doivent permettre la rémunération, le défraiement de la troupe, le montage des pièces : huit mois sans jouer à Rio, huit mois passés à répéter sept spectacles. Or, Jouvet manifeste en tout point la même exigence artistique qu'à l'Athénée, sans compter.

Il suffit d'un résultat médiocre à Sao Paulo — des raisons circonstantielles peuvent l'expliquer : un emprunt s'avère nécessaire pour régler les frais de transport jusqu'à Buenos Aires.

Là aussi, un changement de salle voulu par Jouvet, désireux de disposer d'une scène plus vaste, mieux adaptée aux besoins de ses mises en scène, écarte une partie du public de l'année précédente.

Le 21 septembre 1942, Jouvet se prépare dans sa loge, pour la représentation de *L'Annonce faite à Marie* de Claudel. Un cri du régisseur, René Besson, l'alerte : « Il y a le feu au théâtre ! » Avec ses camarades, il parvient à gagner la rue. « Pendant trois heures, malgré les efforts des pompiers, le feu s'acharne [...]. Les comédiens, groupés autour de moi, regardent pendant que je calcule ce que le feu voudra nous laisser. » De *L'Ecole des femmes*, il laisse « le fauteuil, la chaise et un rosier ». Un mouvement de solidarité — du bois, de la toile, de l'argent sont offerts — joint au talent de l'équipe technique : le matériel décoratif peut être rétabli.

Il a déjà été mis à mal, il le sera encore. A Las Palmas, il « a été recouvert d'une épaisse couche de poussière de charbon » ; à Santos, « pétrifié et calciné par un contact fâcheux avec un chargement de ciment » ; à Baranquilla, sur un bateau chargé de mélasse, « enduit d'une couche de sirop inaltérable » ; il verse dans un ravin de la cordillère, « arrive à Bogotá, mais morceau par morceau, dans un état lamentable [...]. On joue trois jours après. »

Bientôt, l'aventure devient absolue ; elle se transforme en un incessant pari.

Jouvet décide d'aller plus loin, au Chili. De nouveau, des comédiens se rebellent ; ils ne finissent par accepter qu'en attendant le bateau pour l'Europe, et la séparation avec Madeleine Ozeray s'est accomplie.

Le Chili cause l'heureuse surprise. Jouvet pouvait s'interroger sur l'accueil d'un pays soumis à une forte influence et présence allemandes. Les recettes sont inespérées, les manifestations bouleversantes : à la fin de la dernière, au milieu des applaudissements, une rumeur s'élève de la salle : *La Marseillaise*, chantée par les spectateurs, monte vers les comédiens. Marcel Karsenty voit Jouvet contracter « violemment ses mâchoires ». Des larmes roulent sur ses joues tandis qu'il marmotte : « Ah, ce que c'est con ! Ce que c'est con ! »

Désormais, le scénario se répète et se renouvelle. Marcel Karsenty part en éclaireur... pour le Pérou, la Colombie, le Venezuela, Cuba, le Mexique. Cependant que la troupe attend non sans inquiétude ou angoisse, des semaines durant, lui s'emploie à rencontrer personnalités officielles ou privées, indigènes ou françaises, toujours incertain d'aboutir, associant — a souligné son Patron — « vertus d'organisation, de désintéressement, de dévouement, faculté de diplomate, de financier ou de psychologue » ; il réussit toujours à réunir les conditions favorables à la venue du théâtre Louis-Jouvet : à Lima, Bogotá, en passant par Quito, Medellín,

Caracas, La Havane, Mexico (Jouvet et Léo Lapara, entretemps, ont négocié un passage en Haïti, à Port-au-Prince). Au chemin de fer de montagne de la cordillère — « Un médecin circule avec un obus d'oxygène, qui secourt les voyageurs suffocants. » — succèdent, pour ne retenir que le pittoresque, parfois rude à vivre, du Chili au Pérou, un bateau de guerre dépêché par le président péruvien — on craint les attaques sous-marines —, six jours de taxi dans la Cordillère en direction de Bogotá ; avion pour Caracas ; huit jours sur un cargo, d'Haïti au Mexique, avec paillasses pour lit et ceintures de sauvetage pour oreiller, disposées sous une bâche, à même le pont.

Depuis le Pérou, « les défections, note Jouvet, nous obligent à un surcroît de répétitions. On répète dans le bateau, dans le train, dans les hôtels... » Les défections sont celles de Madeleine Ozeray — définitive — et de trois autres comédiens.

Indépendamment même des urgences, répéter est l'obligation presque quotidienne faite par le metteur en scène, dans le souci de préserver la qualité des spectacles. Mille soixante-dix-sept répétitions jalonnent le parcours latino-américain. Jouvet n'hésite pas, avec ses techniciens, à procéder à d'importants aménagements scéniques — tout l'équipement électrique du théâtre Bolivar de Medellín, en Colombie — ou à charger dangereusement leur budget en construisant, pour une unique représentation à Mexico, le décor de *Monsieur Le Trouhadec saisi par la débauche.*

L'exigence intérieure demeure, impérieuse, la nécessité d'accorder pleinement son action et son ambition, et le sentiment physique qu'il en éprouve quand, à chaque étape, il rejoint Arnolphe sur la scène : « Quel que soit l'endroit où nous nous trouvons, lorsque Camille et Léon ont installé le décor de Christian Bérard pour *L'Ecole des femmes* et que je le contemple, il me donne le ton et le climat. Il me restitue à moi-même. Avec sa haute maison et ses cinq lustres, il m'assure que nous sommes encore Français. »

En dépit de tout, des blessures personnelles, sentimentales, d'amour-propre, des épreuves du métier dans des circonstances d'exception, face aux dissensions qu'elles provoquent et ne peuvent pas ne pas provoquer, il maintient le cap de son aventure artistique. Malgré l'inquiétude familière, la confiance en lui qu'il exprimait dans les tâtonnements et les difficultés de ses débuts continue à le guider.

Certes, il est encouragé par l'écho formidable qu'il surprend à l'écoute des publics, par des témoignages qui associent gratitude envers une troupe de comédiens et amour et reconnaissance pour le pays et la culture qu'ils représentent. Le président de Haïti, Elie Lescot, au moment où il prend congé, lui dit : « Notre pays n'est pas riche, ni moi-même. J'ai pu payer les frais de votre séjour grâce à des appuis. Vous avez abandonné généreusement vos recettes. Elles vous sont dues. Les voici. » Il lui remet un chèque de quatorze mille dollars.

Depuis la Colombie, des liens sont noués avec les délégués de la France libre. A Cuba, Londres apporte un soutien moral ; au Mexique, le général de Gaulle adresse une aide de dix mille dollars.

Pourtant, bien que les deux mille deux cents places du Bellas Artes de Mexico ne suffisent pas « pour satisfaire aux demandes » et qu'on doive ajouter des sièges, les recettes des dix-neuf représentations à Mexico et à Guadalajara ne surmonteraient pas les difficultés financières d'un séjour de plusieurs mois sans la générosité discrète d'un compatriote, Hippolyte Signoret, propriétaire du Palacio de Hiero, le grand magasin de Mexico.

Jouvet se propose de gagner les Antilles françaises quand la nouvelle du débarquement des alliés en France entraîne soudain un éclatement de la troupe. Certains sont mobilisés, d'autres entendent s'engager dans les Forces françaises libres, d'autres demeurer au Mexique.

Comme à Rio de Janeiro en 1941, à Buenos Aires en 1942, à Lima en 1943, Jouvet tente de sauvegarder la compagnie. Au terme de confrontations houleuses, il se résigne à la dissoudre. Dans cet acte, le directeur, si attaché à la famille de sa troupe, à l'identité artistique qu'elle favorise, à l'attachement qu'il attend des siens, perçoit un goût d'échec.

Ils restent douze, trois comédiens, trois comédiennes, les cinq techniciens et l'administrateur. Non sans péripéties nouvelles, partageant le pont du navire français le *Duc d'Aumale* avec un troupeau de bœufs, ils parviennent à la Martinique, puis à la Guadeloupe.

C'est la fête des retrouvailles. Ils y présentent une partie de leur répertoire lorsque le théâtre permet l'aménagement technique indispensable, ou donnent une « poétique ». Les pièces sont choisies en fonction des possibilités de distribution ; pour des petits rôles, force est de recourir à des amateurs. Singulier aboutissement de ce « roman comique ».

Sur le paquebot le *Sagittaire* qui le ramène en France, quelques semaines plus tard, Jouvet pense : « Nous ne rapportons que ce que nous avions emporté. Nous n'avons rien découvert d'autre que ce que nous possédions : les textes de nos auteurs, le langage de nos poètes. Mais nous avons réappris leur prestige et leur pouvoir. »

Pendant quatre ans, avec sympathie, avec attention, il n'a cessé de recevoir les jeunes hommes et les jeunes femmes qui se veulent auteurs, metteurs en scène, décorateurs, interprètes, et ont subi ce pouvoir. Il a assisté à leurs répétitions, il a vu leurs spectacles, il leur a parlé. Dans des pays où la pratique théâtrale trouvait sans doute son modèle dans les conventions des boulevards parisiens ou madrilènes, ses mises en scène ont offert l'exemple de ce qu'est un art moderne du théâtre. Par ses remarques, ses commentaires, ses conseils, il leur a indiqué les problèmes, les besoins, les impératifs, les engagements à prendre. Il n'imagine pas encore que, dans son sillage à travers l'Amérique latine, un théâtre nouveau est en train de lever et que, trente ans après, ses artisans témoigneront toujours de leur dette envers Louis Jouvet.

De Giraudoux à Molière

Il lui reste six ans à vivre. Il va les vivre avec la même intensité, avec le même goût de la vie, la même volonté de ne pas en perdre un moment, dans le même surmenage quotidien, poussé par le même désir de se dévouer absolument à son théâtre, jusqu'aux limites de ses forces. Il devra prendre garde à la voix qui s'enroue, aux alertes de son cœur. Pendant ces six années, ce qu'il fait, ses initiatives, ses projets, résument une vie de théâtre, son esprit, son ambition, un art, sa pratique, ses recherches, sa morale. « J'essaie de devenir quelqu'un de bien, de très bien. »

Se retrouver après quatre ans de séparation prête à malentendus, incompréhension, difficulté de saisir justement ce que l'autre est devenu. Jouvet constate l'allégresse active des scènes parisiennes ; il n'y voit pas une prospérité, mais un signe de dénuement, de pauvreté : « Je crois plutôt que la facilité vient de s'installer dans nos théâtres à l'insu de tous. » Il remarque, non sans raison, que les événements n'ont pas laissé aux jeunes metteurs en scène le temps de faire leurs classes. Pour n'avoir pas partagé les sentiments de ceux qui, sur la scène ou dans la salle, ont vécu le théâtre pendant l'Occupation, ont reconnu son besoin, il ne réalise pas encore, lorsqu'il prononce ces paroles le 17 avril 1945, l'impulsion que l'art dramatique y a trouvée. Peut-il discerner que les auteurs, metteurs en scène, comédiens, formés à l'épreuve de la guerre mondiale, sont porteurs d'un théâtre nouveau ?

Quand il en prendra conscience, lui-même, dans la confrontation, saura se mettre en question.

Il décline l'offre du général de Gaulle d'administrer la Comédie-Française. C'est son troisième refus de la fonction — le premier avait été opposé à Jean Zay en 1936, avant la nomination d'Edouard Bourdet — ; il entend assumer totalement la responsabilité de l'entreprise théâtrale sur la scène qu'il a choisie, avec la troupe qu'il a constituée.

*

A son retour, il a trouvé le manuscrit d'une pièce que Giraudoux lui avait annoncée, *La Folle de Chaillot*. Le projet, entre eux, était ancien. Jouvet avait songé à monter une comédie anglaise, *The Old Ladies*, sans parvenir à trouver un accord. Il en avait parlé, plus tard, à Giraudoux. Ils avaient évoqué les figures pittoresques et familières des vieilles originales qui hantaient la rue parisienne, dans leurs robes, chapeaux, aigrettes, boas de la Belle Epoque. L'écrivain était allé les observer. A quoi s'était ajouté le désir manifesté par Marguerite Moreno de jouer une pièce de lui.

Créer *La Folle de Chaillot* est un devoir pour Jouvet, l'événement attendu de sa rentrée à Paris. Il semble reprendre le cours naturel de son activité.

Jouvet écrit à Marguerite Moreno : « Je suis en butte à maintes difficultés pour mettre debout et réussir ce projet. Mais je n'en ai pas de plus beau. » Son devoir se heurte à la difficulté de disposer de l'Athénée occupé par ceux qui l'exploitent depuis quatre ans, ensuite au poids financier du spectacle, d'une distribution qui requiert trente-neuf comédiens et comédiennes.

Malgré le temps des restrictions consécutives à la guerre, Jouvet ne peut envisager que la poésie de Giraudoux soit affectée par une insuffisance des décors et des costumes. Mais revêtir les « Folles » des atours, même défraîchis, des dames de 1900, serait excessivement dispendieux. Il lance un appel au public, aux greniers qui recèlent « des robes qu'ont portées nos mères et nos grands-mères, des robes en taffetas ou en soie couvertes de dentelles, de fanfreluches, de paillettes, des chapeaux chargés de plumes d'autruche. Ces objets peuvent être en mauvais état, cela n'a aucune importance, au contraire. » Les envois arrivent... Sous la main inventive de Christian Bérard, des morceaux de plusieurs robes se transforment en celle, grandiose, habitée par Marguerite Moreno.

Le génie de Bérard a la charge de transfigurer la réalité des décors. « La terrasse du café Francis, place de l'Alma »... Bérard a multiplié les esquisses, sous le regard attentif et patient de Jouvet ; il a abandonné les unes après les autres, « éruptif, volcanique, lyrique, poétique [...]. Durant un dîner, soudain, il a dit dans un flot de phrases désemparées : "On ne peut pas faire un vrai café. Vois-tu, il faudrait qu'il y ait quelque chose d'extraordinaire. Il faudrait que ce soit une façade de café avec des fenêtres suspendues dans le ciel." Il s'est arrêté, il a dessiné sur la nappe de papier un croquis. J'ai déchiré le bout de la nappe, je l'ai mis en poche. »

Pour le sous-sol délaissé dans la rue de Chaillot, au deuxième acte, ils ont retenu, parmi les propositions de Bérard, « un cube troué de sept portes, d'un volume énorme, avec des murs faits de grosses pierres. Le décor fini, peint, lorsqu'on l'a présenté, l'angoisse de Bérard, son désespoir étaient tragiques. On l'a repeint deux fois, il a bouché successivement toutes les portes, sauf une : le décor n'était pas vrai. Alors,

Bérard lui enleva sa dernière réalité : il fit effacer le dessin des pierres. A cet instant, ce décor n'était plus un décor, sa vérité nous a saisis. » « Equation de sensibilité », estime Jouvet. Bravant les rigueurs de l'époque, sa mise en scène traduit l'ampleur et l'éclat de la fantaisie poétique de Giraudoux.

Au-delà de *La Folle de Chaillot*, il ne lui reste plus à créer de Giraudoux, devant les spectateurs parisiens, que *L'Apollon de Marsac* et *Pour Lucrèce*, sa dernière pièce, mais Suzanne Giraudoux en retarde l'échéance.

*

Jouvet, dès l'été 1946, prépare la mise en scène du *Dom Juan* de Molière. Pourtant, le service d'œuvres nouvelles, la confrontation avec elles, demeure pour lui le premier ressort de la vie d'un théâtre. « En ce moment où il m'est impossible de faire du nouveau, de monter de nouvelles pièces [...] », notait-il avec anxiété pendant sa halte à Medellín, en 1943. A son retour à Paris, par souci de l'écriture, il incite des romanciers comme Julien Green à s'intéresser au théâtre.

Cette nécessité le porte à créer la pièce, la première, de Jean Genet, *Les Bonnes*. Il est sensible à son langage, s'il n'a pas part au huis clos de son univers. Elle lui offre l'occasion d'un contact avec la jeune littérature dramatique. Elle est brève et appelle un complément de programme : il l'associe à *L'Apollon de Marsac*.

L'œuvre de Genet n'a pas encore fait son chemin dans l'esprit du public. L'accueil qu'elle reçoit est médiocre. Jouvet est déçu surtout de l'absence de l'auteur dans le travail théâtral, de ne pas avoir établi le compagnonnage quotidien avec lui, la sympathie active essentielle pour la compréhension des pièces et leur plus juste interprétation.

Se consacrer désormais à Molière s'inscrit dans un grand projet : la mort ne lui permettra pas de le mener à son terme. Il a été formé, à travers les années, par la fréquentation régulière de certaines pièces : *Dom Juan*, *Le Tartuffe*, *L'Avare*, *Le Misanthrope*, pièces majeures. Au moment où il prépare *Le Tartuffe*, il note : « Je ne crois pas que pour ce qui est de Molière, quelqu'un d'autre ait plus réfléchi, maturé les problèmes de ses œuvres. Décrire [c'est la tâche qu'il se donne] la façon dont maintenant je suis saisi par les problèmes dramatiques de son œuvre, de ses pièces — dont je travaille, élabore une mise en scène. »

Il ne lui importe pas de les mettre en scène pour le simple plaisir de les orner, à son tour, des attraits du spectacle, de les enfermer dans l'idée qu'il s'en est faite et souhaite communiquer, dans le dessin des décors, costumes, des évolutions des comédiens, que sa réflexion et son imagination ont fixés. Il écrit : « Je ne crois pas à la mise en scène. Pendant des années, cette croyance m'a fait vivre. C'est de l'avoir perdue aujourd'hui que je me rassure, que je m'assure et que je vis. Comme beaucoup de certitudes, cette croyance n'était qu'un abusement et une prétention. Ma foi, épurée de ce schisme, est maintenant différente. Je ne crois plus à la mise en scène. »

Il est attiré par l'ouverture infinie que les comédies de Molière découvrent sur la nature, sur la condition humaines, par l'impossibilité d'en réduire honnêtement le champ au schéma d'*une* interprétation. Il s'engage dans une aventure que seul le génie de Molière propose aux hommes de théâtre français : aller à travers ses œuvres, non pour donner forme à des portraits de caractère mais pour entraîner chaque spectateur à chercher des réponses aux questions que suscitent les personnages et leurs relations avec les autres, avec le monde. L'horizon est large à s'aventurer de *Dom Juan* au *Tartuffe*, à *L'Avare* et au *Misanthrope*.

Dépouillé des oripeaux conventionnels de la séduction, *Dom Juan*, longtemps proscrit, qui n'a pas encore rencontré le succès, lui apparaît une des plus grandes œuvres du répertoire. Passé la philosophie de la conquête amoureuse et la dérision de celle-ci dans la scène des paysannes — scène de moquerie, souligne-t-il —, « la pièce pose le problème de la religion d'un bout à l'autre ». Croire ou ne pas croire, peut-on croire ? est la question ; elle touche l'ensemble des humains.

Dom Juan a le mouvement d'une quête, il présente son itinéraire. Le décor de Christian Bérard, deux étages d'arcades aux surfaces recouvertes d'une toile bise uniforme, permet dans ses ouvertures l'introduction d'éléments différenciant au fur et à mesure les lieux de l'action ; il offre l'architecture allégorique de l'univers où se tient le débat. Ce que le drame a de fantastique, la symbolique de la statue qui marche, des apparitions, du Temps avec sa faux, échappent au bric-à-brac d'une décoration de divertissement et s'y justifient. Comme pour *L'Ecole des femmes*, les couleurs des costumes jouent sur l'uniformité du fond.

Dès lors, la figure de Dom Juan se transforme. La tradition lui attribuait « les jeunesses du cœur, de la voix et de la beauté », sans tenir compte de la puissance intérieure exigée par le personnage. « Il n'est pas nécessaire, affirme Jouvet, d'être une beauté extraordinaire pour jouer Dom Juan ; il est nécessaire d'avoir un parti pris, c'est tout. » Plaidoyer pour sa propre apparition dans le rôle, à soixante ans — même s'il « fait » jeune ?
Il songe d'abord, pour lui, à Sganarelle que jouait Molière. L'enjeu du débat, l'équilibre physique du couple Dom Juan-Sganarelle le conduisent à prendre celui de Dom Juan.

Le texte fait entendre des accents nouveaux, une résonance nouvelle. Jules Romains écrit à Jouvet : « Il me semble que vous avez su on ne peut mieux rendre ce qu'il y a dans le personnage de hauteur intellectuelle, de dureté, de refus héroïque opposé au sentiment et à l'irrationnel, d'élégance (même morale) », et il admire la « lumière mentale » versée sur le détail.

Jouvet rapproche l'exhortation d'Elvire, au quatrième acte, de l'esprit et de la sensibilité de l'*Introduction à la vie dévote* de saint François de Sales — ouvrage qui partageait ses loisirs sur le front avec *Dom Juan*, trente ans auparavant. Il y retrouve la fluidité du langage d'Elvire. A une élève, au Conservatoire, il avait déjà indiqué : « Ne croyez pas qu'il soit nécessaire, quand vous dites : ''que je vous demande avec larmes'', d'avoir des larmes dans la voix. C'est une erreur qu'on commet souvent. Il ne s'agit pas de mouiller la voix. Ce n'est pas une imploration avec des pleurs. Elvire est quelqu'un qui parle purement, et les larmes qu'elle verse, elle les verse dans une béatitude céleste. »

Dans cette perspective, il baisse le rideau sur Dom Juan foudroyé et le relève sur l'image de sa mort physique dans son monument funéraire ; devant, Sganarelle prononce la réplique finale. « Il est *nécessaire*, écrit Jouvet à René Thomas-Coèle, d'ensevelir Dom Juan, de le remettre dans l'état où était le Commandeur — où nous serons d'ailleurs tous à notre tour — pour que la pièce exprime ce qu'elle doit exprimer : l'interrogation essentielle, universelle, qu'elle porte en elle. La *dissolution* de Dom Juan n'est pas suffisante théâtralement pour que le public comprenne, dans toute son étendue, la question posée. »

Le Tartuffe ou l'Imposteur compose un diptyque avec *Dom Juan*. *Dom Juan* est sorti de l'interdiction du *Tartuffe* et Jouvet trouve une clé dans la tirade de Dom Juan, au cinquième acte : « Le personnage d'homme de bien est le meilleur de tous les personnages qu'on puisse jouer. Aujourd'hui, la profession d'hypocrite a de merveilleux avantages. »
Pour Jouvet, la tradition anticléricale du début du siècle est coupable de la déformation de Tartuffe, *ventripotent*, *très gras*,

très répugnant, parfois *très cochon*. A la création, Tartuffe, sous les traits de Du Croisy, était un jeune premier. Le professeur Jouvet, en 1939, souhaite « un garçon charmant, inquiétant, très intelligent. On doit sentir depuis le début de la pièce que c'est un *individu* dangereux mais n'avoir pas de haine pour lui. »

Assumant le rôle en 1950, il estime devoir mener plus loin l'incertitude du public. Si la famille d'Orgon a ses raisons de le considérer *dangereux*, rien, dans son comportement, ne le dénonce explicitement au regard de la salle. Rien — objectivement — ne permet de contester la sincérité de la dévotion qu'il professe et dont il fait, en réalité, profession pour obtenir les bienfaits d'Orgon. Procédant de cette manière, il se contente de satisfaire la manie d'Orgon et son aveuglement.

Même les accommodements avec le Ciel qu'il promet à Elmire peuvent ne trahir qu'une faiblesse sentimentale chez un être sincèrement épris. Il relève du dénouement de dévoiler l'imposture.

Jouvet n'argumente pas en avocat de Tartuffe, il défend la logique dramatique de la comédie, l'ambiguïté qui est une part de sa richesse, les interrogations qu'elle provoque sur ce qu'il appelle l'*action intérieure*, à la différence de l'*action extérieure* qui en présente les effets. Annoncer la tartufferie dès l'abord, par le jeu, schématise la pièce, la réduit à un mélodrame et est, fondamentalement, contraire au génie de Molière. Adopter un point de vue objectif, maintenir l'interprétation ouverte sont les commandements.

Interprète, il compense le charme juvénile du Tartuffe de Du Croisy par l'austérité et l'expression de conviction sincère de son être.

Comme pour *Dom Juan*, il suspend l'action avant l'arrivée de l'exempt à la dernière scène. Une mise en scène de *Tartuffe* à Prague lui a suggéré de souligner l'artifice du dénouement par un tableau vivant : « La Justice royale châtiant l'Imposteur ». La lumière se fait sur un tableau tout de rouge paré, symbolique de la magistrature, où les paroles de l'exempt proclament l'autorité d'un roi qui a interdit, puis autorisé, la représentation du *Tartuffe*.

En 1947, *Dom Juan* a surpris par la double nouveauté de la pièce et de son interprétation. *Le Tartuffe* arrive précédé par les traditions de milliers de représentations à la Comédie-Française et sur le boulevard. Elle déconcerte ou impressionne, provoque le débat : Jouvet a rouvert le dossier et ouvert la voie du *Tartuffe* de Roger Planchon, douze ans plus tard.

*

L'effet multiplicateur du cinéma peut-il aider à satisfaire le besoin profondément ressenti par lui d'intégrer l'art de Molière, son exemple, au théâtre de ce temps ? Il s'en préoccupe. Il songe à mettre en film les comédies qu'il a montées ou se propose de monter à l'Athénée.

Les transpositions à l'écran des œuvres de Shakespeare ne l'ont pas convaincu. Il s'est amusé de la prétention ou de l'illusion des réalisateurs de traduire par leurs images celles en germe dans le texte shakespearien. *Le Songe d'une nuit d'été* ? « On y voyait Shakespeare à l'usage des calendriers du nouvel an que distribuent les P.T.T. » A ceux qui parlent d'« envelopper » le drame shakespearien dans une atmosphère ou de « le recouvrir d'images », de lui donner du mouvement et du faste, de faire appel « au pouvoir illimité de la caméra », il rappelle que l'art dramatique est fondé sur le pouvoir du texte, qu'il impose au metteur en scène de cinéma de partir du texte, « d'arriver à ce que son enregistrement et ensuite son émission aient pour le comédien comme pour le spectateur la même puissance, la même variété, la même humanité qu'il a eues au théâtre depuis trois cents ans. » Aurait-il souscrit à ce que la télévision anglaise a fait, depuis, de l'ensemble de l'œuvre shakespearienne ? Pour Molière, il indique la règle qui aurait commandé son travail.

Sont-ce les changements de la société que provoquent ou annoncent les bouleversements de la Seconde Guerre mondiale ? Sont-ce le sentiment personnel de ne plus s'accorder toujours à ce qui l'entoure et le désir d'aboutir à un accord nouveau ? « Il avait peur de ne plus comprendre et de ne plus être compris », a observé Wanda, ajoutant : « Il dépouillait son jeu de plus en plus et le rendait plus humain. »

En ces années, l'essentiel de sa pensée, de ses préoccupations, de ses actes, paraît dirigé vers l'avenir, non son avenir propre mais celui du théâtre ; il est inspiré par le souci d'user de son expérience, d'en dégager les principes nécessaires à l'action de ceux qui prennent déjà ou vont prendre la relève, de servir utilement de relais.

Depuis la rentrée de 1947, il est revenu au Conservatoire. Il n'y retrouve pas une classe individuelle ; il réunit l'ensemble des élèves et conduit librement avec eux des entretiens. L'évolution du métier a déterminé Jouvet à assumer cette responsabilité. Il part du constat d'une complexité grandissante due à l'intervention des techniques audiovisuelles et aux problèmes posés par la disparition des « emplois ». L'emploi, autrefois, fournissait des guides en même temps que des limites à l'apprenti comédien. La liberté acquise oblige à une discipline personnelle. « Adapter l'élève à la nouveauté de son époque. L'art dramatique demande aujourd'hui au moindre de ses exécutants une conscience éclairée de son rôle. Chaque talent doit désormais conquérir la science qui lui est nécessaire. Et cette science, cette connaissance seront basées sur la connaissance de soi. Dans notre métier, il faut s'enseigner soi-même [...]. Il faut munir l'élève de principes de développement, de perfectionnement et d'enseignement de soi, afin qu'il obtienne par lui-même sa propre révélation. »

Après avoir marqué beaucoup de réticence à l'égard de la politique de décentralisation théâtrale engagée par les pouvoirs publics, il reconnaît des moyens fructueux de formation dans la vie dure de ses jeunes artisans, animateurs et comédiens, contraints à partager toutes les tâches artistiques et matérielles au cours de leurs tournées. Il surveille leur travail et, bientôt, veille sur lui, en aîné amical.

En juin 1950, à la fin d'une tournée qui s'achève en Afrique du Nord, sa santé donne des signes inquiétants. Il devrait s'arrêter ; il honore le contrat jusqu'au bout.

Ses projets sont incertains, hormis une tournée de prestige au Canada et aux Etats-Unis, de fin février au début avril 1951, pour le premier retour à New York d'une compagnie française depuis le Vieux-Colombier. Il ne dispose pas de manuscrits originaux et cherche des auteurs. Il pense à Henri Pichette...

Successivement, il met en chantier une adaptation du roman de Graham Greene, *La Puissance et la Gloire*, et accepte de mettre en scène, au théâtre Antoine, une pièce de Jean-Paul Sartre, *Le Diable et le Bon Dieu*, à la demande de Simone Berriau. Les deux ouvrages ne le satisfont pas pleinement, mais leurs thèmes rejoignent ses préoccupations spirituelles.

L'Athénée accueille les compagnies de la décentralisation pendant qu'il joue au Canada et aux Etats-Unis.

Aux dernières représentations de *L'Ecole des femmes* à New York, nouvelle alerte cardiaque. « Epuisé, angoissé à l'extrême, relate Marcel Karsenty, il prend sur lui et accomplit un effort suprême pour assurer les représentations prévues. »

A Paris, il commence les répétitions du *Diable et le Bon Dieu*. Le spectacle prêt, deux mois après, il n'assiste pas à la répétition générale : il est dans le train, il a promis d'aller aider Maurice Sarrazin, le directeur du Grenier de Toulouse, à régler les éclairages d'*Abraham*, choréodrame de Marcel Delannoy, au théâtre du Capitole.

Le 1er juillet, il est à Bellac pour l'inauguration d'un monument à Giraudoux ; il joue la mort du chevalier Hans d'*Ondine*. Juillet est occupé par le tournage d'*Une histoire d'amour* de Guy Lefranc.

Début août, il retrouve l'Athénée et les interprètes de *La Puissance et la Gloire*. Il a confié les décors au peintre Pierre Soulages. « Nous étions sur la scène, raconte Soulages, je lui ai dit : "Je ne sais pas dessiner, j'ai besoin de papier, de ciseaux et de colle." La pièce comportait sept tableaux, un lien entre eux était nécessaire. Je proposais une machinerie apparente, manœuvrée à vue. Au fusain, j'indiquais les grandes lignes : quand l'action se passe à l'hôtel, des portes sans mur devraient souligner le couloir. Puis, le prêtre s'enfuyant, le décor éclaterait, les portes disparaîtraient, les éléments en mouvement accompagneraient la fuite, des grilles tomberaient autour du prêtre, édifieraient le décor de prison. Jouvet m'arrêta : "Un décor, on voit s'il est bon au moment où on le monte." Il appela Léon et Camille. "On dresse immédiatement les maquettes sur le plateau." Il me fallait un fond noir. "Apporte du velours", demanda Jouvet à Léon. Il n'y en avait pas. Comment en trouver ? Il était dix heures du soir. "Il y a la cage de scène d'*Ondine*", suggéra Léon. "Déchire-la", répondit Jouvet. Mon impression était-elle juste ? J'ai eu le sentiment d'un passé qu'il effaçait.

« Il parlait déjà de projets. Un jour — il soufflait beaucoup — il me déclara : "Je n'ai pas dormi cette nuit, j'ai fait la mise en scène de l'acte III de *L'Avare*. Tu vas penser à un décor, je voudrais un petit chaînage de pierre XVIIe siècle, pour rappeler l'époque, et une maison transparente — on verra le jardin derrière." Ce jour-là, nous n'avons plus parlé de *La Puissance et la Gloire*.

« Le père Laval, son ami dominicain, venait aux répétitions. Il me faisait des remarques : "Donnez-lui des conseils pour son décor, mon père, il vous en donnera sur la façon de dire la messe !''

« Le 14 août, je travaillais sur la scène avec l'équipe technique — un bonheur ! Les comédiens répétaient dans le foyer du bar. Vers la fin de l'après-midi, quelqu'un a crié : ''Le Patron a un malaise''. Il était étendu à terre. J'aidai à le transporter dans son bureau, sa tête sur mon épaule. ''Foutez-moi sur le divan'', lança-t-il. Il avait soif, il demandait à boire. ''Tout à l'heure'', dit le médecin. Jouvet, dans un effort insensé, se redressa : ''Tout à l'heure, c'est-à-dire tout de suite !'' Des bruits sourds continuaient à venir de la scène. Chacun avait à cœur de terminer le travail, ne serait-ce que pour montrer ce que le décor aurait pu être. »

Le 16 août, la nouvelle est tombée : « Louis Jouvet est mort dans son théâtre ».

Il avait écrit, songeant au cinéma : « Au fond de moi, je ne suis pas inquiet pour le théâtre, je l'aime trop et j'en sais trop la supériorité et la puissance réelle, il est pour moi une religion de l'esprit. »

Témoignages

Louis Jouvet dans le travail théâtral

Des comédiens et collaborateurs de Louis Jouvet ont été réunis, pendant le festival d'Avignon de 1987. La Maison Jean-Vilar et le Département des arts du spectacle de la Bibliothèque nationale présentaient une exposition sur « Louis Jouvet et la scénographie », à l'occasion du centenaire de sa naissance.

Participaient à cette table ronde : Julien Bertheau, interprète d'Horace dans *L'Ecole des femmes* de Molière en 1936 ; Marie-Françoise Christout, conservateur spécialiste du département des arts du spectacle, commissaire de l'exposition ; Michel Etcheverry, assistant du Patron et pensionnaire de la troupe au théâtre de l'Athénée après la Seconde Guerre mondiale ; Léo Lapara, comédien et compagnon le plus proche de Jouvet, de 1941 à 1951 ; Jeanne Mathieu, secrétaire particulière à l'Athénée, puis secrétaire administrative du théâtre, de 1934 à 1942 ; Rose-Marie Moudouès, secrétaire générale de la Société d'histoire du théâtre ; Georges Riquier, membre de la troupe de 1945 à 1951.

Ils ont évoqué la présence du Patron dans son théâtre, la façon dont il organisait et conduisait le travail, les rapports qu'il établissait avec ses collaborateurs.

Jeanne Mathieu. Nous étions toujours deux secrétaires en équipe, Charlotte Delbo et moi. Le Patron ne s'inquiétait pas de l'heure à laquelle nous arrivions, mais il fallait que nous soyons là quand il était au théâtre : il y avait toujours beaucoup de travail. Nous nous transmettions les informations car nous devions éviter, s'il demandait quoi que ce soit, de répondre que c'était l'autre qui s'en était occupée.

Les matins « Conservatoire », lui arrivait vers midi, après ses cours. Les autres fois, c'était assez variable : les jours où il tournait, nous ne l'avions pas.

L'après-midi, il travaillait, il répétait, il écrivait, etc. Vers le soir, il recevait la visite du médecin-ami ou se rendait chez lui ; il attendait qu'il l'aide à surmonter la fatigue de la journée qui se portait sur la voix, à retrouver du ton pour la représentation.

Il dormait peu. D'abord, on se couche tard au théâtre et il se levait tôt, mais il avait une extraordinaire puissance de récupération. Avant le spectacle, il me disait qu'il allait dormir... un quart d'heure, et qu'il fallait que je le réveille. Ce n'était pas facile parce que, vraiment, il dormait consciencieusement pendant le quart d'heure ; on avait l'impression qu'il avait fait sa nuit.

Léo Lapara . Ses journées commençaient de bonne heure, surtout quand il tournait. A cette époque, il fallait être au studio de neuf heures du matin à six heures du soir. Ensuite, au théâtre, il se reposait une heure, de sept à huit, vraiment, une heure de repos, en robe de chambre, et à huit heures, ça y était, branle-bas de combat !

Après la représentation, le temps de se changer, de se démaquiller et nous allions souper : chez lui, quai Louis-Blériot, ou dans un restaurant, deux ou trois fois par semaine. Il était rare qu'on se couchât avant trois heures du matin, pour être de nouveau debout le lendemain à huit heures.

Parfois, quand on se séparait à trois heures du matin, une heure après il se relevait et écrivait encore une heure ou deux. Certaines nuits où il avait envie de bavarder, il toussait très fortement à ma porte, il frappait, j'entendais : « Tu dors ?... Vous dormez ? » Bien sûr, on dormait, mais, à ce moment-là, j'étais réveillé et il fallait se remettre à parler jusqu'à cinq heures du matin. Il est vrai qu'il avait une faculté de récupération fantastique. Au cinéma, entre deux prises de vue, il dormait comme un sonneur pendant dix minutes, un quart d'heure, vingt minutes, le temps qu'on réglât les éclairages pour la scène suivante. Après, quand on allait très timidement vers lui : « Maître, c'est à vous », il s'ébrouait comme un chien qui sort de l'eau et, immédiatement, sortait de son sommeil, frais comme une rose.

Paul-Louis Mignon. Ces notes qu'il prenait, ce besoin de parler répondaient chez lui à un besoin incessant de s'interroger, d'essayer de trouver des réponses aux interrogations qu'il n'a cessé de lancer, à travers son existence, à la fois sur son art, sur la vérité de son art, sur le sens de son métier. C'est cela qui le tenait en haleine si tardivement ?

Léo Lapara. On peut dire que sa vie fut une éternelle interrogation. Il se tenait dans un état d'angoisse constant. Henri Jeanson disait qu'il est mort de quarante-cinq années d'angoisses dramatiques.

Michel Etcheverry. Pour lui, la recherche a été permanente ; jamais je ne l'ai vu sûr de ce qu'il faisait. Et, Dieu merci, il me faisait partager cette inquiétude. Il vivait dans un univers parfaitement imaginaire. Je crois que, pour lui, le théâtre était une manière de vivre totale et définitive, avec ce qu'il y a de faux... J'ai retrouvé dans des notes qui n'ont pas été publiées une petite phrase de lui qui m'a frappé : « La Haye m'a rappelé Istanbul, Gibraltar m'a fait penser à Rio, le vrai est ce qu'il peut, il n'y a que le faux qui m'intéresse. »

On arrive à Florence, un soir ; le lendemain matin, on se précipite voir trois églises, deux musées, au pas de course. Il faut dire qu'en tournée, un spectacle que nous avions joué je ne sais combien de fois déjà, nous le répétions quand même l'après-midi, en prévision du soir. Ce qui fait qu'à deux heures, on était au théâtre. Je dis : « Patron, j'ai vu ce matin les Fra Angelico de San Marco. » Il me regarde, mais vraiment navré, et me montre les décors de *L'Ecole des femmes* : « C'est ça, Florence. »

Georges Riquier. En arrivant à Venise, il est allé d'abord au théâtre, la Fenice, sans jeter un œil sur la ville ; il est monté sur le plateau et il a dit : « Ah ! Venise ! »

Michel Etcheverry. Il ramenait tout au théâtre. Au cours de la visite d'un musée, je ne sais plus où, nous parcourions l'allée des Goya aux Rubens, des Greco aux Rembrandt. Il passait... « Oui, oui, oui, bon. » Et, tout d'un coup, il s'arrête devant un tableau et je le vois, fasciné... Alors, je demande : « Ça vous plaît, Patron ? — Laisse-moi regarder... Ça pourrait faire un décor. »

Paul-Louis Mignon. Comment accueillait-il un inconnu ou une inconnue qui se présentait à lui avec le désir évident de faire du théâtre ?

Georges Riquier. Je voudrais éclairer sa sensibilité. Sous différents aspects, on peut se faire de lui une idée un peu rugueuse ou hérissée. Moi, j'ai été surtout touché par sa tendresse, par la gentillesse dont il était capable, en même temps par la façon qu'il avait de secouer les gens, de les rendre vivants, d'éviter que qui que ce soit, lui-même ou les autres, se fige.

J'étais étudiant. Je faisais du théâtre avec des copains, autour du feu de camp des scouts, dans les patronages. Et j'assiste à *L'Ecole des femmes*, au poulailler. Ça a été la révélation : j'ai été bouleversé, transporté. Au moment où Arnolphe s'effondrait le long du mur, louchant d'une façon extraordinaire, on ne savait plus si on devait rire ou pleurer, souffrir avec cet homme ou le trouver grotesque et ridicule. Et tout bêtement, comme on le fait à cet âge-là, j'ai écrit à « Monsieur Louis Jouvet, théâtre de l'Athénée ». Je lui ai dit ce que j'avais ressenti. Quarante-huit heures plus tard, j'ai reçu une lettre, signée Louis Jouvet, me demandant de venir le voir à l'Athénée. Cela dénotait une attention vis-à-vis des autres, qui me semble rare, de plus en plus rare. Je suis allé à l'Athénée, vous imaginez dans quel état. Je suis entré, comme dans un temple. Et j'ai eu en face de moi quelqu'un qui m'a parlé avec une sorte de tendresse, en même temps qu'une grande curiosité. Il voulait savoir qui étaient mes parents, d'où ils venaient, d'où venait mon nom, de quelle région j'étais. J'ai eu l'impression d'être retourné délicieusement sur le gril. Je ne savais plus où j'en étais ; j'étais comme un morceau de cire entre ses mains. Oui, moi, le pauvre petit étudiant qui lui avait écrit qu'il avait aimé *L'Ecole des femmes*. Je suis resté plus d'une heure dans son bureau, et vous savez quels étaient ses emplois du temps. Il a eu le temps de me dire : « Tu es à l'Ecole normale de Versailles, tu veux faire du théâtre, je me demande bien pourquoi. L'enseignement, c'est un métier sûr, tandis que le théâtre, on n'en fait pas souvent, même quand on veut en faire. Si tu en fais, t'auras de la chance ! »

C'était de la provocation ou de la gentillesse. Au bout de quelques jours, je me suis dit : « Bien sûr que je veux en faire, quand même. »

Les années ont passé, je continuais à lui écrire et lui me répondait ; il prenait le temps ou d'écrire lui-même ou de faire écrire par Marthe Herlin. Jusqu'au moment où, constatant que, vraiment, je voulais faire du théâtre, il m'a dit d'aller voir Georges Dorival, un Comédien-français, avec un petit mot : « Il insiste, fais-le travailler. » On ne peut pas être plus attentif, plus tendre, plus bienveillant ; les boutades ne sont venues qu'après. En 1945, quand je lui ai écrit de nouveau, il m'a répondu : « Viens me voir. » Quelle mémoire, parce que, enfin, il avait eu le temps de m'oublier mille fois ! De nouveau, il a passé une heure dans son bureau à me poser des questions, pour finir par me dire : « Ben oui, faut te foutre à l'eau. — Oui, mais quelle eau ? — Demain, je fais passer des auditions aux Mathurins, viens. » Le lendemain, aux Mathurins, j'ai donné le monologue de Sosie qui, Dieu merci, n'a pas besoin de réplique, car je n'en avais pas. Quand je suis descendu dans la salle, il m'a fait signe, il m'a invité à m'asseoir à côté de lui. J'ai attendu. Et il m'a dit simplement : « T'es un comédien. » C'est tout. Voilà l'aspect de Jouvet que j'ai vu d'abord : un être affectueux, proche, fraternel. Quelque temps après, j'ai reçu un papier pour passer à l'Athénée. C'est ainsi que m'a été donné un petit bout de rôle, celui de l'Hurluberlu dans *La Folle de Chaillot*. Je suis entré dans la troupe de Louis Jouvet comme un enfant qui rentre dans une famille, sous les auspices d'un père bienveillant.

Jeanne Mathieu. Pour moi qui n'étais qu'une simple secrétaire, je râlais parfois parce qu'il avait été brutal. En général, quand je dis à quelqu'un : « J'ai été secrétaire chez Louis Jouvet », on me répond : « Quelle chance vous avez eue, mais vous n'avez pas dû vous amuser tous les jours. » A quoi je répondais : « Oui, il était très exigeant, mais il en avait bien le droit, car il l'était encore plus pour lui. » En fait, chaque fois qu'on s'installait trop dans un boulot, qu'on avait le sentiment qu'on le faisait bien, à ce moment-là, il donnait un petit tour de vis pour vous déséquilibrer. Ce n'était pas méchant, ça voilait sa pudeur. Nous étions ses outils. Chacune de ses rosseries nous affûtait. Il y mettait le soin et la tendresse que le bon artisan porte à l'entretien de ses outils. On les prenait plus ou moins bien, mais elles étaient nécessaires ; c'était pour que, comme lui, nous cherchions à aller plus haut, à aller plus loin.

Michel Etcheverry. Je vais vous raconter aussi comment j'ai été engagé. Je jouais à ce moment-là — c'était le mois d'avril 45 — dans *Meurtre dans la cathédrale*, aux côtés de Jean Vilar. Un jour, je vois annoncer à l'Athénée une conférence de Louis Jouvet : « Quatre ans en Amérique latine ». Je me précipite, j'avais sous le bras le livre de Sabbattini qui venait de paraître. A la fin, je vais le lui faire signer. Il avait l'air un peu étonné que j'aie une telle lecture. « Ça vous intéresse ? » Je réponds : « Oui, oui, oui. Je trouve ça passionnant. — Pourquoi, c'est le théâtre qui vous intéresse ? — Ben oui. En ce moment, je joue *Meurtre dans la cathédrale* et je veux faire du théâtre. — Bien ! Je fais passer des auditions au théâtre des Mathurins dans trois jours. Venez donc. » Je passe l'audition dans une scène d'*Un homme comme les autres*.

Quelques jours plus tard, je reçois une convocation de Marthe Herlin, me demandant de passer à l'Athénée à quatre heures. A trois heures, j'étais déjà là, bien sûr, et à quatre heures, j'entre dans le bureau. Il dit : « C'est intéressant ce que tu fais. Il faudra mieux choisir tes auteurs. Mais... c'est bien, je te prends dans ma troupe. — Ah ! merci, monsieur. — On m'appelle Patron. — Oui, Patron. — Et tu t'intéresses toujours à Sabbattini. — Oui. — Alors, je t'engage comme régisseur. » J'ai cru que ma carrière s'écroulait. Il a ajouté aussitôt : « J'ai commencé comme ça, ça n'est pas mal. »

Georges a employé un mot qui m'a beaucoup touché : il a dit que c'était un père. Je pense qu'il a eu par rapport à ses comédiens, pour chacun de nous, une manière différente de l'être, mais une attention quotidienne à ce que nous étions. Je ne parle pas sur le plateau uniquement, parce que là, ce n'était pas toujours drôle, mais, en dehors de cela, s'occupant de ce qu'on faisait, de la manière dont on vivait, de ce qu'on lisait. Il me disait : « Tu as lu Rilke ? — Ben,

Patron... — Alors, il serait temps de t'y mettre. » Deux mois après : « Alors, t'as lu Rilke ? — Ben, oui, pas tout, mais enfin... — Tu connais Bernanos ? — Ben, Patron... — Il serait temps de t'y mettre. » J'ai eu droit ainsi, par deux ou trois mois, à Rilke, Bernanos, Simone Weil, la philosophe, à saint Jean de la Croix, à sainte Thérèse d'Avila, aux *Confessions* de saint Augustin. Et puis, un jour : « Tu as lu Balzac ? — Ah, oui, je dis oui, mais je n'ai pas tout lu. » Là, content quand même, il continue : « Eh bien, tu vas relire *Eugénie Grandet* — Ah bon ! — Et tu noteras chaque fois que Balzac marque une indication de mise en scène. — Mais... je ne comprends pas. — Ça ne m'étonne pas, t'es tellement connard. Tu ne comprends pas. Je veux dire : chaque fois qu'il donne une indication de mouvement. » Je me souviens d'avoir lu, ainsi, *Eugénie Grandet*, le crayon à la main, marquant qu'Eugénie avait fait trois pas de la porte au.... C'était ça !

Julien Bertheau. Il m'a fait le coup, aussi, d'*Eugénie Grandet*. Il m'a dit : « Tu sais ce que c'est qu'une situation. Balzac les explique très bien. Quand tu voudras découvrir une situation, relis Balzac, mon petit père. »

Paul-Louis Mignon. Julien Bertheau, vous travailliez auprès de Charles Dullin, vous connaissiez déjà Jouvet quand il vous a convoqué pour le rôle d'Horace dans *L'Ecole des femmes* ?

Julien Bertheau. J'arrive tout tremblant et j'entends : « T'as lu *L'Ecole des femmes* ? — Bien sûr, Monsieur Jouvet, je suis au Conservatoire... — Oui, oui, je sais... — Tu vas me dire ça, on va voir... » Il me fait progressivement lire tout le rôle. Naturellement, le trac, au lieu de s'apaiser, grandissait, parce qu'en moi-même, je pensais : « S'il me demande d'autres scènes, c'est qu'il ne me trouve pas bon. » J'arrive au dernier mot, il prend un grand temps. Il y avait, autour de lui, presque toute la distribution. Il me regarde du haut de son œil bleu : « J'en ai essayé une quinzaine, je n'ai plus le temps d'en chercher d'autres. Tant pis, ça sera toi. » Et, Dieu soit loué, ça a été moi !

Il a commencé à me faire travailler comme tous les camarades, en changeant tous les jours. Nous étions un peu perdus devant l'amoncellement des compétences de cet homme et l'amoncellement d'exigences qui étaient les siennes. Alors, de temps en temps, on se hasardait : « Mais, Monsieur Jouvet, hier vous m'avez bien demandé de dire ça face à la salle. — Petit con, tu ne peux pas me regarder quand tu parles ? » Le lendemain, j'arrivais, je le regardais et j'entendais : « Ça te gênerait de les regarder un peu, *ils* ont payé. » Un jour où il avait été particulièrement brillant, comme il l'était dans Arnolphe — car j'ai vu jouer ce rôle par de très grands acteurs : il y était supérieur —, en montant vers les loges, je me permets un compliment : « Alors, Patron, quand jouerez-vous Alceste ? » Il se retourne : « C'est une messe de bout de l'an, mon petit Julien, je ne suis pas prêt. » Et il ne l'a jamais joué, si ce n'est — Léo pourrait le dire — le premier acte en tournée.

Léo Lapara. En Amérique du Sud, deux fois, en costume de ville. Je l'ai trouvé éblouissant.

Julien Bertheau. Il n'aimait pas qu'on le félicite parce qu'il était le perfectionniste le plus exigeant que j'ai rencontré, et ma vie a été longue dans ce métier. J'en ai vu des exigeants, Copeau, Jean-Louis Barrault... Mais avec lui, c'était particulièrement dur. Après la répétition, il vous lançait : « Alors, tu comptes que tu vas jouer comme ça. Et ben, merde ! » Aux représentations, il me faisait venir dans sa loge avant le premier acte, je lui disais le « un » et le « trois » ; à l'entracte, je lui disais le « quatre » et le « cinq ». C'est-à-dire que je jouais deux fois la pièce !

Michel Etcheverry. Dans *L'Ecole des femmes*, Jean-Louis Richard, l'Horace de cette reprise, au cours de ses tirades face au public, entendait Arnolphe-Jouvet, lui de dos, le harceler : « Plus vite, moins vite. »

Pour *Knock* qu'on a joué beaucoup, la panique saisissait la troupe à la fin du deuxième acte. Il y avait une toute petite porte pour sortir du décor. Après les saluts, c'était le rush sur cette porte, parce que le malheureux qui ne l'avait pas franchie assez vite avait droit entre le « deux » et le « trois » à rejouer sa scène. Il ne se passait pas de représentation sans que l'acteur qui jouait le docteur Parpalaid n'ait été obligé, après le spectacle, à un raccord complet du troisième acte.

Léo Lapara. Je n'ai pas attaqué une seule fois le premier vers de *L'Ecole des femmes* : « Vous venez, dites-vous, pour lui donner la main », sans qu'il me donne le *la* avant : « Vous, vous, vous, vous... tu y es, ça y est... — Vous... »

Julien Bertheau. Comme tous les jours il changeait, qu'il nous fallait penser à une autre manière d'interpréter les scènes, nous étions perdus. Il cherchait tous les possibles d'un rôle, il cherchait tous les éclairages et toutes les facettes possibles, non seulement de la psychologie du personnage, mais de sa vie profonde et de sa vie poétique dans la pièce. De telle sorte que vous étiez, malgré vous, enrichi de son génie, que vous étiez riche de toutes ces possibilités qui refleurissaient en scène, selon les soirs, selon le public et selon son humeur. C'est pour cela qu'en scène, il vous disait : « Change. »

Michel Etcheverry. A aucun moment, la démarche n'était intellectuelle.

Julien Bertheau. D'ailleurs, il vibrait, il tremblait en scène, du lever du rideau à la fin. Pendant le quatrième acte de *L'Ecole des femmes*, Horace arrive, heureux d'annoncer, une fois de plus, à Arnolphe que tout va bien. Jouvet a eu une idée de génie : « Tu vas entrer, on vient de te foutre des coups de bâton, alors t'as mal et t'es content, tu me comprends ? » Il me faisait donc jouer le monologue comme quelqu'un qui a très mal au dos à cause des coups de bâton et exprime en même temps la joie de sa réussite. Lui, en contrepoint dramatique de cette effervescence, comique, heureuse, brillante, par la cadence de l'écriture du monologue d'Horace, se taisait naturellement — il n'a pas un mot à dire. Il se mettait debout contre l'angle du décor, se mettait à pâlir et à loucher.

Il glissait le long du décor, à la fois tragique par sa démarche physique, plastique, il se décomposait et ajoutait le comique clownesque par une grimace. L'étonnant est qu'il dégageait le relief de la scène du rapprochement de ce jeu silencieux et de la cadence qu'il exigeait de l'interprète d'Horace.

Il ne nous était pas toujours facile de réaliser ce qu'il souhaitait. C'est pour cela qu'il nous en voulait parfois, qu'il nous traitait de « petits cons ». Moi, il a déchiré deux fois la manche de mon costume à force de tirer dessus en me traitant de « petit con ». Mais j'étais content parce que je me disais : « Il s'intéresse à moi. »

Léo Lapara. Julien a parlé des possibilités. Oui, Jouvet essayait d'innombrables possibilités. Elles nous désorientaient, nous comédiens, parce que ce qu'il nous disait un jour, le lendemain il le contredisait. Mais c'est de la confrontation de chacune de ces possibilités qu'il tirait la force et la richesse de ses mises en scène. Et le lendemain, il recommençait.

Quand nous sommes allés, en 1948, jouer *L'Ecole des femmes* en Suisse, Charlotte Delbo, qui n'avait pas vu le spectacle depuis 1945, a eu ce mot : « Mais Patron, c'est formidable les progrès que vous avez faits. » Et c'était vrai, parce que, tous les jours, il essayait de s'améliorer, comme il l'exigeait de chacun de nous.

Julien Bertheau. En fait, on était heureux et malheureux, c'est cela qui était extraordinaire. Il n'y avait aucune cruauté mentale ; nous pouvions le croire dans l'instant. Certaines journées, on disait : « Il est très méchant », et on le lui disait d'ailleurs. « Petit con », c'était tout ce qu'il répondait. Il ne perdait pas de temps, parce qu'il savait que le temps est rare, qu'il est court. Voilà pourquoi il voulait presser les citrons jusqu'au zeste.

Georges Riquier. Il avait une hantise de la perfection et, je crois, en même temps, une angoisse de la perfection, parce que la perfection, c'est la mort, d'une certaine façon. Il était capable de travailler pendant des années, et même des dizaines d'années, pour arriver à ce qu'il recherchait, mais je crois ne pas me tromper en disant qu'il était capable, du jour au lendemain, de tout changer, de tout remettre en question, ce qu'il avait mis des années ou des dizaines d'années à concevoir, à préparer ou à agencer. Le décor du deuxième acte de *La Folle* a été changé en vingt-quatre ou quarante-huit heures.

Léo Lapara. A Rio de Janeiro, il a fait changer toutes les entrées de *On ne badine pas avec l'amour.* Ceux qui entraient côté cour devaient entrer côté jardin. Ceux qui entraient côté jardin devaient le faire côté cour... La veille d'une générale ! Il était toujours insatisfait. Quand il a monté *Le Tartuffe,* il a retardé d'un mois la première, on a repris *Knock,* parce qu'il n'était pas satisfait. Or, on répétait depuis quatre mois.

Paul-Louis Mignon. Comment s'organisait et se développait le travail des répétitions ?

Michel Etcheverry. C'était lent. Cela dépendait des pièces, mais nous en avons répété certaines fort longtemps. Pour *Dom Juan*, nous avons répété une bonne année. J'avais la chance d'être l'effigie de Dom Juan sur le plateau pendant qu'il dirigeait les comédiens de la salle. Ce qui fait que j'ai joué *Dom Juan* pendant un an. Ensuite, il a repris le rôle en scène. Il y a eu des jours où nous sommes restés de deux heures à six heures sur trois répliques. Je me souviens comme d'un cauchemar, mais vraiment d'un cauchemar, de la scène des deux paysannes. A un moment, Dom Juan prend l'une et lui murmure : « Je n'aime que vous », puis va vers l'autre : « C'est toi que j'adore. » Simplement, en descendant. Nous avons repris ce fragment des jours durant jusqu'à ce qu'il ait l'impression, non pas que moi je parlais juste, mais que dans le cadre de la scène, dans l'occupation de l'espace scénique, par l'effet du mouvement, tout ce qui se disait était clair. En poussant un peu le paradoxe, il disait toujours : « Au fond, une mise en scène réussie, ça peut être vu par un aveugle et par un sourd. Pour l'aveugle, on parle juste, le sourd comprend tout grâce à la gesticulation, à l'expression physique des comédiens. » Et c'est vrai. Alors, il allait vers cette perfection gestuelle. Après, nous devions être très vigilants, prendre garde à ne rien décaler.

Il était essentiel pour lui que tout parte de la sensation. Il fallait oublier tout ce que nous avions pu apprendre sur la pièce, essayer d'entrer vierge dans un monde nouveau. Le travail autour de la table n'est sans doute pas inutile. Mais attention ! On se met à penser, à discutailler. C'est ce qu'il voulait éviter. Pour *Dom Juan*, pour *Le Tartuffe*, il m'a fait lire à peu près cent cinquante ou deux cents livres, tout ce qui avait pu toucher de près ou de loin, aussi bien dans le domaine psychanalytique que dramatique, aux thèmes et aux personnages. Je lui faisais des petits rapports. « Intéressant, intéressant... », commentait-il. « Ça ne nous avance à rien, mais c'est intéressant. » Il avait besoin de cette culture et de cette connaissance des choses : seulement, au moment où commençait le travail, la page était tournée ; on partait de zéro, on partait du texte. Il disait : « Le malheur, c'est qu'on sait comment ça finit, les pièces. » Il nous incitait à avoir le nez au dessus de l'auteur en train d'écrire, et à s'avancer avec lui sans savoir quelle était la ligne qui allait suivre. Cette recherche de l'imprévu, de la vie de chaque situation, était fascinante et réclamait beaucoup de temps. Mais elle ne relevait d'aucun système. Il aimait citer — je crois que la phrase est de Baudelaire : « Tout système est une damnation. »

Paul-Louis Mignon. Louis Jouvet était très attaché à l'histoire du théâtre. Il a été président de la Société d'histoire du théâtre et participait régulièrement aux émissions de la société, que Léon Chancerel et vous-même, Rose-Marie Moudouès, réalisiez à la radio.

Rose-Marie Moudouès. Il n'y avait aucune différence pour lui, j'en ai eu du moins l'impression, entre l'histoire du théâtre et le théâtre ; il ne les dissociait pas. S'il s'est tellement intéressé à l'histoire du théâtre, c'est qu'il croyait à une continuité. Pour répondre à ses interrogations successives, l'histoire était d'un grand secours. Il avait le souci constant de remonter aux origines de son art et de chercher à renouer avec tous les maillons possibles depuis la plus haute antiquité. L'histoire n'était pas un autre compartiment de sa vie, elle était un moyen d'aider le théâtre à vivre. Parmi les objectifs qu'il avait fixés à la Société d'histoire du théâtre — dont il était un des membres fondateurs —, celle-ci ne devait pas être considérée comme une sorte de musée où on engrangerait les documents afin qu'ils ne soient pas perdus : ils devaient être une source d'enrichissement, pour la pratique du théâtre. De même qu'il vous faisait lire à vous, comédiens, quantité de livres qui vous semblaient d'abord n'avoir que des rapports lointains avec ce que vous alliez avoir à faire sur la scène. L'histoire du théâtre lui apparaissait comme un énorme réservoir, un énorme vivier dans lequel ceux qui viendraient demain — qu'ils se préoccupent de l'art du comédien, de l'art du metteur en scène ou de l'art du décorateur — pourraient puiser. Ensuite, on oublie en effet tout ce qu'on a lu sur les mises en scène précédentes, sur les œuvres, sur les textes, et on revient à la source même, qui est le texte. Vous avez dû l'entendre souvent dire : « Embusque-toi derrière ton texte. » Ce qui signifiait : débusquer ce que l'auteur a voulu dire.

Marie-Françoise Christout. Cette recherche sur les auteurs, sur les œuvres, sur Molière, il a eu la chance exceptionnelle de la poursuivre avec un interlocuteur de prédilection qui était

Jean Giraudoux. Le travail sur les comédiens, il l'a fait en parfaite connivence avec lui. La trace en est heureusement gardée dans certains états des textes où apparaissent les corrections, les béquets que Giraudoux faisait à la répétition même. C'est frappant pour *Intermezzo*, *La guerre de Troie n'aura pas lieu* et *Electre*.

Georges Riquier. Pour en revenir au travail proprement dit des répétitions, je voudrais évoquer ce que j'ai ressenti lors des lectures de *La Folle de Chaillot*. Jouvet avait réuni, à plusieurs reprises, toute la distribution. Chacun lisait à sa façon et lui écoutait sans faire aucune observation. Il écoutait ce que chaque instrumentiste, en somme, envoyait et, dans ce qu'il recevait, devait se préciser ce qu'il allait exiger de chacun, une approche presque musicale, comme un orchestre s'accorde. Sur cette musique, discordante au départ, il fondait son travail et non sur un travail intellectuel de propos et de discussions autour d'une table.

Michel Etcheverry. Une chose le préoccupait énormément : la respiration. Il disait que Giraudoux, ça ne se respire pas comme Molière, Marivaux ou Victor Hugo.

Léo Lapara. Il a écrit : « Un texte n'a pas la même signification, ni la même efficacité, s'il n'est pas respiré comme il a été écrit. »

Michel Etcheverry. Quand nous sommes entrés dans la compagnie, nous ne comprenions pas toujours ce qu'il nous disait. Parfois, une traduction aurait été nécessaire pour les analphabètes que nous étions.

Nous nous hasardons à lui demander de nous faire travailler un matin dans la semaine. Il commence par répondre : « Je n'ai pas le temps. » Ce qui était vrai ! Enfin, il cède. Nous sommes là, la jeune troupe, et l'interrogeons : « Qu'est-ce qu'on va travailler, Patron ? » Chaque fois qu'on posait une question idiote, il nous regardait avec une tendresse infinie : « Vous allez travailler deux choses : le monologue de Ruy Blas et l'éloge funèbre d'Henriette d'Angleterre de Bossuet. » Stupeur ! Nous nous permettons de remarquer que ce n'était pas notre emploi. « Je m'en fous. Quand tu arriveras à dire le monologue de Ruy Blas, "Bon appétit, messieurs", sans respirer, tu seras, peut-être, un comédien. »

Quant à Bossuet, « Celui qui règne dans les cieux et de qui relèvent tous les empires... », c'était fait pour développer l'ampleur d'une respiration.

Si on écoute l'enregistrement de *L'Ecole des femmes*, qui est un des seuls témoignages complets qu'on ait d'un spectacle, on ne peut pas dire qu'il parle juste, mais il a le rythme respiratoire. Il parle peut-être faux, mais il joue juste.

Georges Riquier. J'ai entendu : « Vous ne travaillerez jamais assez votre voix, dans tous les registres, avec la respiration qui convient. "Celui qui règne dans les cieux et de qui relèvent tous les empires, à qui seul appartient la gloire...", il faut que tu ailles le plus loin possible dans ta respiration, en timbrant le plus justement possible ta voix. Essaye de prendre ta respiration, sans avoir l'air de la prendre, pour donner l'impression que c'est continu, que ça va jusqu'à son terme et au-delà du terme. Quand la phrase est finie, tu dois donner au spectateur l'impression qu'elle continue. »

Michel Etcheverry. Et le spectateur finit par respirer au même rythme.

Georges Riquier. « Il faut, nous disait-il, dans le grave, dans le médium ou dans l'aigu, que vous essayiez de faire fonctionner cet instrument qui est à votre disposition, tout votre système respiratoire, de façon à en avoir la maîtrise totale et en jouer comme un musicien joue de son instrument, sans avoir l'air d'en jouer. » Et aussi : « Travaille ton articulation, travaille ta voix. Jamais tu ne la travailleras assez, et articule, *atricule* », comme il se plaisait à dire.

C'est pour cela que lui-même avait, en scène, cette voix et cette respiration extraordinaire, fondée en effet sur la respiration de l'auteur et du rôle.

On doit d'ailleurs souligner qu'entre Jouvet et ceux qui travaillaient avec lui, les échanges étaient permanents. Davantage sous-entendus qu'exprimés, mais le courant passait continuellement. Les échanges étaient comme des ondes, comme des effluves qui allaient de l'un à l'autre. Je n'ai jamais eu le sentiment que Jouvet tapait sur la table pour imposer sa volonté.

Léo Lapara. Il prêtait une oreille attentive chaque fois qu'un comédien lui faisait une suggestion, et la retenait s'il l'estimait intéressante. Quand j'ai eu l'honneur et la chance de créer *L'Apollon de Marsac* de Giraudoux à Rio de Janeiro en 1942 — je jouais l'huissier —, étant méridional, je lui ai proposé de prendre l'accent méridional. Je pensais que le comique en serait accentué. « On va essayer », me répondait-il. On l'a essayé et on l'a gardé.

Julien Bertheau. Cet homme pressé, cet homme impatient parce qu'exigeant, écoutait les autres, il les écoutait derrière son œil bleu, grand ouvert. Quand il n'était pas d'accord ou que quelque chose le blessait, on le sentait à son visage, à la crispation de son visage, mais il savait se pencher vers les êtres. Voilà pourquoi il a donné à ses élèves la possibilité d'être eux-mêmes — ce que ceux qui enseignent ne peuvent pas toujours faire, malgré leur bonne foi.

Michel Etcheverry. Au Conservatoire, de 47 à 51, Jouvet avait une classe d'ensemble, c'est-à-dire qu'il ne s'occupait pas de faire travailler des scènes comme il l'avait fait avant 40 ; il conduisait des entretiens. Or, à aucun moment, lui, il ne donnait de solutions, il ne disait pas : « Voilà comment il faut faire. » Son expérience, il la remettait en question, et ce qui me paraît capital, c'est qu'il mettait ces élèves, ces débutants comédiens, en face des problèmes qu'ils auraient eux-mêmes à résoudre. Il les amenait peu à peu à une réflexion profonde. Enfin, pour lui, l'exercice du théâtre supposait une morale, une éthique. Trente ans après, ceux que je retrouve me disent : « Ça me sert encore. »

Etudiant en pharmacie, vers 1910, Louis Jouvet dirige alors le Théâtre d'action d'art. (Cl. bibl. de l'Arsenal.)

André Aguecheek dans La Nuit des rois *de Shakespeare, au théâtre du Vieux-Colombier, en 1914. (Cl. Lipnitzki-Viollet.)*

Géronte dans Les Fourberies de Scapin *de Molière, sur le tréteau du dispositif fixe que Louis Jouvet a dessiné pour la réouverture du Vieux-Colombier, à Paris, en 1920. (Coll. Viollet.)*

Le docteur Knock ausculte la dame en noir (Odette Talazac) dans Knock ou le Triomphe de la médecine *de Jules Romains. (Cl. Lipnitzki-Viollet.)*

En haut. Premier rôle à l'écran, Topaze, *en 1933. (Cl. Stars Films.)*

En bas. Le chapelain de La Kermesse héroïque *de Jacques Feyder, en 1935. (Cl. Cinémathèque française.)*

Esquisses d'un décor transformable pour L'Ecole des femmes *de Molière, faites par Louis Jouvet au cours d'un séjour à Londres en 1932. (Bibl. de l'Arsenal.)*

Les deux aspects du décor de L'Ecole des femmes *par Christian Bérard à l'Athénée, en 1936. (Cl. Lipnitzki-Viollet.)*

Arnolphe écoute Agnès (Madeleine Ozeray) lire les maximes du mariage de L'Ecole des femmes. *(Cl. Lipnitzki-Viollet.)*

Le Baron, avec Pepel (Jean Gabin) dans Les Bas-Fonds *de Jean Renoir, en 1936.*
(Cl. Cinémathèque française.)

Le jardinier dans Electre *de Jean Giraudoux à l'Athénée, en 1937. (Cl. Lipnitzki-Viollet.)*

Monsieur Edmond et Madame Raymonde (Arletty) dans Hôtel du Nord *de Marcel Carné, en 1938. (Cl. Stars Films.)*

En haut. Bizarre ! Archibald Soper, évêque de Bedford, soumet à son inquisition le cousin Irwin Molyneux (Michel Simon) dans Drôle de drame *de Marcel Carné, en 1937. (Cl. Stars Films.)*

En bas. Le professeur Lambertin et deux élèves de sa classe au conservatoire, Isabelle Didier (Janine Darcey) et Cecilia Prieur (Odette Joyeux) dans Entrée des artistes *de Marc Allégret, en 1938. (Cl. Cinémathèque française.)*

Le chevalier Hans et Ondine (Madeleine Ozeray) dans Ondine *de Jean Giraudoux à l'Athénée, en 1939. (Cl. Lipnitzki-Viollet.)*

Le chiffonnier rend visite à Aurélie (Marguerite Moreno) dans La Folle de Chaillot *de Jean Giraudoux à l'Athénée, en 1945. (Cl. Lipnitzki-Viollet.)*

Le Dom Juan *de Molière à l'Athénée, en 1947. (Cl. Lipnitzki-Viollet.)*

Tartuffe, *à l'Athénée en 1950. (Cl. Lipnitzki Viollet.)*

Textes de Louis Jouvet

Passion du théâtre et vocation[1]

Je retrouvais là, sur la scène, tout ce que ma chère grand-mère m'avait donné petit avec ses contes de fées, ses histoires de brigands, ses légendes qu'elle me répétait avec une inlassable complaisance et que la vie ordinaire ne me donnait plus. Ces occupations, le rôle dont j'étais investi sur cette scène, me paraissaient plus sérieux, plus grands, plus nourrissants que tous ceux qu'on me proposait.

Toutes mes imaginations d'enfant, mes rêves et mes rêveries, se continuaient ici avec facilité, avec délices, et les menaces de l'avenir n'arrivaient pas à m'inquiéter. Du moment que je vivrais sur cette scène, si misérable devais-je être, cela me suffirait pour être heureux, j'y trouverais toujours du bonheur.

Avais-je la vocation, me demandait-on ? Ce plaisir que j'éprouvais et que je n'avouais pas me faisait muet pour répondre, et je m'en tirais en demandant un peu de répit pour prendre une décision définitive, disais-je, dans quelque temps... secrètement assuré, malgré les doutes qu'on

1. Témoignages sur le théâtre, *Bibliothèque d'esthétique, Flammarion, Paris, 1951. Nouvelle édition, 1987.*

essayait d'introduire dans mon esprit, que je ne changerais pas à l'avenir.

Expliquer ce goût, cette passion : il faudrait expliquer la vocation des gens de théâtre, et quand je tentais honnêtement de m'examiner, je trouvais bien en moi des motifs futiles. Je m'avouais la dérision de bien des aspects de cette profession, je convenais en moi-même de la vanité des comédiens, de l'indignité de ces occupations, de ce qu'il y a de trouble dans la promiscuité de ces hommes et de ces femmes, dans les mensonges qu'ils échangent entre eux, devant le public, et dont leur sincérité devient facilement la dupe. Les fulminations de Bossuet ébranlaient un peu mes sentiments religieux, mais mon plaisir était plus fort que tout.

Expliquer ces « désordres » chez un jeune homme et une jeune femme, c'est expliquer le dégoût de la vie pour la jeunesse, les appétits les plus grossiers, les rêves les plus ardents. C'est la paresse, c'est le découragement, c'est l'ambition vaine d'être autre chose, ou quelqu'un, mais c'est d'abord l'amour du théâtre. Comme toutes les vocations, les sources en sont humaines, la vocation comme un minerai est prise dans une gangue de passions et de désirs, mais le métier les affine et les purifie.

Il faudrait expliquer ce qu'est le théâtre, le définir, pour comprendre l'attirance, l'aimantation qu'il exerce sur une sensibilité de vingt ans. Ce sentiment, je lui ai donné un nom aujourd'hui. C'est, dans cette sensibilité éparse en soi, qui s'irradie au fond de soi et que rien n'arrive à contenter, un appétit de vivre intensément, en évitant les contacts pénibles et quotidiens de l'existence ; c'est un goût de vivre ailleurs, autrement, complètement, d'apaiser toutes les interrogations, toutes les inquiétudes, tous les appétits secrets qu'on porte avec ardeur au plus profond du cœur. C'est, plus fort, plus complet que l'amour, plus facile et plus immédiat que la religion, le sentiment, *l'attirance du dramatique.*

Le théâtre est un métier honteux[1]

Et c'est ici la vraie histoire du théâtre que je veux dire. J'ai mis bien des années à l'apprendre.

« Le théâtre est un métier honteux. »

Cette phrase qui est une transition dans mon esprit et une rengaine dans toutes les familles a servi d'introduction à ma carrière.

C'est par cette phrase que j'ai abordé le théâtre : « Le théâtre est un métier honteux. » C'est le refrain de ma jeunesse. Toute ma famille en chœur me l'a chanté et répété avec toutes les variations que comporte l'art de la fugue ; par l'usage immodéré qu'on en faisait autour de moi, le sens de ce qualificatif avait acquis une patine qui le rendait presque candide.

« Le théâtre est un métier honteux. »

Aujourd'hui, quand je l'entends, je retrouve encore, dans ce placard à sensations qu'est ma mémoire, l'impression physique de toucher au fond des poches de ma culotte les vieux galets polis qui ne me quittaient jamais. J'écoutais la fugue sur la honte en les polissant sournoisement et le mot

1. Réflexions du comédien, *éd. Nouvelle Revue critique, coll. Choses et gens de théâtre, Paris, 1939. Nouvelle édition : Librairie théâtrale, 1987.*

et les galets s'égrenaient et s'y lissaient dans une agréable indifférence qui me revient encore au bout des doigts.

Plus tard, il me fallut choisir entre la médecine ou la pharmacie, entre Hippocrate ou Galien — mes oncles étant à la fois leurs représentants et leurs disciples. J'hésitais tant que je pouvais mais « le théâtre étant un métier honteux », les autres membres de ma famille s'acharnaient à me découvrir une vocation entre la carrière d'amiral couronnée d'honneurs et suivie d'une belle retraite, et la vie de dominicain qui, disait une de mes tantes, m'assurait les récompenses célestes. « Le théâtre est un métier honteux... »

Je crois que le mot de *honte* est une appellation vague, incommode ou trop générique pour un adolescent, en tous cas d'un emploi délicat. Je continuais à préférer le théâtre ; ni moine, ni marin ; je m'en tenais, dans une obstination vague, au métier de comédien, en dépit de l'uniforme séduisant du Borda et malgré les menaces de l'Enfer.

Le théâtre me paraissait une carrière riche, pleine de luxe, une vie facile, d'une gloire plus variée et plus accessible que celle des marins ; quant aux béatitudes promises par l'Eglise, malgré la séduction de l'humilité exigée, elles étaient sans doute trop lointaines pour tenter ma jeunesse avide.

Bref, je croyais que le théâtre allait, en me délivrant de l'odeur fade des plantes sèches et des relents de médicaments, des patients pénibles et affligés que je voyais dans la salle d'attente de mon oncle, me libérer, aussi, de toutes les mesquineries de la vie et du ridicule provincial que je voulais fuir. Je pensais que le théâtre allait me délivrer de toute une quotidienneté pauvre et irritante qu'on ne supporte à cet âge qu'en faisant retraite à toute heure du jour sous les marronniers du fond du jardin ou dans l'étrange et paisible grenier familial.

Dans l'inaction, la solitude bienfaisante et la tranquillité souhaitée de ces royaumes de mon enfance, je recomposais la vie à mon idée en la faisant à l'image de mes rêves.

La « honte » du théâtre, à quoi j'essayais de réfléchir, finissait par m'attirer.

Je défierais le déshonneur, et je prouverais à toute ma famille qu'il n'y a point de honte à réciter des vers, — ni aucune indignité à faire circuler en soi les sentiments que Shakespeare, Racine, Molière ou Musset ont tirés de leur cœur.

Un beau jour, les chanteurs de la honte, lassés et découragés, m'ont laissé partir. Je l'ai fait discrètement et poliment. Ayant pris avec docilité mes inscriptions aux facultés et promis loyalement de m'instruire dans l'art de soulager l'humanité souffrante, je suis allé rôder autour des théâtres.

En y entrant, je n'ai pas vu la honte. J'avais sans doute trop d'ardeur en moi ou trop de récompenses sous les yeux ; tout m'était enchanteur, et cet enchantement, malgré vicissitudes, découragements ou lassitudes, ne m'a jamais quitté ; il me nourrit et me soutient tous les jours.

Pendant des années, avec prudence, j'ai guetté, en la redoutant, cette honte annoncée et promise par ma famille ; je ne l'ai jamais vue, mais j'ai fait connaissance avec le dérisoire et avec le ridicule : j'ai acquis de la sincérité une compréhension et un usage nouveaux. J'ai apprécié les rapports et la proportion entre le faux semblant et l'authentique. J'ai découvert une vérité qui n'est pas celle de tous les jours. C'était celle que je cherchais au fond du jardin ou dans le haut du grenier. Je n'ai jamais rien vu d'inavouable au théâtre ; je n'y ai jamais rencontré la honte.

Comme je demandais à ma grand-mère pourquoi le théâtre est un métier honteux, un jour que le chœur venait de fonctionner, ma grand-mère, qui était la seule à n'y pas participer, m'avoua qu'elle ne le savait pas : « Je n'ai jamais été au théâtre », me dit-elle ; et comme j'insistais pour qu'elle me donnât des exemples de ce qui était honteux, elle me dit : « Ce qui est honteux, c'est ce qui n'est pas propre ! Il faut être propre sur ses habits et sur soi-même. Il est honteux d'avoir une tache à son habit. Et il est honteux de mentir ; c'est une tache aussi, tu le sais bien... Mais — fit-elle tout à coup — tu as un trou à ton pantalon, et ça c'est ridicule !... »

Maintenant que j'ai pratiqué ce métier pendant des années, je comprends la différence qu'établissait ma grand-mère entre la honte et le ridicule, car le théâtre lui aussi a ses « trous au pantalon ».

Lorsque, jouant la comédie, la prétention et la suffisance auxquelles le rôle vous oblige, vous trahissent et vous ridiculisent, ce n'est pas de la honte, c'est de l'humiliation qu'on éprouve. Je les connais, les étonnements dédaigneux du public, devant le carnaval et la chienlit des coulisses. J'ai entendu son rire, à voir les palais de marbre remuer parce qu'ils sont de toile ou de papier. J'ai connu le grotesque de la porte qui ne s'ouvre pas et de la barbe postiche qui se décolle... Cette perte de sérieux que donne un trou au pantalon, ce n'est que du ridicule, ce n'est aucunement de la honte. Je ne crois pas qu'il y ait des métiers honteux, il n'y a que des actions honteuses. La honte du théâtre et son indignité ne vont pas plus loin que les hontes et les indignités que l'on peut déguster dans d'autres professions. Je laisse chacun juge et n'accuse personne.

La honte du théâtre, s'il en est une, n'est pas dans le mensonge de son action, de ses décors, de ses comédiens et de ses comédiennes. C'est le seul mensonge permis, avoué et partagé. Nulle part il n'en est fait de plus beau, de plus glorieux.

Les rêves bienfaisants qu'il procure à ceux qui n'en ont pas, ou qui n'en peuvent pas avoir, rien d'autre ne les donne. C'est la raison et l'intention de ce mensonge, c'est la façon dont l'acteur et le spectateur le pratiquent, qui importent. Et c'est pourquoi la honte ne peut entrer au théâtre que par l'exploitation vile ou l'utilisation basse de l'illusion, qui est sa nourriture. Et dont il doit faire commerce.

Si ce commerce de l'esprit, des sentiments et des idées n'était qu'un commerce tout court, si l'avidité du gain ou l'appétit de l'argent devenaient sa seule préoccupation, le théâtre, évidemment, serait un métier honteux. Nous n'en sommes pas encore là !

Père du cinéma, de la télévision, de la radio ou du disque, le théâtre — qui a donné naissance à ces industries — n'est qu'un petit commerce. Il doit rester aux mains des artisans.

Ce n'est pas un métier où l'on s'enrichit, et le désintéressement y est la règle générale. Et s'il était permis d'y faire fortune, le théâtre perdrait d'un coup ses vertus et son honnêteté, et c'est alors qu'il serait un métier honteux. Si le théâtre, depuis quelques années, tend à s'industrialiser, il le doit plus aux intermédiaires, aux entremetteurs et aux organisations sociales que les Etats tolèrent ou protègent, qu'à ses serviteurs véritables.

Ceci est une histoire de théâtre et « elle est vraie » — comme dit Sacha Guitry quand il raconte les siennes.

Nous allions faire la lecture d'une pièce nouvelle et la distribuer. Il y avait encore quelques petits rôles vacants, et les comédiens énuméraient les disgraciés ou les défavorisés de la profession, que, dans ces occasions, on cherche charitablement à secourir. On en avait déjà trié quelques-uns quand soudain quelqu'un cria un nom : « Comment, s'étonna un autre, il vit encore... Il y a si longtemps qu'il n'a tenu l'affiche !... » Il était en chômage. Il arriva, vêtu avec cette propreté et cette correction spéciales à la misère. Il était heureux, il était fier ; on lui expliqua son rôle. Il souriait, il était trop ému pour parler ; nous étions heureux avec lui.

Puis on lut la pièce... A certaines scènes dont il faisait partie, on le regardait, on le félicitait du regard. La lecture finie, un contentement emplit la salle, tout le monde se congratulait : l'auteur allait de l'un à l'autre, recueillant la joie de chacun avec satisfaction. Le comédien au petit rôle était resté assis sur sa chaise. L'auteur s'approcha de lui : « Eh bien, vous êtes content ? » Il avait un petit feutre misérable posé sur ses genoux, et le tenait avec une sorte de précision résolue : « Je suis content, répondit-il, je vous remercie beaucoup ; je suis très touché que vous ayez pensé à moi ; mais je ne pourrai pas jouer ce rôle. Je vous demande pardon, Monsieur, ajouta-t-il encore en se levant, mais je ne *crois* pas à votre pièce. »

Mon cher camarade, je te salue ici. Le théâtre n'a pas de Plutarque. Tu aurais mérité de figurer dans « Les Vies des acteurs illustres », en exemple de la conscience et de la noblesse professionnelles. C'est sous le signe de ta dignité, c'est par la pauvreté nécessaire où tu es resté que je considère avec toi le théâtre d'aujourd'hui. C'est ainsi qu'il faut y entrer et y vivre. Mon cher camarade, je te salue.

En ce moment, pour le théâtre, la question du régime politique n'importe pas, il importe seulement que les hommes qui s'y destinent soient purs, jeunes, disciplinés, et qu'ils sachent rester pauvres. C'est à présent l'avenir de toutes les institutions, de toutes les sociétés nouvelles. Pour vivre et pour durer, le théâtre doit rester pauvre, et les hommes qui s'y consacrent devront rester purs pour pouvoir résister à la corruption de l'argent et à la vanité de la publicité.

Et si le lecteur s'étonne de tant de critiques, de mécontentements et de griefs dans ces pages, qui ont l'air arrachées à un cahier de réclamations ou à un réquisitoire, il pourra en trouver une triste excuse et une pénible justification dans la faillite que nous subissons aujourd'hui. Si les événements actuels, en dehors de la folie sanguinaire habituelle aux hommes, prouvent quelque chose, c'est que les organismes sociaux ne répondaient plus à nos besoins, et que l'art dramatique, avec le théâtre, donnait déjà les preuves de la caducité de leurs institutions.

« Ce premier et suprême métier de régisseur[1]... »

Quand je considère les gens de théâtre, c'est le machiniste qui m'apparaît pour avoir, mieux qu'un autre, le sens du dramatique. Dans cette profession où chacun travaille dominé par un sentiment, le machiniste est peut-être le plus éminent. L'acteur, s'il joue, n'a de sentiment que pour lui-même, son texte, son costume, son entrée et sa sortie de scène : le décor ne le préoccupe guère. Egoïstement orienté sur un personnage qu'il parasite, son sentiment n'est pas désintéressé. Il vise son succès personnel. Il n'en est pas de même de qui travaille pour le décor, de qui, pendant des semaines, cloue, colle, scie, peint, et, par cent inventions diverses, aménage la scène et prépare le vêtement de la pièce. Menuisier, forgeron, charpentier, gabier, tapissier, peintre, serrurier, staffeur, ouvrier et ingénieur à la fois, il fait tout. Pour parler du théâtre, il faudrait d'abord parler de la machinerie et faire l'éloge des machinistes. Il faudrait commencer

1. *Préface à* La Pratique pour fabriquer scènes et machines de théâtre *de Nicolas Sabbattini, éd. Ides et Calendes, Neuchâtel, 1942, pp. XXIII à XXV; découverte de Sabbattini, réédition dans le catalogue de l'exposition « Louis Jouvet et la scénographie », éd. Département des arts du spectacle de la Bibliothèque nationale, 1987.*

à l'un ou l'autre de ses pôles, en parlant du poète qui écrit la pièce ou du machiniste qui construit le décor, de celui qui sait dire le sens des choses invisibles ou de celui qui sait en faire les écrans. Tout ce que je sais du théâtre, je l'ai appris d'abord avec les machinistes, sur la scène, dans cet espace imaginaire où se passent des actions imaginaires qu'on appelle pièces de théâtre.

A dix-huit ans, j'étais régisseur. Rempli d'ordinaire par des débutants avides ou malchanceux, ou par de vieux acteurs résignés, ce triste et glorieux emploi subit les incessantes réprimandes du directeur, le mépris des comédiens ou les rebuffades des autres serviteurs de la scène. Mais je puis dire aujourd'hui que tout ce que je sais du théâtre, tous les grades que j'y ai conquis, tous les prestiges que j'y ai gagnés, je les dois, moi aussi, à « l'action », à l'humble pratique du métier de régisseur et à mes premières années passées sur la scène dans l'amitié conquise des machinistes. Je les dois à ces longues journées et à ces nuits, trop courtes encore pour tous les soins et les soucis qui les remplissaient, pendant lesquelles j'ai pratiqué ce premier et suprême métier de régisseur, c'est-à-dire de valet de chambre du théâtre. Faire le billet de service, rédiger des convocations, préparer les répétitions, mettre en œuvre sur le plateau tout ce qu'il faut pour permettre aux acteurs l'illusion de leurs gestes et de leurs répliques ; les assister et les aider ; trier et choisir, dans les magasins, les meubles et accessoires qui simuleront le vrai : un paravent délabré qui figurera un mur, quatre marches boiteuses qui suggéreront le gigantesque escalier, dont les acteurs n'auront que plus tard le bénéfice et la gêne ; leur offrir l'objet supposé qu'ils utiliseront à la représentation, vieux gobelet bossué qui sera une coupe d'or ciselé, vieux bâton qui représentera un glaive ; souffler leur texte aux acteurs qui répètent ; veiller à leurs entrées, les prévenir, les appeler en coulisse ; noter les jeux de scène et leurs passades sur la brochure de conduite, les bruits de coulisse, la musique, tous les signaux et avertissements nécessaires pour mener la pièce, au milieu de cent remarques ou observations à faire ou qu'un chacun vous fait. Voilà ce qu'est une répétition pour le régisseur. Il faut ensuite courir chez le perruquier, le costumier, le bottier, l'armurier ou le bijoutier du théâtre ; porter des notes ou des croquis au chapelier, aux spécialistes du corset ou du vertugadin, au fabricant de cartonnages. Implorer un fabricant de lits ou un constructeur de microscopes, découvrir un chien docile ou un perroquet bavard mais décent, aller se renseigner sur la tenue ou l'habit d'un évêque en tournée épiscopale, chercher des renseignements dans un musée, consulter un prestidigitateur, s'aboucher avec un artificier, trouver des documents pour fabriquer une chaise à porteurs Louis XV ou un bouclier grec, racoler des musiciens, courir les syndicats corporatifs. Composer l'affiche du spectacle avec l'imprimeur, porter des bagages, transporter des paniers : c'est encore le métier du régisseur.

Tous ces menus travaux et commissions, ces occupations de coursier et de domestique qui concernent aussi le machiniste et dont Sabbattini ne parle pas, sont les besognes sordides nécessaires à tout apprentissage. Ils amortissent l'esprit ou ils l'éveillent ; mais de toute façon ils préparent à comprendre.

C'est ainsi que j'ai débuté au théâtre et que j'ai été contraint d'oublier les préoccupations par trop intellectuelles dont s'embarrassait ma vocation première. J'ai été ensuite, successivement et à la fois, électricien, accessoiriste, menuisier et peintre, puis décorateur. Plus tard, j'ai eu la joie et l'orgueil de construire trois scènes, de commander les maçons et les charpentiers, et même l'architecte. Tout en faisant, j'ai appris à jouer la comédie. Mais tout ce que je sais, tout ce que je pourrais formuler, n'est que le résultat d'une pratique. Ce n'est pas tellement des explications que j'apporte, mais des témoignages.

Pour lire Sabbattini, il n'est pas nécessaire d'avoir des pensées ou des idées ; il faut se dire : « Je voudrais bien sentir comme lui » et s'y efforcer.

Le chef machiniste passe sur le plateau, il tire sa montre, lève la tête et crie : « Alphonse ! ». Une voix répond du haut du cintre : « Qu'est-ce qu'il a fait ? — Il est midi moins cinq ; avant de partir déjeuner, tu passeras les trois fils et tu frapperas la mère de famille. » Le machiniste parle la « technique » des matelots. C'est la première phrase que j'ai entendue en commençant mes fonctions de régisseur. La première phrase « et j'ai senti fuir les réalités — J'ai mangé du tambour et bu de la cymbale. »

Par cette indication, Alphonse recevait l'ordre de préparer trois cordages en attente de leur décor sur trois poulies et de visser sur le côté du théâtre la poulie à trois gorges, « la mère de famille », qui réunirait les cordages pour la manœuvre.

Le Conservatoire ayant refusé catégoriquement et à plusieurs reprises de m'instruire, c'est Alphonse qui a fait mon apprentissage du théâtre. Alphonse m'a appris les éléments du théâtre, comme on peut les apprendre dans Sabbattini, pour peu qu'on ait « l'esprit dramatique ». Alphonse m'a appris les « découvertes » au théâtre, l'art de planter un décor sans que soit aperçu ce qui doit être caché et pour que soit bien visible tout ce qu'il est important de voir.

J'avais fait d'innombrables « épures » et d'innombrables « bleus » pour calculer la hauteur d'un praticable, dans la crainte que l'acteur qui y serait juché ne fût pas entièrement vu, soit par les spectateurs de côté, dont la vision souvent est arrêtée par les bords du cadre de la scène, soit par ceux de l'amphithéâtre, dont les regards sont coupés par la partie haute horizontale du même cadre.

Le matin qu'on amena le praticable, Alphonse, indulgent et paternel, me regardait d'un sourire apitoyé jouir de ces quelques morceaux de bois qui avaient fait l'objet de mes soucis. Je circulais sur le haut du praticable, pour en éprouver la solidité, et jetais de ce promontoire un coup d'œil circulaire dans la salle. Mes calculs étaient-ils justes ? Verrait-on bien l'acteur tout entier de la salle ? Je contemplais le vide des fauteuils et des loges avec angoisse et je donnais ordre à Alphonse de circuler parmi les fauteuils et les loges pour s'assurer de la totalité de cette vision. C'est ce matin-là qu'Alphonse m'a enseigné le premier aphorisme en matière de découvertes : « C'est pas la peine, me dit-il, que je me dérange, *ceux que tu vois, ils te voient.* » Un autre jour, il a ruiné tout mon savoir mécanique et tous mes calculs sur le treuil et le tambour, en faisant l'équipement du rideau d'avant-scène par de simples recettes qui rendaient inutiles le papier et le crayon. Comme tous les machinistes autrefois, il était ancien gabier de marine. (Le gabier est chargé des cordages, des mâts, des gréements, des ancres et des embarcations : le meilleur marin !) C'est Alphonse qui m'a montré comment équiper une « cassette » pour les apparitions, empêcher le bois de crier, dessiner des courbes surbaissées et des anses de panier avec trois, cinq, sept ou neuf centres, sans sortir une boîte de compas. J'étais ébloui, mais un après-midi où ma science de la géométrie l'avait particulièrement exaspéré, il m'a mis au défi de tracer une coupe à quarante-cinq degrés sur le tronc cylindrique d'un tuyau de poêle. Ce fut une honte et un émerveillement pour moi quand Alphonse, plus laconique que jamais, après avoir longtemps considéré mes essais prétentieux et ridicules, apporta un seau d'eau et un fil à plomb et fit tremper, incliné à l'angle voulu, le tuyau dans le plan horizontal du liquide.

« Le théâtre, m'a-t-il dit, c'est pas de la géométrie ; jouer un rôle, c'est pas de la mémoire, et la mécanique au théâtre, c'est pas de la mécanique. »

Alphonse procédait par analogies : il me faisait des leçons par rapports et comparaisons, mais il avait son tour d'esprit, sa façon de saisir les choses, d'entrer en amitié avec elles par ses mains, ses outils et son jugement. C'est dans ce livre que je l'ai retrouvé — suavement traduit !

« Ainsi aura-t-on fait ce qu'il fallait », écrit maintes fois Sabbattini.

S'il s'agissait d'une épissure sur un cordage ou du dernier nœud à une équipe, à la fin de sa démonstration, Alphonse disait : « Voilà, t'as rien à te reprocher. »

Le métier de directeur de théâtre[1]

Quel est le métier de celui qui, dans des lieux complices de l'obscurité où les toilettes, les décorations, les éclairages ne visent qu'à la séduction, offre, déguisés, parés ou ornés, des hommes et des femmes ? Comment désigner ce pourvoyeur de plaisir qui, par les paroles ou les regards, cherche à éveiller chez son prochain le goût de l'intrigue, de la galanterie ou le désir de la volupté ? Celui dont le souci principal est d'allumer et d'attiser les passions clandestines et principalement la concupiscence ? Celui enfin qui, présidant « à ces lieux réservés aussi à Vénus » — dit expressément Ovide — tire profit d'un commerce où la chaste pudeur subit bien des dommages ?

Vous m'avez devancé, sans doute, et vous m'allez répondre que c'est le directeur de théâtre. Ce n'est pas tout à fait exact, car cette définition est aussi celle de l'entremetteur.

Et si je vous demandais maintenant quel est le nom de celui qui a charge d'âme et d'esprit, celui dont le souci est la grandeur et la beauté, dont les préoccupations sont le respect des mœurs, l'intelligence publique, l'éducation du peuple, l'élan

1. Réflexions du comédien, op. cit., *pp. 175 à 176.*

à donner aux artistes, bref une sorte de propagande où la société alimente sa politique, sa religion et sa morale ? Cet homme, moralité et intelligence publiques, n'est ni un prêtre, ni un moraliste, ni un pédagogue, comme vous pourriez le supposer, c'est celui auquel vous pensiez tout à l'heure, c'est aussi le directeur de théâtre.

Tels sont les deux aspects de la fonction du directeur.

« Mon premier engagement à Paris[1] »

[...] C'est l'histoire de mon premier engagement à Paris (tout cela ne date pas de bien loin et je ne le dis pas par coquetterie). J'avais passé une audition devant cet homme chargé de la scène et de ses accessoires, qu'on appelle le régisseur. Celui-ci, satisfait pour son compte personnel, m'envoya au directeur en me déclarant que je pourrais toucher cent cinquante francs par mois.

« Demande cent cinquante pour avoir cent vingt », me dit-il.

Je franchis, le cœur battant, la porte du bureau directorial. Il y avait là un homme assis derrière un immense bureau qui, mis au fait de ma visite, bourra silencieusement sa pipe, l'alluma, rassembla les miettes de tabac qui avaient chu sur son buvard, cracha dans sa corbeille à papiers et, m'ayant considéré un moment, se mit en devoir de remplir les blancs d'un véritable engagement imprimé. C'était mon premier ! Vous imaginez de quel œil je suivais la course de sa plume sur le papier.

Soudain, il s'arrêta :

« Combien ? », me demanda-t-il.

1. Réflexions du comédien, op. cit., *pp. 177 à 179.*

Et je compris qu'il était arrivé au chiffre de mes émoluments mensuels...

« Cent cinquante », répondis-je, haletant.

Il fronça les sourcils et répéta, d'une voix qui me parut formidable :

« Combien ?

— Cent vingt », balbutiai-je.

Alors, reposant son porte-plume sur la table, dans une magnifique indignation, il m'apostropha :

« Mon petit, ne plaisantons pas, hein ?

— Mais, fis-je dans un souffle, le régisseur m'a dit...

— Je me fiche du régisseur. C'est moi qui suis directeur ici. Je te donne quatre-vingt-dix francs. C'est à prendre ou à laisser. »

Je ne pus que faire signe de la tête que je prenais.

« Bon, dit-il de sa voix grasse, te voilà raisonnable. »

Il reprit alors sa plume et se mit à terminer ses écritures. Puis brusquement, ses yeux quittèrent de nouveau le papier et se portèrent sur moi.

« Tu as de l'argent, hein ? fit-il, insinuant.

— Oh ! monsieur ! »

J'avais des chaussures à cinq francs soixante-quinze, un col en celluloïd, et les genoux de mon pantalon évoquaient ceux des dromadaires.

« Non ? Tu n'as pas d'argent ? fit-il, étonné. Vraiment ? Alors ? Alors, Monsieur est maquereau ? »

Et la plupart des souvenirs que je pourrais vous conter poussent au noir la peinture du directeur, car — vrai ou imaginaire — le mal fait plus de bruit que le bien.

L'Impromptu de Paris[1]

Dans *L'Impromptu de Paris*, Jean Giraudoux fait parler Louis Jouvet.

La scène est sur la scène même de l'Athénée, un après-midi de répétition. En 1937. La compagnie reçoit la visite impromptue de Jules Robineau, envoyé par la République.

*

ROBINEAU. Merci, mademoiselle. Merci, messieurs. Grâce à vous, j'ai compris le théâtre.

OZERAY. Vous êtes plus avancé que nous, monsieur.

RENOIR. Nous qui ne l'avons pas tout à fait compris encore, monsieur, nous aimerions bien travailler un petit peu. La journée s'avance.

Cependant Jouvet s'est préparé à tamponner les amygdales de Raymone.

ROBINEAU. Hélas, mon rapport exige que je pose à M. Jouvet une dernière question.

1. *Scène de* L'Impromptu de Paris *de Giraudoux, La Pléiade, Gallimard, Paris*

JOUVET. Je vous écoute... Tu as fini d'ouvrir ta bouche en biais, Raymone ? Tu crois que j'ai un pinceau coudé à ma disposition ?

Il la tamponne. Gloussements de Raymone.

ROBINEAU. Monsieur Jouvet, pourquoi jouez-vous des pièces à succès ?

Jouvet se retourne, toujours tamponnant Raymone, au milieu des rumeurs d'indignation des comédiens.

JOUVET. Des pièces à succès ?

ROBINEAU. Vous ne pouvez pas dire le contraire. Vous jouez des pièces à succès. Vous les jouez cent fois, deux cents fois, trois cents fois !

JOUVET. Vous voulez que je joue des pièces à insuccès ?... Raymone, si tu bouges, je te l'enfonce jusqu'à la garde !

ROBINEAU. Je veux dire, monsieur Jouvet, qu'une scène qui ne met son sort en jeu qu'une ou deux fois par an, ce n'est plus un exemple de lutte. C'est un championnat de poids lourds. Une pièce chez Jouvet tous les ans — et chez Dullin, et chez Baty quand ils le peuvent —, cela ne nous change point de ces confrères auxquels vous reprochez l'amour du gain. Quand vous tenez une pièce où le public accourt, adieu les innovations, les improvisations, les créations. Vous l'usez jusqu'à la trame. Cela ne correspond vraiment plus au rythme de notre curiosité, de notre appétit théâtral. Votre vocation dramatique cesse au point où commence l'exploitation. N'êtes-vous pas un petit peu lâche et un petit peu paresseux devant le succès ?

RAYMONE *qui étouffe*. Holà là !

LA PETITE VÉRA. Ce qu'elle est douillette !

JOUVET. Mais, cher monsieur Robineau, ce n'est pas nous qui aimons le succès, c'est le théâtre !

ROBINEAU. Quel théâtre ?

JOUVET. Cet édifice, ce local dans lequel vous êtes, cette scène, cette rampe, ces vestibules, ces lavabos. Monsieur Robineau, j'estime avoir collectionné toutes les variétés d'insuccès, l'insuccès avec des pièces qui en devenaient pour nous-mêmes enlaidies, avec des pièces qui en étaient embellies, avec des pièces qui en restaient immuables. J'ai connu le silence sous tous ses régimes, la condoléance sous toutes ses formes, la misère dans tous ses perfectionnements. J'ai eu, au lendemain d'une première triomphale, une seconde avec onze spectateurs. Demandez à Boverio. Nous leur avons demandé s'il fallait jouer, ils se sont réunis au premier rang, nous ont acclamés à la fin, et sont allés tous les onze ensemble prendre un bock. Et je dois dire que les souvenirs de ce passé me sont les plus précieux, que l'appréhension des temps semblables ne me rebute pas, que l'ovation des onze spectateurs m'attire étrangement et que c'est toujours ces onze-là que je salue, à leur premier rang, dans les triomphes. Mais le théâtre n'a pas les raffinements du comédien. Plein, c'est un génie. Vide, c'est un monstre. Le théâtre n'a de jour cet aspect engageant, cette bonne humeur, ce pittoresque qu'il est hypocritement en train d'affiner pour vous, que si le soir il sait qu'il sera comble. Il est sinistre, si la soirée doit être mauvaise. Quand, entrant en scène devant un public clairsemé, nous autres comédiens sommes tentés d'éprouver de la gratitude pour cette salle demi-pleine, nous sentons, à je ne sais quel défaut de l'acoustique, quelle matité des lumières, que lui éprouve de la haine pour cette salle demi-vide, et qu'il nous fera payer cela très cher. Quand on vit avec un monstre, on le préfère avec le sourire.

Ce disant, il a achevé son opération avec Raymone.

RAYMONE. Voilà. Je souris.

JOUVET. On ne parlait pas de toi... Tu n'entends pas ? Tu veux que je te tamponne aussi les oreilles ?

RAYMONE. Continuez vite, monsieur !

ROBINEAU. Mais c'est une impression que vous comédiens êtes seuls à ressentir ?

JOUVET. Seuls ? Demandez à l'auteur comment le théâtre le reçoit quand sa pièce flanche. Là où il avance, la mort : cette mort qui est le vide. Le vide de la rue d'abord. Je vous recommande l'allégresse de l'auteur qui peut garer sa voiture sans manœuvrer dans la rue du théâtre. Le vide dans les coulisses. L'habilleuse détourne la tête : depuis lui, elle habille des pantins. L'électricien l'évite : à cause de lui, il colore des ombres. Par une opération affreuse, dans cette demeure que le succès transfigure, il rend leur réalité aux choses et aux gens : il rend le stuc du stuc, l'étamine de l'étamine, les gens qui jouent des gens qui jouent. Le sang s'est retiré de l'immeuble entier ; en regardant le rideau rouge, vous verriez que c'est un rideau blanc. Moi, je suis très gentil. Je lui fais dire que je n'ai pas le temps de le voir. Comme cela, il ne me trouve pas pendant l'entracte tirant des plans avec son successeur, et je ne l'attriste pas en lui disant la recette. Alors il se réfugie près des comédiens qu'il chérit et qui l'aiment. Mais ceux-là et celles-là ne lui parlent plus de la pièce : ils parlent du Tour de France, du pavillon pontifical à l'Exposition, des soins à donner aux noyés. Ils ont oublié. Ils ont une amnésie en ce qui le concerne. « Tiens, dit Raymone, voici X. » On va lui demander ce qui détache le mieux les taches de fruits. Et il répond. Et il indique la meilleure benzine. Il a raison. Rien ne servirait à leur dire : « C'est moi qui ai fait cette magnifique pièce que vous jouez, qui n'a aucun succès : ce rôle extraordinaire que vous jouez extraordinairement et où l'on ne vous applaudit pas, c'est grâce à moi que vous l'avez » : ils lui répondraient en parlant des biscuits pour chiens ou du mouvement diplomatique. Il faudrait qu'il les reprît tous un à un, de Léon le machiniste à la petite Véra, pour leur crier dans l'oreille qui il est, qu'ils sont, qu'il les rappelle à la vie par les moyens indiqués tout à l'heure, pauvres noyés du théâtre. Et ce n'est pas qu'on lui en veut, c'est qu'on ne le voit plus, qu'il est devenu transparent. Et ce n'est pas qu'on ne veut plus lui répondre, c'est qu'on ne l'entend plus. Il est bien ce qu'il est : un revenant.

RAYMONE. Il n'y a que s'il rencontre Renoir. Renoir lui dit : « Ça ne va pas du tout ! C'est notre plus mauvaise recette depuis trois ans, et le public s'ennuie comme je ne l'ai jamais vu s'ennuyer ! Je crois bien que ça tient à la pièce... » Alors son visage s'illumine. Renoir l'a reconnu. Renoir sait qu'il joue sa pièce. Il part tout consolé !

ADAM. Et si l'auteur est un mort illustre, même aventure. Le revenant qui, aux répétitions, était présent avec son nom, son génie, redevient un revenant tout terne, un revenant.

ROBINEAU. Mais vous, monsieur Jouvet, vous n'en êtes pas là !

JOUVET. Evidemment, je n'en suis pas là ! Je l'invite le lendemain à déjeuner. Je commande ce que nous mangions avec délices pendant les répétitions, du thon, qu'il adorait. Mais j'ai beau lui dire : « Hé bien ! mon vieux, on a fait son devoir ! C'est tout ce qu'il fallait. Si ces idiots n'ont pas fait le leur, cela les regarde. La conscience est en règle. Avalons notre thon !... », je sais que je mens. Le thon n'a aucun goût, ce qui est plus affreux encore, et la conscience n'est pas en règle. Ni la sienne. Ni la mienne. Ni celle des machinistes. Ni celle de la concierge du théâtre. C'est là l'injustice suprême, la responsabilité de l'insuccès, ce n'est ni le critique, ni le public, c'est ceux qui ne sont pour rien dans le crime, ceux qui ont tout fait pour le changer en acte d'affection, en geste de vérité, c'est le comédien et l'auteur qui la portent. Et si c'est du Gogol, si c'est du Musset, je leur dis : « Après tout, tu t'en fous. Tu es Gogol, tu es Musset, et eux sont un ramassis de peigne-fesses, de cocus et d'arthritiques. » Mais je mens : Gogol et Musset ce soir sont les coupables. Voilà pourquoi les pièces qui n'ont vécu que quelques jours, je les aime peut-être plus que bien d'autres qui vivent. Mais je ne veux plus penser à elles. C'est très bien les éphémères, mais on ne peut pas s'y attacher.

ROBINEAU. Vous préférez les perroquets ?

JOUVET. J'aime une pièce avec laquelle j'ai fait l'hiver et le printemps, pendant laquelle les feuilles ont trouvé le moyen de pousser, les oiseaux de couver, dont les matinées commencées l'hiver finissent, à ma sortie du théâtre, par me donner le soleil. Une pièce qui vous pond le soleil, qui prend la pulsation du monde, c'est merveilleux. J'ai eu une chatte que j'ai aimée. Elle s'est arrangée pour naître, pour me conquérir, pour avoir ses petits, pour mourir pendant que je jouais la même pièce. Voilà une pièce ! Quelle chatte c'était d'ailleurs ! Je ne veux pas dire que si j'étais un ancien dragon et un cavalier enragé comme Dullin, j'aimerais jouer une pièce qui dure la vie d'un cheval. Mais, entre les aventures, on aime bien les liaisons sérieuses.

ROBINEAU. C'est très bien, une aventure de trois jours avec Shakespeare.

JOUVET. Evidemment, je m'en suis payé de ces aventures de trois jours. Je m'en suis même payé une d'un jour ! Et j'espère bien en avoir d'autres. Et en moi-même j'ai des dizaines d'aventures d'une heure avec Molière, Calderon et consorts. Mais j'aime bien aussi être en paix avec mon théâtre. Si vous saviez la gueule que fait l'Athénée, en particulier, quand ça ne va pas, vous comprendriez. Les deux gueules, celle de la rue Boudreau et celle de la rue Caumartin ! Et surtout, cher monsieur, la pièce à longue carrière est la seule qui amène les comédiens à leur vraie fin, à leur vraie mission, comme disent les critiques.

ROBINEAU. A quelle fin ?

RENOIR. Au public.

« Un texte est d'abord une respiration[1] »

Les ouvrages dramatiques ne se qualifient pas par l'invention, ils se qualifient par le style. Le sujet de *L'amour veille* est le même que celui d'*Andromaque*, l'*Amphitryon* qu'a écrit Giraudoux et qu'il croyait trente-huitième avait déjà servi soixante-quinze fois avant lui. Ce n'est pas l'anecdote choisie, le thème, ce n'est pas l'action d'une pièce, c'est son langage qui compte et tout ce que suggère ce langage. Toute l'invention de l'auteur est dans son écriture, dans son texte.

Les textes, les paroles écrites, imprimées, l'ensemble des répliques, monologues et duos des acteurs par quoi se fait sur la scène une conversation, ces petits paquets de signes noirs sur blanc, sur papier, que sont les phrases, le texte, est de l'énergie humaine dans sa forme la plus parfaite de dessiccation et de conservation.

Les mots d'une phrase ou d'un vers sont les traces et les cicatrices des sentiments du poète.

L'essentiel d'une phrase ou d'un vers ne relève ni de la grammaire ni de la syntaxe ni de la rhétorique, ni même para-

1. Prestiges et perspectives du théâtre français, quatre années de tournées en Amérique latine, *Gallimard, Paris, 1945, pp. 50 à 54.*

doxalement de sa signification immédiate, mais des sensations et des sentiments que le poète a cristallisés en écrivant ses mots ou ses phrases.

Une phrase de théâtre ou un vers, c'est avant tout un état à atteindre, un paroxysme auquel il faut que le comédien arrive, par une sensibilité telle qu'elle lui fasse dire ce vers dans la plénitude où il a été écrit, qu'il le dise si parfaitement que ce soit comme s'il le trouvait, comme s'il l'inventait, comme s'il le créait lui-même, que ce soit comme si l'auteur l'écrivait à nouveau dans cet instant pour le public. Quand le comédien profère ce vers ou cette phrase, il atteint le public par un incompréhensible émoi dans lequel l'intelligibilité n'est même plus en question.

Le spectateur entend alors ce vers, non plus dans un sens immédiat mais dans la puissance de sa création. « L'âme du spectateur s'élève, transportée au-dessus d'elle-même, et se remplit d'une espèce de joie orgueilleuse comme si elle avait produit ce qu'elle vient d'entendre. »

Cette mystérieuse correspondance entre le public et l'auteur, cette vertu du langage comme moyen d'échange et de communication, est le secret de l'exécution dramatique. Je l'avais vérifié déjà auprès d'un poète pendant quinze années.

Pendant quinze années, chaque fois que Jean Giraudoux m'apportait un manuscrit, je le harcelais d'interrogations. Jamais il n'a satisfait aux questions que je lui posais.

Souriant, énigmatique, il renvoyait avec gentillesse mes demandes et mes inquiétudes aux heures des répétitions.

Il n'était alors ni plus explicite ni plus loquace. A ces moments, un état particulier le saisissait qui me donnait, à moi, assis à son côté dans la salle, un signe indirect, mais assuré, de ses réactions.

Détaché en apparence, cependant attentif dès qu'un comédien commençait à répéter, il subissait une modification profonde.

Sa respiration suivait le texte sur un rythme égal ou contraire, dans une cadence juste ou boitante de la diction du comédien. Les bras croisés, presque souriant, sans que son visage s'altérât sensiblement, cette respiration s'ajustait à la phrase déclamée, et son amplitude égale ou contraire à celle des comédiens mesurait pour moi la justesse de leur débit et de leur jeu.

Renoir entrait en scène ; Egisthe parlait : « Ô puissances du monde, puisque je dois vous invoquer à l'aube de ce mariage et de cette bataille, merci pour ce don que vous m'avez fait tout à l'heure de la colline qui surplombe Argos à la seconde où le brouillard s'est évanoui... » A peine Renoir avait-il achevé, sur l'orgue de sa voix, cette première phrase, que déjà Giraudoux reprenait son souffle comme pour lui prêter force et mouvement, comme s'il surveillait, difficile et dangereux, un exercice physique auquel il participait de tout son être.

Pendant les répétitions où la pièce est comme une mosaïque éparse, l'auteur, premier de tous les spectateurs, hésitant, semblait prendre conscience de son œuvre. L'audition ressuscitait, recomposait en lui, j'en suis assuré, les instants de son écriture, les moments de son inspiration.

Tout s'ajustait, se rectifiait alors par l'oreille, par les poumons du poète et des comédiens, dans la recherche d'un plaisir de commodité et de perfection.

Répéter une pièce, c'est délivrer le poète de l'état physique, de cet envoûtement qu'il a subi en écrivant son œuvre. Jouer une pièce, la représenter, c'est restituer aux spectateurs les enchantements que le poète a provoqués en lui-même. Le secret de ces deux phases, de cette délivrance, de cet exorcisme d'une part, de cette restitution et de cette communion de l'autre, définit le métier du comédien : un art de dire, l'art de respirer un texte.

Un texte est d'abord une respiration. L'art du comédien est de vouloir s'égaler au poète par un simulacre respiratoire qui, par instants, s'identifie au souffle créateur.

Faire un décor[1]

L'imagination que me donne une pièce pour le décor n'est qu'une sensation confuse, intraduisible ; je ne saurais dire ni les couleurs, ni les lignes ; peut-être ai-je un sens du *mouvement* du décor et du lieu, et une sensation physique totale (précisions de l'auteur), mais c'est tout. Peut-être une image déjà vue, un détail qui m'a frappé me reviennent en mémoire sensiblement et servent à préciser et faire travailler en moi l'impression dramatique de la pièce ; mais au fond, cette imagination (transposition décorative), je ne l'ai pas.

J'ai mieux pour un metteur en scène : un état d'esprit.

Je n'ai, grâce à Dieu, sur une pièce, aucune réaction vive, comme Pitoëff avait parfois génialement ; c'est une lente élaboration. Je m'y reprends à périodes espacées et j'ai besoin de temps pour ajuster, contrôler, vérifier les données qui me serviront à découvrir une orientation. Le sens ne me vient qu'à la pratique même, — décor, mouvement, tempo ou rythme, diction, tout est pour moi dans une pièce la possibilité de voir, d'entendre, d'éprouver la pièce ; le travail de

1. Le Comédien désincarné, *Bibliothèque d'esthétique, Flammarion, Paris, 1954, pp. 239-240 ; nouvelle édition, 1987.*

bureau m'est improfitable et stérile. De brusques soubresauts en moi, des heures après une lueur rapide, une scène que je relis spontanément, je ne sais pour quelle raison, me donnent tout à coup une sorte de révélation ; c'est un chaos, avec des lueurs. Plus jeune, je me lançais violemment dans un sens découvert avec trop de fougue ou d'élan. *Une pièce est infiniment redoutable.* C'est ce que l'on devrait d'abord apprendre ; ce n'est pas simple. *C'est de toutes les œuvres de l'esprit celle qui est utilisable par le plus grand nombre,* par la plus grande quantité de public et par les esprits et les sensibilités les plus diverses.

Le Discours sur la Méthode est plus profond, mais moins menaçant, plus important, plus essentiel, mais moins rapide, moins efficace qu'une pièce de théâtre en action, *plus clair mais moins mobile*, plus logique mais moins souple.

Une pièce est une matière plastique ; *l'action la plus nette, l'intrigue la plus claire deviennent différentes à la scène. Une pièce ne se ressemble jamais*, ne ressemble jamais à ce qu'elle est sur le papier ; c'est comme l'acteur un être protéiforme ; le rire est insoupçonnable auparavant, les larmes elles-mêmes ne sont pas plus rigoureuses.

Rien n'est incertain, changeant, mobile, variable, insoupçonnable, déconcertant et redoutable comme une pièce, rien n'est plus complexe, rien ne défie l'analyse comme une pièce, et cependant il n'est pas d'ouvrage de l'esprit qu'on essaye de raisonner et de démontrer avec aussi peu de respect. Démonter une horloge et la remonter n'est rien à côté de démonter et remonter une pièce. C'est cependant ce que font avec un entrain, une curiosité admirable, la plupart des critiques. *Rien pour moi ne me donne autant de timidité et de circonspection qu'une pièce de théâtre, pour peu surtout qu'elle ne soit pas d'aujourd'hui.*

Rien de plus mystérieux, de plus décevant, de plus changeant, de plus mobile, de plus indéchiffrable à mon avis que le texte du *Misanthrope* ou d'*Andromaque*, le texte de Bossuet ou celui de Marivaux.

J'éprouve à la lecture d'une pièce de Giraudoux par lui-même un charme, une émotion que je redoute à l'idée de relire moi-même l'œuvre. J'ai peur qu'ils ne me fuient, qu'ils ne se soient évaporés. J'épie avec attention la lecture, j'en suis les passages pendant qu'il lit, pour me rappeler ensuite ce que j'ai éprouvé et pouvoir avoir quelques points de repère, car je suis sûr, suivant l'heure, le moment, l'acteur ou le détail de la pièce auquel je penserai en la relisant, que je n'aurai plus la même impression, que mon sentiment hésitera dans le chatoiement du texte, le scintillement des mots. Les répliques prendront une couleur, un ton différent, et le sens de la scène sera renouvelé.

Metteur en scène[1]

Tout ce qu'il a charge d'animer se construit d'abord en lui-même par imagination et suscitation, par un travail intérieur où tout de lui participe.

La vie qu'il a charge de communiquer aux êtres dramatiques porte toujours quelques-unes de ses ressemblances, quelques traces de son caractère, de son tempérament et même de sa constitution physique.

C'est toujours, sans s'en douter, d'après lui-même que le metteur en scène écrit ses notes de travail et qu'il « indique » aux comédiens sur le plateau. A son insu, il se copie lui-même. Une mise en scène est un aveu.

Comment pourrait-il en être autrement ? C'est toujours nous-mêmes que nous recherchons nous-mêmes ! Chacun croit que les autres sont comme lui — mais tout le monde est différent. On est inséparable de soi-même et l'amour-propre est l'aîné de notre esprit.

Le personnalisme a un défaut commun ; il est bien difficile de vivre, au théâtre plus qu'ailleurs, sans avoir de personnalité.

1. *Préface aux* Fourberies de Scapin, *mise en scène de Jacques Copeau, Le Seuil, Paris, 1951, pp. 11-12.*

Chaque époque ressent, entend et juge d'une manière différente la même œuvre, selon son tempérament, ses idées ou ses tendances.
Chaque metteur en scène lit, entend, ressent et imagine différemment.
Le théâtre est un miroir et le metteur en scène, le premier, y reflète son visage et sa personne.

En jouant *Knock* plus de mille fois, j'ai fait sur moi-même, étant donné les circonstances très différentes dans lesquelles j'ai joué ce rôle, des observations qui me frappent aujourd'hui.

C'est un rôle mécanique, à cause du texte même, très articulé, à cause de la construction des scènes, de la balistique, de l'agencement des répliques. Mais il est impossible de s'habituer à ce texte dans le sens où l'on pourrait l'entendre et où le public croit en général que les comédiens s'habituent, c'est-à-dire : prononcer le texte sans le penser. Le sens des phrases est tel, leur densité est si pleine, que ce n'est que par éclair, dans l'émission de l'incidente d'une phrase ou dans l'intervalle d'une réplique, qu'il est permis de s'abstraire, d'être conscient d'autre chose. Mais cette conscience, cette distraction peut aller très vite et très haut à cause de l'état d'intensité, de congestion, de contraction dans lequel le comédien est placé — à cause aussi du danger où il est[1].

1. Le Comédien désincarné, op. cit., *p. 154*.

Reprise d'*Ondine*. Je note à deux heures du matin, trop tard, une foule de sensations éprouvées, qui sont déjà émoussées, évanouies, et que je viens d'éprouver avec une intensité bouleversante, une lucidité éblouissante. Me voilà incapable de les transcrire.

Trois répétitions et, ce soir, de nouveau le public. Sorte de joie, reconnaissance au public, à l'auteur, de cet exercice, de ces sentiments éprouvés en commun, de ce bain d'humanité, de cette nécessité d'être, de cette jeunesse obligée, de ces situations exceptionnelles, merveilleuses. Quel admirable exercice, quel métier noble, si pratiqué comme un exercice, avec le sens de ce que l'on fait pour autrui, d'être ce qu'on est pour les autres. Sens de responsabilité qui dépasse le faux-semblant et le faire croire, et vous confère une présence, une obligation d'être mieux, autre, à la hauteur de ce qu'on joue, qui vous place à une altitude que l'on ne saurait prendre par ses propres moyens, qui vous confère une responsabilité, qui vous fait s'aligner, s'homologuer, rivaliser avec des êtres supérieurs au moins par leurs propos et leurs gestes, qui vous donne provisoirement, mais avec une intense nécessité, une humanité à laquelle on n'atteindrait pas tout seul.

Reconnaissance à ceux qui sont venus là ce soir, émotion de ces silences retrouvés, de leurs réactions, de ce qui flambe et se dégage de ce creux, de cette ombre douce et terrible.

Le visage offert, soutenant, affrontant cette masse humaine, et la tête qui se baisse tout à coup pour un jeu de scène, pour réfléchir, et qui donne un allègement, qui atténue la responsabilité, vous restitue un secret de soi, une intimité consciente, un sens intime, intérieur, que l'on n'aurait pas ailleurs ou autrement. Quelle confiance il faut ! On n'en a jamais assez, cette tension intérieure doit s'atténuer, se faire plus humaine dès qu'on a trouvé le rôle, il faut prendre appui sur les spectateurs, il faut leur faire confiance, il faut les aimer. (La fatigue éprouvée durant les dernières représentations en juin, qui me rendait mon métier intolérable, quel contraste avec ce soir, quel bonheur intérieur, quelle aisance physique.) — Diversité des jours, des publics, des œuvres, des humeurs personnelles. Importance de l'équilibre, de la confiance, du calme nécessaire ; j'ai trop joué dans l'excitation, la nervosité.

Mais tout dépend des moments, des époques, des périodes, tout est particulier[1].

1. Le Comédien désincarné, op. cit., *pp. 237-238*

Voilà longtemps déjà que je pratique mon métier, que je le ressens, le surveille comme on surveille une habitude ; il me pénètre, et j'ai pris cette manie d'en chercher les effets en moi et dans les autres, d'en surveiller les manifestations.

Tout le théâtre, cet état dramatique en moi, cette habitude de penser et de sentir pour les autres, par les autres et à travers moi-même, cette attitude vis-à-vis d'un tiers offert, de ce tiers qu'est le public, et vis-à-vis de moi, ces reflets que j'en fais et dont je suis fait, ce comportement entre le soi que je suis et le moi que je me suis donné, à travers tant de personnages, tout cela est là, sensible, visible en moi, tout le long de ma journée, et je cherche à le penser, à le lier, à le raisonner, et à m'en expliquer l'agencement, les raisons.

Je veux préciser mes sensations, je note dans mes lectures des reflets de mes états (Proust), j'écris des notes, et la vanité de m'exprimer moi-même me rattrape, me rejoint, me retrouve dans ce moment de ma carrière où j'ai découvert cependant (depuis longtemps déjà) que l'acteur n'est qu'une table d'harmonie. L'instrumentiste que je m'efforce d'être vit en mauvaise intelligence, en perpétuelles discussions avec son instrument ; mon corps et moi, mon soi et mon moi, nous sommes deux. Tous les effets de mon métier sont en moi comme ces déformations qui glorifient le corps de l'ouvrier ou de l'artisan. Elles sont évidentes au point que je peux les observer à vue d'œil, les contrôler dans leurs plus fugitives manifestations. Comme les veines qui maintenant gonflent et saillent sur mes mains, tout le théâtre, cet état, cette condition du théâtre, cette occupation dramatique m'a donné une conformation, une manière d'être qui m'est sensible, visible en moi toute la journée, que je cherche à approfondir et à comprendre (je cherche l'approfondissement de l'observation des comédiens et de moi-même). Je ne peux pas m'expliquer pourquoi.

Je cherche plus haut et plus loin que moi, que l'autre, que le public ; je cherche jusqu'à l'auteur et derrière lui encore le secret du théâtre, ce qu'on appelle le théâtre et qui, pour moi, est l'explication de tout, à ce point que la vie ne me paraît vraie qu'avec cette vie artificielle et supérieure de la vie du théâtre, non pas la vie des coulisses, mais la vie qui s'y crée et s'y fabrique dans le jeu, la vie de la représentation.

Représenter, penser, puis écrire, pouvoir exprimer ses pensées (ambitions d'un homme qui n'a pas besoin de penser), connaître les secrets de son métier à force d'habitudes, à force de réflexions avant le jeu, après la fête de la représentation, pendant qu'on joue soi-même un personnage.

Arriver à comprendre, puis à préciser, exprimer ses pensées, les écrire même, c'est le moment où j'en suis dans ma carrière, dans ce métier où l'inexprimable est la recherche continuelle, où la doublure d'un sentiment est une étoffe suffisante. C'est à cela que j'arrive, et je fais en même temps cette découverte que c'est un métier qui n'exige aucune pensée, aucune idée et que tout ce qu'on peut écrire et tout ce qu'on a écrit — je l'ai lu — est inutile et vain, que c'est amusement, mirage, et que l'explication ne sera jamais vraie que pour exciter les autres à en chercher une nouvelle[1].

1. Le Comédien désincarné, op. cit., *pp. 248-249*

Annexes

Chronologie

Rôles au théâtre

Rôles au cinéma

Conférencier

Louis Jouvet à la radio

Disques

Bibliographie

Chronologie[1]

1887

Louis Jouvet, conducteur de travaux publics, construit le fort de Crozon-Morgat dans le Finistère. Il est originaire de Brive, en Corrèze ; sa femme, Eugénie Sejournet, de Belleville-sur-Bar dans les Ardennes. Ils ont deux fils, Edmond et Gustave, quand Eugénie met au monde un troisième garçon, le 24 décembre. Il est déclaré à la mairie de Crozon sous le nom de Jules Eugène *Louis* Jouvet ; ses parents ont tenu à lui transmettre leurs prénoms. L'enfant est ondoyé le 27 décembre.

1888

Il est baptisé à Brive, le 8 avril.

Pendant sa petite enfance, alors que les travaux de son père conduisent la famille à Aurillac, Toulouse, Albi, il fait de longs séjours chez ses grands-parents maternels qui tiennent une auberge à Belleville-sur-Bar. Sa « chère grand'mère » nourrit son imagination avec « ses contes de fées, ses histoires

1. *La* Revue d'histoire du théâtre *a établi les bases de la biographie de Louis Jouvet (4e année, 1952, I et II).*

de brigands, ses légendes » qu'elle lui répète avec « une inlassable complaisance ».

1893

C'est à Toulouse qu'il entre en classe chez les Frères des écoles chrétiennes.

1894

A Vorey-sur-Arzon, il est élève à l'école communale et y reste trois ans.

1897

Il retrouve, au Puy-en-Velay, l'enseignement des Frères des écoles chrétiennes que suivent déjà ses frères ; tous trois sont internes.

1898

Ils connaissent encore l'internat à Lyon, chez les Lazaristes, où ils demeurent pendant quatre ans.

1902

La mort accidentelle de leur père sur un chantier, le 30 janvier, bouleverse la famille. Cependant que leur mère rejoint ses Ardennes natales et s'installe provisoirement à Rethel — un de ses frères, Gustave Sejournet, y est pharmacien —, Louis devient pensionnaire du collège de la ville, le collège Notre-Dame.

1903

Une créance de son mari permet à Mme Jouvet d'acquérir un dépôt de pain et de pâtisserie à Paris, près de la place Clichy, au bas de la rue Caulaincourt, face à l'Hippodrome. Louis y vient pour les vacances scolaires et recueille l'écho des spectacles de l'Hippodrome.

Le collège Notre-Dame a son théâtre. Le chanoine directeur entretient une tradition intégrant le théâtre scolaire dans la formation classique : les élèves apprennent par cœur un acte entier, une récitation d'ensemble permet de confronter la qualité des interprètes. Les meilleurs participent à une représentation finale : de larges extraits de *L'Avare* et de *Cinna*, en ces années.

Louis se montre un des plus ardents. Quand il commence à manifester son désir de faire du théâtre et qu'on lui rétorque : « Le théâtre est un métier honteux », il écoute « la "fugue sur la honte" dans une agréable indifférence en polissant sournoisement, au fond des poches de sa culotte, les vieux galets qui ne le quittent jamais. »

1905

Le voici bachelier, section moderne, lettres et philosophie, le 11 juillet. Comme le veulent ses deux oncles — le second, Jules Sejournet, est médecin —, il a accepté d'entreprendre des études de pharmacie. Elles devraient avoir lieu à portée de Rethel, à Reims — l'oncle Jules y a exercé ; Louis réussit, avec l'aide de son frère Gustave, à s'inscrire à l'école de pharmacie de Paris. Faire du théâtre ne requiert-il pas sa présence dans la capitale ?

Il ne lui faut pas moins accomplir son premier stage chez l'oncle Gustave ; il y entre le 25 juillet.

Il est amoureux, d'un amour qui demeurera platonique. Le premier dont il ait souffert, à Rethel, s'appelait Angèle. Celui-ci a nom Aline Bordas. Dans la longue correspondance qui a commencé, il expose ses sentiments, exprime ses espoirs et ses tourments, sentimentaux, spirituels, charnels, qu'il mêle de poèmes ; il qualifie Aline de « cousinette ».

1906

Après des vacances chez l'oncle Jules à Nouzonville, il poursuit ses stages à la pharmacie Grès de Noisy-le-Sec.

1907

Lorsque ce dernier s'achève, le 15 avril, il se propose de profiter de quelques jours à Paris en allant voir *Marion Delorme* et *L'Arlésienne*. Il se déclare décidé à ne plus retourner à

Rethel : « Je ne veux plus de famille. » Est-ce l'intention de cette rupture qui l'amène, bientôt, à modifier l'orthographe de son nom, à remplacer le T final par un Y : Jouvey ? Le désir, en tout cas, de dissocier de la part de sa famille, qui ne les accepte pas, ses débuts amorcés dans le monde des arts et des lettres.

Une dispense ministérielle, le 13 juin, a ramené la durée du stage de trois à deux ans. Son dernier, à la pharmacie Rousseau de Levallois, du 18 avril au 8 juillet, se termine par l'examen de validation : mention « très bien ».

Louis est introduit au Groupe d'action d'art dont les réunions ont lieu au domicile de l'un d'eux, Banville d'Hostel, 7, quai Voltaire. Parmi ces écrivains, artistes, étudiants, Bernard Marcotte et Roger Desvignes, sous le pseudonyme de Georges-Hector Mai, ont des ambitions d'auteur dramatique. Le groupe lance le premier numéro de sa revue, *La Foire aux chimères*, en décembre, et y publie son manifeste : « La foi dans la vie ».

Dans la mansarde du 37 de la rue de Lhomond, au Quartier latin, où Louis s'est installé après son séjour à Levallois, la vie matérielle est difficile. Les repas sont incertains et il doit, par économie, mesurer au plus juste et découper les papiers sur lesquels il écrit sa correspondance.

Il s'est brûlé la main en travaux pratiques, ne peut se rendre autant qu'il le voudrait au théâtre, étudie des rôles, passe des auditions et se lie avec des bohêmes. « On est gai, quelquefois de manière très réelle, mais la tristesse revient avec la solitude. »

1908

Après son stage, des remplacements de préparateur à Bourg-la-Reine, Nogent, Paris, Chatou... lui fournissent quelques ressources. La connaissance de ce qui peut affecter le corps humain et les moyens d'y porter remède l'intéressent, le verbe des termes scientifiques n'est pas sans noblesse ni poésie. La pharmacopée et l'attention à ses propres misères physiques ou celles de son entourage, le plaisir d'y porter remède prennent place dans des préoccupations quotidiennes qui ne quitteront jamais l'homme de théâtre.

Le sérieux, cependant, avec lequel il s'engage dans une carrière théâtrale se manifeste d'abord par sa participation aux spectacles du Groupe d'action d'art. Il y paraît pour la première fois le dimanche 14 juin, en soirée, dans le rôle de Danton de la *Charlotte Corday* — scène des *Triumvirs* — de François Ponsard, au Château du peuple, une salle attribuée par donation à des groupes syndicaux, à l'orée du bois de Boulogne, 4, route des Champs-d'Entraînement, porte de Madrid.

Le 18 juillet, il est Don Quichotte dans une pièce inédite de Bernard Marcotte, à l'université populaire du faubourg Saint-Antoine, base des activités théâtrales de leur groupe[2].

A titre personnel, mais faisant suivre son nom — orthographié exceptionnellement avec un *t* — de la mention « du théâtre de la Foire aux chimères », il joue, les 22 et 23 août, au théâtre municipal de Saint-Dizier, le coryphée d'*Œdipe roi* de Sophocle, auprès des comédiens de l'Odéon, de la Porte-Saint-Martin ou du théâtre Sarah-Bernhardt.

Il a enfin le souci d'acquérir cette forme de brevet professionnel qu'accorde le Conservatoire de déclamation. Par trois fois, il s'y sera présenté, par trois fois il aura échoué.

Cet été, il s'y prépare dans une scène de Don Salluste de *Ruy Blas* de Victor Hugo. S'il n'est pas reçu, Leloir, qui l'a remarqué, l'admet dans sa classe en qualité d'auditeur.

La romance, essentiellement épistolaire, de son amour pour Aline Bordas a déjà été marquée par des déclarations de rupture. Celle-ci s'accomplit dans une lettre du 12 octobre :

2. Voir la liste des rôles tenus par Louis Jouvet. Chaque spectacle, jusqu'à son entrée dans le théâtre professionnel au théâtre des Arts, en 1911, n'a qu'une ou deux représentations.

« Adieu, je vous envoie un baiser qui n'a rien que d'humain, mais qui n'est aujourd'hui ni amoureux ni tendre... Il est bellement humain. »

1909

Le Groupe d'action d'art fonde le Théâtre d'action d'art. Jouvey en assume la direction. La première réalisation — le dimanche 28 février, en soirée — propose une poésie de Bernard Marcotte, *La Statue*, dite par L. Jouvey, et une pièce d'Emile Bergerat, *Le Combat des cerfs*.

Comme l'a voulu le groupe, le Théâtre d'action d'art associe représentations, conférences ou causeries et lectures poétiques. A l'exposition de la Société des artistes indépendants, sur la terrasse de l'Orangerie, dans le jardin des Tuileries, le 22 avril en matinée, une causerie sur « Les poèmes de l'année » est faite par Guillaume Apollinaire, un des diseurs s'appelle Charles Dullin. Avec lui, Jouvey noue des liens qui deviendront fraternels. A la rentrée d'automne, le 19 septembre, il joue Arnolphe de *L'Ecole des femmes* de Molière et annonce une saison Balzac. Elle est ouverte le 7 novembre, dans la petite salle du Trocadéro, par *Le Faiseur* ; Jouvey joue Auguste Mercadet.

Il est devenu l'élève — le dimanche matin — de Léon Noël, disciple de Frédéric Lemaître, qui entretient la tradition d'interprétation mélodramatique de son maître et lui transmet les secrets.

1910

C'est à l'Athénée-Saint-Germain, salle paroissiale, au 21 de la rue du Vieux-Colombier — où Jacques Copeau établira le théâtre du Vieux-Colombier — que Jouvey joue *Le Colonel Chabert*, le 19 février.

Le programme de *Féministe*, un acte de Lydie Pissargewski et Léon Combes, les 5 et 12 juin, au Théâtre d'idées, indique « mise en scène de M. Jouvey, directeur du Théâtre d'action d'art ».

L'activité du Théâtre d'action d'art prend fin au cours de l'été.

Léon Noël, appelé par les tournées Zeller à jouer *Le Juif errant* à l'Alhambra de Bruxelles, fait engager Jouvey dans la troupe[3]. Celui-ci tient encore, au Châtelet, le rôle du chef des Pawnees dans *Le Tour du monde en quatre-vingts jours* et celui de l'émir Feofar dans *Michel Strogoff*.

1911

Au printemps, il se lie avec Else Collin, une jeune Danoise, sa voisine. Celle-ci est amie de la famille de Jacques Copeau, le directeur littéraire de *La Nouvelle Revue française*, et l'auteur, avec Jean Croué, d'une adaptation des *Frères Karamazov* de Dostoïevski, créée récemment au théâtre des Arts de Jacques Rouché ; une reprise est prévue en octobre. Présenté à Copeau par Else, dans sa résidence du Limon, en Seine-et-Marne, Jouvey devient pensionnaire du théâtre des Arts pour la saison 1911-1912. Cachet faible, sinon misérable : sept francs par soirée, cinq francs par matinée. Premier rôle : le père Zossima dans *Les Frères Karamazov* où il retrouve Charles Dullin, interprète de Smerdiakov.

1912

Malgré le profit artistique retiré de sa participation aux six pièces présentées jusqu'en avril, il ne peut envisager de renouveler son contrat ; il écrit à Jacques Rouché : « Il ne m'est pas possible d'accepter les deux cents francs par mois que m'a proposés monsieur Dayle : j'ai eu trop de mal à me suffire l'année dernière. »

Il affermit ses relations avec Copeau, suit les lectures dramatiques que celui-ci donne. Il attend qu'il soit son *confesseur littéraire*. Il ne manque pas de s'ouvrir franchement à lui de tout ce qui agite son esprit et de ses moindres activités.

3. On n'a pas déterminé les dates, ni celles des prestations de Jouvey à cette époque dans les théâtres de la périphérie parisienne et au Châtelet.

Le 12 juillet : « Je viens de jouer, et je ne l'avoue pas à tout le monde, *Messire Duguesclin* de Déroulède au Théâtre chrétien de Passy. Si vous ne connaissez pas ce chef-d'œuvre, je vous le conseille aux heures de découragement. Il est vrai que je n'ai pas grand-chose de mieux en perspective, quelques cachets en plein air avec *La Fille de Roland* — compensée, il est vrai, par *Les Erynnies*, mais dans quelles conditions va-t-on jouer ! »

Le 26 septembre, il est au Danemark ; il se marie avec Else.

Il commence sa dernière année d'étudiant en pharmacie. Etudes qu'il n'a jamais négligées, sanctionnées d'abord par des mentions « assez bien », mais le développement de son travail théâtral a affecté les derniers examens.

Le 23 décembre, Lugné-Poe crée, à l'Œuvre, salle Malakoff, la première pièce jouée de Paul Claudel, *L'Annonce faite à Marie* ; Jouvey y tient le rôle de l'Homme, la veille de son vingt-cinquième anniversaire. Pendant ces fêtes, il a également un engagement de doublure à l'Odéon, dans *Faust* de Goethe, traduit par Emile Vedel, musique de Florent Schmitt.

Il consigne sur un cahier — il y en aura deux — des notes pour une mise en scène de *L'Ecole des femmes*.

1913

Mettre en scène s'affirme une de ses ambitions. Associé à Camille Corney et Yvon Delbos, il loue, pour la saison d'été, du 25 avril au 31 juillet, une salle d'audience populaire consacrée ordinairement à l'opérette, le nouveau théâtre du Château-d'Eau. Une somme rapportée du Danemark permet de tenter l'aventure. Le contrat est signé le 11 janvier.

Du 14 février au 8 avril, il joue le Grand Prêtre — il s'estime bien payé : trois cent cinquante francs par mois — dans *Champion de l'air* d'Emile Codey au Châtelet.

Il est tenu, cependant, au courant de l'avancement du grand projet de théâtre auquel Jacques Copeau entend l'associer. Lorsqu'à la mi-avril, Charles Dullin, agissant au nom de Copeau, lui propose le poste de régisseur du théâtre, baptisé le Vieux-Colombier, il accepte avec joie, à la réserve près de garder ses prérogatives de comédien : « Le titre seul met du baume au cœur. » Il est dans l'affolement du travail pour le Château-d'Eau ! « Je souhaite les pluies les plus sauvages pour ma saison d'été. »

Depuis le 12 avril, il est devenu pharmacien de première classe, mention « assez bien ».

La saison au théâtre du Château-d'Eau s'ouvre le 25 avril avec *Les Oberlé*, une adaptation du roman de René Bazin. Suivent *Une nuit de noces*, vaudeville de Kéroul et Barré, *Monte Cristo* avec Léon Noël, *Les Gaietés de l'escadron* de Courteline... à raison d'un spectacle par semaine.

Le 27 mai, il souscrit un contrat de trois mille francs que lui propose Jacques Copeau, un contrat qui court du 1er juillet 1913 au 1er juin 1914. Mais Copeau a besoin de lui comme secrétaire, dès le 22 juin, au Limon. Il doit y réunir les comédiens, le 1er juillet, pour un travail de préparation technique et de répétition. « Par tous les moyens, indique Copeau, leur donner un esprit nouveau. »

Jouvey est obligé d'abandonner *Les Gaietés de l'escadron* le 19 juin, laissant à Camille Corney le soin de conduire à son terme l'aventure du Château-d'Eau : celle-ci se solde par un déficit de deux mille francs.

Le 22 juin, Jouvey commence le « livre de bord » du Vieux-Colombier.

Travail intensif au Limon en juillet et en août, du matin au soir, approfondi à Paris dans le théâtre — l'ancien Athénée Saint-Germain — à partir du 1er septembre. Jouvey veille à tout, coordonne tout.

Le 4 octobre, à l'Université populaire du faubourg Saint-Germain, Copeau prononce une conférence : « Un essai de rénovation théâtrale », suivie d'une « poétique » ; Jouvey dit *Solo de lune* de Jules Laforgue.

La première du Vieux-Colombier, abondamment annoncée et attendue, a lieu le 22 octobre : *Une femme tuée par la douceur* de Thomas Heywood (Jouvey : Master Cranwell) et *L'Amour médecin* de Molière (Jouvey : Macroton).

Nouveaux spectacles, nouvelles pièces, les 11, 18, 23 et 24 novembre, le 4 décembre. Matinée poétique précédée d'une causerie, chaque semaine, le samedi à quatre heures trente, à partir du 15 novembre.

Léon Noël est mort ; il a fait jurer à Jouvey de ne pas laisser périr sa mémoire et lui a légué une partie de ses papiers.

1914

1er et 23 janvier, 7 février, 10 mars, 23 avril, 19 mai... le rythme créateur de l'activité du Vieux-Colombier se poursuit, interrompu du 23 au 28 mars par une tournée en Angleterre avec *Barberine* de Musset, *Le Pain de ménage* de Jules Renard et *La Jalousie du Barbouillé* de Molière. Chaque prestation d'acteur de Jouvey est remarquée.

Les dernières de la saison, le 31 mai, sont suivies d'une tournée en Alsace.

Au retour, Jouvey procède à des aménagements scéniques et techniques du théâtre pour la réouverture fixée au 1er octobre.

Le 3 août, l'Allemagne déclare la guerre à la France. A la fin du mois, Copeau demande à Jouvey de « mettre ses papiers à l'abri dans les dessous du théâtre et de couper le général de l'électricité ».

Celui-ci s'engage bientôt comme infirmier. « On l'a pris, annonce Copeau, il est ravi. » D'abord de corvée de pluches à Paris, il part pour le front, le 29 septembre.

Else s'est installée à Braffye, chez les Schlumberger ; elle attend leur premier enfant. Il naît le 3 octobre : une fille, Anne-Marie. « Elle est très jolie, n'est-ce pas ?, écrit le père à Copeau. Elle ne me ressemble pas du tout — pas plus au naturel "qu'au théâtre" — ni à Macroton ni à Aguecheek... »

C'est le début d'une longue période où Jouvey, malgré les épreuves durement ressenties de la guerre et des tâches qu'il assume, ne quitte pas, en esprit, le théâtre, ne cesse de parler de travail et de travailler, de multiplier les lectures, de développer la réflexion, de formuler des projets, d'entreprendre les expérimentations qu'ils réclament. Il enrichit sa connaissance de l'anglais à l'aide de grammaire et de dictionnaire, se servant de lettres comme exercices. Sa correspondance — en particulier avec Copeau — témoigne de cette vitalité, d'une généreuse gaieté. Singulière cohabitation avec la révolte intime devant les misères de la guerre.

1916

Fin juillet, après les offensives sur la Somme, il est évacué et bénéficie d'un mois de convalescence. Il arrive « bien fatigué ».

Le service de propagande du ministère des Beaux-Arts propose à Copeau d'organiser des représentations du Vieux-Colombier aux Etats-Unis.

1917

Le 20 janvier, Copeau part pour New York, en mission exploratoire. Jouvey sera son correspondant dans la troupe. Il est malade, « déclaré inapte » et envoyé, pendant trois mois, à Saint-Cyr. « On a enfin trouvé ce que j'avais : c'est une bonne maladie de cœur. On m'a dit : "Prenez un métier facile, si vous voulez durer." N'est-ce pas ? On ne fume plus, on ne boit plus, on ne peut plus travailler ! Mais je ne suis plus guère inquiet... Au Vieux-Colombier, on relève directement de Dieu — après tout, je m'en fiche —, c'est Dieu qui est responsable. »

Copeau a pu, non sans mal, s'assurer les concours financiers — notamment du mécène Otto Kahn — pour une première saison du Vieux-Colombier à New York ; elle débutera en novembre.

De Saint-Cyr où il est encore maintenu en juillet, Jouvet — il a repris le T de son nom — étudie, critique, propose les transformations scéniques du théâtre, le Garrick.

Un garçon naît chez les Jouvet : Jean-Paul.

Début août, permission de convalescence de deux mois, en attendant le sursis : Jouvet précise, au Vieux-Colombier même, le dispositif favorisant la succession rapide des pièces inscrites au programme et de leurs décors.

Le 8 octobre, il embarque seul, à Bordeaux, pour New York. Lorsque la troupe conduite par Copeau débarque et se présente le 12 novembre sur le chantier, elle voit « monter tout droit comme une fumée, émerger des dessous de ce qui allait être une scène, une forme longue et maigre, blanche comme un fantôme, un Louis Jouvet plâtré des pieds à la tête ».

Le 27 novembre, le soir de la première — *Les Fourberies de Scapin* précédées de *L'Impromptu du Vieux-Colombier* et suivies du *Couronnement de Molière* —, le public a la surprise de constater la métamorphose d'un vilain théâtre en un des plus charmants de New York. « C'est Louis Jouvet-Géronte, souligne la presse, qui contribue le mieux au dessin et au style de la pièce. La manière hagarde dont il a répété le fameux "Que diable allait-il faire dans cette galère ?" est une chose à ne jamais oublier. »

1918

Après avoir été refusé, le sursis de Jouvet est prolongé ! En avril, la saison se poursuit à Washington et Philadelphie et s'achève, le 3 mai, au Vassar College de Pough Keepsie.

Les comédiens retenus pour une seconde saison passent l'été à Cedar Court Morristown, dans le New Jersey. Otto Kahn a mis à leur disposition une grande villa réduite à une décoration monacale.

Malgré l'intérêt suscité et l'attachement d'une part du public, le bilan de la saison, financier, artistique, moral, aggravé par des dissensions internes, n'est pas bon. Jouvet, découragé par moment, souffrant des incompréhensions de son patron, tente d'y remédier par un « rapport sur le travail de scène », constat critique conduisant à des décisions à prendre.

Correspondance, francs entretiens entre Copeau et Jouvet tendent à rétablir la confiance passée, sans y parvenir.

Le 2 août, Else et les enfants arrivent de France.

Si le « rapport sur le travail de scène » aboutit à une meilleure organisation, à d'heureux résultats, si Jouvet y trouve des satisfactions, les recettes sont mauvaises.

1919

Le 7 avril, au terme de vingt-quatre spectacles pour cette seule saison, les comédiens du Vieux-Colombier jouent *L'Impromptu des adieux* de Copeau.

Jouvet aura tenu une bonne vingtaine de rôles, confirmé l'originalité de son talent de comédien et approfondi ses recherches scéniques.

Il décide de demeurer deux mois à New York. Une proposition lui est faite par le cinéma — vingt-cinq dollars par jour : « Mais je n'aimerais pas faire ça. Je n'aimerais pas avoir fait ça. J'en ai marre aussi de besogner. Je voudrais bien pouvoir *vivre* en travaillant — *vivre pour travailler* — et non pas travailler pour vivre. »

Il vit en donnant des cours sur la technique de la scène.

Le 6 juin, lui et sa famille, en compagnie de Copeau et des siens, quittent New York sur le *Savoie* : ils débarquent au Havre le 22.

Jouvet a interrogé Copeau sur ses projets. Celui-ci estime une « longue convalescence nécessaire » et renvoie au début de 1920 la réouverture du Vieux-Colombier. Pourtant, dans une lettre du 17 juillet, il expose son projet de lui faire jouer Harpagon. « Naturellement, j'ai une conception de Jouvet dans Harpagon toute différente de celle que j'avais indiquée à Dullin, un Harpagon beaucoup plus bourgeois, beaucoup plus décent et par conséquent beaucoup plus hypocrite, un beau vieillard, un beau veuf. » Pour des raisons circonstancielles, le projet n'aura pas de suite.

La fin de l'année est occupée par la préparation technique de cette réouverture : établissement — plans et exécution — d'un dispositif scénique fixe, fruit des diverses recherches et expériences et des propositions nouvelles que Copeau et Jouvet en tirent. Mise au point et fabrication du mode d'éclairage tournant dont Jouvet a l'idée, et qui porte son nom : les jouvets.

1920

Le théâtre effectue sa réouverture le 10 février, avec le *Conte d'hiver* de Shakespeare. Alors qu'il se trouvait au front, Jouvet avait rêvé à la pièce, sous sa couverture. Copeau lui avait écrit : « Je te garde un beau rôle. » Celui d'Autolycus.

Interprétation du comédien, conception et construction du dispositif et de son éclairage, dessin et réalisation de la plupart des décors, régie générale, et de nouvelles activités, direction des *ateliers* chargés de fabriquer tous objets exigés par les spectacles et ouverts aux commandes extérieures de menuiserie, cours à l'école dirigée par Jules Romains, le rôle de Jouvet est plus que jamais essentiel.

Est-ce parce qu'il est ainsi au cœur de l'entreprise qu'il perçoit des déviations de l'esprit premier, des concessions entraînées par les incertitudes, les doutes de Copeau ? Est-ce aussi le fait de sa propre évolution, de l'affirmation de sa personnalité ? Jouvet, malgré ses succès d'acteur, supporte de plus en plus mal l'aventure et souffre de la détérioration de ses rapports avec le patron.

1922

A l'automne, au retour d'une tournée en Rhénanie et en Suisse, le 2 octobre, les deux hommes se rencontrent. Jouvet demande à partir. Copeau a déjà pris l'initiative de modifier ses fonctions au sein du théâtre. Echange de lettres. Copeau accepte son départ, le 3. Jouvet le confirme, le 4. Le 15 novembre, c'est encore dans un décor de Jouvet que le Vieux-Colombier présente *La Farce de Maître Pathelin.*

Jouvet est engagé par Jacques Hébertot à la fois comme directeur de la scène du Théâtre et de la Comédie des Champs-Elysées, et metteur en scène à la Comédie, fonction qu'il partagera avec Georges Pitoëff.

Son besoin de maîtriser les problèmes de la scénographie lui fait suivre les cours de l'école du Louvre.

Il a déjà dressé les plans du théâtre du Marais que Jules Delacre dirige à Bruxelles.

1923

Au cours de l'année, il établit les plans d'une transformation en théâtre — le Studio des Champs-Elysées — de la galerie d'art installée dans les bâtiments des théâtres. Application des recherches menées au front, il joue du relief d'un plateau composé de cubes mobiles, conjugué, éventuellement, avec le rideau d'avant-scène.

Le 13 mars a lieu sa première création : il met en scène, décore et joue *Monsieur Le Trouhadec saisi par la débauche* de Jules Romains.

Il a accepté de créer, le 24 octobre, *La Journée des aveux* de Georges Duhamel, sous la direction de Georges Pitoëff ; il a l'espoir d'obtenir, en échange, que Ludmilla Pitoëff joue avec lui Agnès de *L'Ecole des femmes.*

Il répète une nouvelle comédie de Jules Romains, *Knock ou le Triomphe de la médecine*. La pièce se révèle un peu brève. Il songe, en complément, au *Chapeau de soie* de lord Dunsany ; Jules Romains préfère écrire, en quelques jours, *Amédée ou les Messieurs en rang*.

Le triomphe de *Knock*, le 14 décembre, éclipse *Amédée* ; Jouvet doit le retirer de l'affiche.

Jeanne Dubouchet devient sa principale collaboratrice pour les décors et les costumes ; elle le demeurera pendant dix ans.

1924

Knock poursuit sa carrière. Jouvet a le temps de faire des projets. Le succès de *Voulez-vous jouer avec moâ ?* de Marcel Achard, à l'Atelier de Charles Dullin, l'incite à commander une pièce à son auteur.

Voici que Copeau met fin à son action au Vieux-Colombier et lui propose sa succession. Pour rompre, sans doute, définitivement le cordon ombilical, Jouvet finit par refuser. Il engage, en revanche, des comédiens et comédiennes de la troupe — telle Valentine Tessier — et reçoit des œuvres de son répertoire.

Hébertot, contraint par les difficultés financières de quitter la direction des théâtres des Champs-Elysées, lui cède celle de la Comédie.

En octobre, Else met au monde une fille, Lisa.

Le 6, Jouvet introduit dans ses spectacles un acte de Jules Romains, *La Scintillante*.

La reprise, le 24, de trois pièces du Vieux-Colombier, *La Folle Journée* d'Emile Mazaud, *Le Pain de ménage* de Jules Renard et *Le Testament du Père Leleu* de Roger Martin du Gard, échoue. Jouvet monte la comédie de Marcel Achard intitulée *Ne sait quand reviendra*, puis *Madame à sa tour monte*, enfin *Malborough s'en va-t-en guerre*, le 8 décembre, avec une musique de Georges Auric. Nouvel échec !

1925

Il reprend *Knock* le 9 janvier, en attendant de créer, le 31 janvier, *Le Mariage de M. Le Trouhadec* de Jules Romains. Accueil médiocre : il faut reprendre *Knock*, le 1er mars. Echec renouvelé avec *L'Amour qui passe* des frères Quintero, associé à *La Jalousie du Barbouillé* de Molière — neuf représentations, suivies de cinq représentations de *Tripes d'or* de Crommelynck — un seul spectateur, un soir, qui refuse d'être remboursé. Reprise de *Knock* le 5 mai.

Une dernière reprise de *Knock*, le 21 décembre, compense la fréquentation insuffisante de *Démétrios* de Jules Romains, accompagné de *Madame Béliard* de Charles Vildrac. « Que de tentatives j'ai faites ! Que de pièces j'ai montées qui m'auraient conduit à la faillite sans le secours éclair de cette pièce magique ! »

1926

Jouvet est endetté. Une tournée de *Monsieur Le Trouhadec saisi par la débauche*, en France, Suisse, Luxembourg, Hollande, Belgique, en février, et la location, cependant, de la Comédie — une opérette : *A Paris tous les deux* — permettent d'atteindre la création de *Bava l'Africain* de Bernard Zimmer, le 26 avril.

La rentrée, le 2 septembre, avec *Deux Paires d'amis* de Pierre Bost, et *Le Carrosse du Saint-Sacrement* de Mérimée, n'est pas heureuse. Dès le 5 octobre, Jouvet crée *Le Dictateur* de Jules Romains.

La pièce a connu des péripéties artistico-politiques. Refusée d'abord par la Comédie-Française par crainte des réactions que le sujet risque de provoquer, elle est retenue par elle sur intervention ministérielle, puis reportée à une saison ultérieure. Jouvet prend le risque à la fois de l'œuvre et d'un spectacle financièrement lourd. Il ne joue pas et engage des vedettes, Victor Francen, Vargas, Yolande Laffon... Succès d'estime, insuccès public. « J'estime avoir collectionné toutes les variétés d'insuccès, fait dire Giraudoux à Jouvet dans *L'Impromptu de Paris*, l'insuccès avec des pièces qui en devenaient pour nous-mêmes enlaidies, avec des pièces qui en étaient embellies, avec des pièces qui en restaient immuables. »

L'accueil du Groupe de Prague du Théâtre artistique de Moscou, pendant le mois de novembre, donne le temps de monter une pièce qui a eu des centaines de représentations à Londres, *Au grand large* de Sutton Vane. Le théâtre du casino de Monte Carlo souhaite la présenter pour Noël et verse à l'avance un important cachet forfaitaire de trente mille francs. *Au grand large* débute, à la Comédie, le 28 décembre.

1927

Après des débuts médiocres, le public vient et assure plus de trois mois de représentations. Jouvet a l'idée d'établir l'alternance d'*Au grand large* avec *Le Revizor* de Gogol, qu'il met ensuite en scène avec Jules Delacre à partir du 5 avril. L'expérience tourne court.

Le 22 mai, Jouvet est fait chevalier de la Légion d'honneur.

Du 30 mai au 19 juin, il joue à Bruxelles *Au grand large* et *Knock*.

Il s'adjoint comme codirecteur Léon Chancerel, un camarade du Vieux-Colombier, revenu de Bourgogne où il a participé au travail des Copiaux, en milieu vigneron, sous l'autorité de Jacques Copeau.

Copeau et Jouvet se rencontrent souvent à Laroche-Migennes, faisant chacun la moitié du chemin entre la Bourgogne et Paris. Ils ont le souci commun de l'union, et Jouvet celui d'organiser le mouvement théâtral auquel il participe avec Charles Dullin, Gaston Baty et Georges Pitoëff, pour lui donner de meilleurs moyens de surmonter certaines difficultés matérielles.

Le 1er juillet a lieu une reprise de *Knock*.

Le 6, invités par Jouvet à la Comédie, les quatre metteurs en scène signent l'acte de fondation d'un *cartel* ; le terme a dû leur être suggéré par le secrétaire de l'Atelier, René Bruyez.

Quelques jours plus tard, au cours d'un déjeuner au restaurant du parc Montsouris, à l'initiative de Bernard Zimmer, Jouvet rencontre Jean Giraudoux. Depuis plusieurs années, l'écrivain souhaite tirer une pièce de son roman *Siegfried et le Limousin*. Il s'en était ouvert à Copeau ; il l'a sans doute proposée à G. Baty. L'énorme manuscrit qu'il présente à Jouvet a pour titre *Siegfried von Kleist*.

L'entente se fait aussitôt. Jouvet évoque le nom de Gaby Morlay pour l'héroïne ; l'auteur s'en réjouit. Dès le 20, il envoie une nouvelle version, intitulée désormais *Siegfried*.

Jouvet est alors en charge de nombreuses pièces. L'endettement périlleux l'a porté à les retenir comme autant de chances d'un succès possible : *Léopold le bien-aimé* de Jean Sarment, *Le Coup du 2 décembre* de Bernard Zimmer, *Volpone* de Jules Romains, *Suzanne* de Stève Passeur. Zimmer s'inquiète, en août, de voir *Volpone* passer avant *Le Coup du 2 décembre*.

La rentrée se fait le 12 octobre avec *Léopold le bien-aimé*.

Encouragé par son administrateur, Valentin Marquetty, Jouvet élargit son action à l'aide d'une revue, *Entr'acte* — le premier numéro a été publié en septembre — et d'expositions dans l'escalier du théâtre — le Salon de l'Escalier ou du livre.

En novembre, Chancerel renonce à la codirection de la Comédie, faute d'avoir pu définir une activité qui lui soit propre au sein du théâtre.

1928

Léopold devient le « supérieurement aimé », selon la formule de Giraudoux, inquiet du retard que la bonne fortune de la comédie de Jean Sarment risque d'apporter à la création de *Siegfried*. Zimmer, Passeur partagent cette inquiétude pour leurs pièces. Jouvet préfère transmettre *Volpone* à Charles Dullin.

Les conditions de la création de *Siegfried* sont toutefois peu à peu réunies. Camille Cipra dessine décors et costumes. Jean Worms, sollicité, refuse le rôle de Siegfried. Jouvet fait appel à Pierre Renoir. Valentine Tessier jouera Geneviève, Lucienne Bogaert Eva, Boverio Zelten, Jouvet Fontgeloy, Romain Bouquet Robineau et Michel Simon le douanier Pietri.

Giraudoux lit sa pièce les 9 et 15 février. Mauvais lecteur ? « On se serait cru au cimetière », note un des témoins. On prédit une dizaine de représentations.

Après élagage de quelque vingt personnages secondaires, les répétitions commencent le 29 mars, au lendemain de la première du *Coup du 2 décembre* de Zimmer. Malgré le bonheur qu'il a à faire travailler le texte, Jouvet déclare la veille de la générale, donnée le 3 mai : « Ça ne fera pas un rond, mais ce sera l'honneur de ma vie d'avoir monté c'te pièce-là ! » Elle sera jouée jusqu'au 27 janvier suivant. Dès le 5 mai, Giraudoux et Jouvet se sont engagés mutuellement pour la prochaine pièce de l'auteur de *Siegfried*.

En ce printemps, Jouvet a demandé sa nouvelle comédie à Marcel Achard : *Au secours !*

Août est occupé par une tournée dans les casinos de *Léopold le bien-aimé*, suivie de représentations de *Siegfried* à Genève, du 1er au 4 septembre.

Après le douzième numéro, la publication d'*Entr'acte* est suspendue.

1929

Pendant qu'il joue *Suzanne* de Stève Passeur, créée le 30 janvier, et répète *Jean de la Lune* de Marcel Achard, nouveau titre d'*Au secours !* — « Il fera fuir le public ! », ironise Marcel

Pagnol —, Giraudoux écrit *Amphitryon 38* et l'accorde au quatuor de la troupe : Valentine Tessier, Lucienne Bogaert, Pierre Renoir et Jouvet, ou plutôt au quintette puisqu'il se préoccupe d'un rôle pour Michel Simon : le trompette.

Jouvet intervient selon les termes implicites de leur collaboration : il réclame un souci plus constant de l'action, plus de logique dans l'enchaînement des scènes ; il a le souci de tempérer les démons de la fantaisie de Giraudoux afin d'atteindre à plus d'efficacité.

Siegfried est représenté à Nice, du 22 au 28 mars.

C'est à Romain Bouquet qu'a été distribué le rôle de Cloclo, prétendu frère de Marceline, l'héroïne de *Jean de la Lune*, mais Marcel Achard obtient que le personnage bénéficie de l'étrangeté comique de Michel Simon. Les relations apparaissent difficiles entre celui-ci et Jeff-Jouvet (un temps, Marcel Achard double Michel Simon). Valentine Tessier joue Marceline, Pierre Renoir Richard.

Les représentations de *Jean de la Lune*, commencées le 18 avril, devraient s'achever à l'été ; elles sont reprises à l'automne pendant les répétitions d'*Amphitryon 38*. La pratique lui est familière : Jouvet répète longtemps les deux premiers actes avant d'élaborer la mise en scène du troisième. La pièce est créée le 8 novembre, dans des décors de Camille Cipra.

Le 19 octobre, Jouvet signe une lettre ouverte, avec Gaston Baty, Edouard Bourdet, Paul Claudel, Jean Cocteau, Giraudoux, les Pitoëff, Jules Romains..., au ministre de l'Education nationale, appuyant la candidature de Copeau à l'administration de la Comédie-Française.

Il a renoncé au Salon de l'Escalier.

1930

La longue carrière d'*Amphitryon 38* et celle du *Prof' d'anglais* de Régis Gignoux, créé le 30 avril, donnent à Jouvet la liberté de répondre à l'invitation des directeurs du théâtre Pigalle.

Cette scène, à l'équipement moderne sophistiqué, a été récemment édifiée par Henri et Philippe de Rothschild. André Antoine et Gaston Baty l'ont dirigée de façon éphémère. Jouvet n'entend pas assumer la direction. Il y montera des pièces ; la première, le 25 octobre : *Donogoo-Tonka* de Jules Romains. Les ressources de la machinerie favorisent la succession des trente tableaux d'un découpage cinématographique et des décors de Paul Colin.

Reprise de *Knock*, le 9 décembre, à la Comédie.

1931

En février et mars, une tournée, à travers l'Italie, la Suisse, la Belgique, de ses principales créations : *Knock*, *Siegfried*, *Amphitryon 38*, *Le Prof' d'anglais*, *Le Carrosse du Saint-Sacrement*, *Le Médecin malgré lui* de Molière, précède une reprise, le 13 avril à la Comédie, de *Siegfried* — Jouvet joue Zelten — et la création, le 20 mai, de *L'Eau fraîche* de Drieu La Rochelle.

Giraudoux entretient Jouvet de l'écriture d'une pièce pour laquelle il lui propose le titre d'*Intermezzo*. Jouvet l'attend, compte avec elle ; il l'attendra quinze mois.

Knock est repris le 1er septembre, accompagné d'une nouvelle série d'*Entr'acte*.

A la fin du mois, Jouvet reçoit une lettre d'un jeune Marseillais, Louis Ducreux, occupé à fonder un club de théâtre, le Rideau gris : celui-ci exprime sa reconnaissance pour le « bon départ » dont il a « été la cause ».

Partagé entre la Comédie et le théâtre Pigalle, Jouvet dirige parallèlement les répétitions d'*Un taciturne* de Roger Martin du Gard dans la première et celles de *Judith* de Giraudoux dans le second — Rachel Berendt tient le rôle titre. Lorsque, l'été, il étudiait *Judith*, Jouvet a indiqué sa méthode d'approche des textes dans une lettre à l'auteur, le 22 août : « J'ai lu et relu le troisième acte, en essayant de ne pas penser — ce qui m'était assez facile — et de me laisser aller à mes impressions, à ces anticipations des sentiments ou de l'expression dramatique, avec quoi un bon metteur en scène parvient souvent, hélas, à momifier l'œuvre la plus vivante. Vous voilà prévenu. »

Un taciturne est créé le 29 octobre, *Judith* le 5 novembre. Deux pièces, deux échecs. Elles contribuent toutes deux à provoquer une rupture entre Claudel et Jouvet, qui songe au *Soulier de satin* et dans l'immédiat à *L'Annonce faite à Marie*. Claudel lance l'anathème contre « l'immonde ordure de Giraudoux », traite également d'« immonde » l'auteur d'*Un taciturne* dont il ne veut « même pas se rappeler le nom » — ce sont les termes d'une lettre adressée à Jouvet, que rapporte André Gide ; celui-ci conclut : « Du coup, Claudel retire à Jouvet l'autorisation de monter *L'Annonce faite à Marie*. Ainsi soit-il ! »

Un taciturne a pour thème l'homosexualité, ne l'explicite pas, mais attend de l'interprétation qu'elle le suggère. Or, note Gide, « Jouvet veut qu'il n'y ait "pas d'ambiguïté possible"... Tout cela risque de fich' la pièce par terre. »

Le Roi masqué de Jules Romains remplace *Judith* au théâtre Pigalle, le 19 décembre, sans grand succès.

1932

« Fantasque, tranchant, pirouettant, l'œil vague, la voix ironique et charmeuse », tel apparaît Jouvet au critique Robert Kemp, le 3 février, dans *Domino* de Marcel Achard. L'évolution de sa personnalité de comédien lui permet de camper, à la Comédie, un séducteur pas comme les autres, avec pour partenaire Valentine Tessier.

Au cours d'un dîner en ville, il fait la connaissance d'une jeune comédienne, Madeleine Ozeray, venue de Bruxelles avec le Théâtre du Marais ; elle interprète *Le Mal de la jeunesse* de F. Bruckner au théâtre de l'Œuvre.

Une dernière et peu convaincante tentative au théâtre Pigalle, *La Pâtissière du village* d'Alfred Savoir, le 8 mars.

En mai, Jouvet tourne son premier film, *Topaze*, d'après la comédie de Marcel Pagnol. Déjà, il a été sollicité par Abel Gance, René Clair, Cavalcanti, sans renoncer à ses préventions à l'égard du cinéma. Il ne s'agit, cette fois, que d'une transcription fidèle à la construction dramatique.

A Londres, en juillet, il établit les croquis d'un dispositif pour *L'Ecole des femmes*.

En août, il peut enfin — selon son expression — « tremper » dans *Intermezzo*. Le manuscrit demande des aménagements ; Giraudoux, à Nice, s'y emploie avec fébrilité, adresse télégramme après télégramme. Le 10 : « Avons décision grave à prendre. Téléphone 175. » Le 12 : « Trouvé idée troisième. A lundi. » Il n'a pas fini de remettre l'ouvrage sur le métier. Jouvet souhaite en disposer, il presse l'auteur : « Je voudrais seulement que vous teniez compte qu'il est important pour moi d'avoir *Intermezzo*... le plus tôt. »

En attendant, le 18 novembre, il présente *La Margrave* d'Alfred Savoir.

1933

C'est le 1er mars, après deux mois de répétitions, qu'*Intermezzo* est créé par Valentine Tessier (Isabelle), Pierre Renoir (le spectre), Jouvet (le contrôleur), Félix Oudart (l'inspecteur), Romain Bouquet (le maire), Robert Le Vigan (le droguiste), dans des décors de Léon Leyritz, avec une musique de Francis Poulenc. La presse s'ingénie à caractériser l'originalité de la comédie en invoquant Shakespeare, Laforgue, Supervielle, Maeterlinck, Mozart ou Schubert. Œuvre importante sans doute, essentielle, dans le théâtre de Giraudoux ; ses représentations s'achèvent avant l'été et ne seront jamais reprises du vivant de Jouvet.

Celui-ci pense reprendre *Monsieur Le Trouhadec saisi par la débauche*, commence à répéter, puis se décide, une nouvelle fois, pour *Knock*. La première a lieu le 7 juin. A cette occasion, il essaye de moderniser la mise en scène originale, en particulier dans les décors. L'épreuve du public lui fait y renoncer.

Cette série de *Knock* est liée à la mise en film qu'il prépare pour le mois d'août. Son interprétation de *Topaze* est sortie sur les écrans. Pour *Knock*, il procède lui-même à la réalisation, avec l'aide d'un technicien, Roger Goupillères. Il a confié le rôle de Mariette à Madeleine Ozeray. *Knock* et *Topaze* sont, la même année, deux essais de transposition du théâtre au cinéma, d'utilisation des moyens exceptionnels de diffusion dans lesquels Jouvet reconnaît alors l'apport du cinéma parlant.

Le 8 décembre, il retrouve les naïfs amoureux, généreux, avec *Petrus* de Marcel Achard, jouant de « l'air obtus », de la « bouche entrouverte », du « strabisme » selon Colette, qui lui reproche d'en appuyer d'abord les effets avant de maîtriser pleinement son interprétation au troisième acte.

Le projet de *L'Ecole des femmes* chemine. Agnès prend les traits de Madeleine Ozeray.

1934

Madeleine Ozeray fait ses débuts dans la troupe lors de la reprise d'*Au grand large* — rôle de la fiancée — le 6 février, au soir même des troubles politiques qui bouleversent Paris et la France.

Jouvet s'apprête à créer, le 11 avril, une pièce de Jean Cocteau, *La Machine infernale*, illustration du mythe d'Œdipe. Elvire Popesco, pressentie pour Jocaste, n'a pu se rendre libre. Suzanne Dantès a répété ; Marthe Régnier tient finalement le rôle, face au jeune Œdipe, Jean-Pierre Aumont. La première collaboration de Jouvet et du décorateur Christian Bérard est saluée comme un événement historique. Le spectacle est l'objet d'un dernier numéro d'*Entr'acte*.

Au temps de *La Machine infernale*, Jouvet et Madeleine Ozeray vont à Bruges. « Sous les saules, raconte-t-elle, pour la première fois, je répétai Agnès... »

Les difficultés de Jouvet avec la société propriétaire de la Comédie des Champs-Elysées le déterminent à rechercher une autre scène. Il sous-loue à Abel Deval le théâtre de l'Athénée ; il en deviendra seul locataire, avec la Société du théâtre Louis Jouvet, pendant la Seconde Guerre mondiale. Il profite de l'été pour le restaurer de fond en comble. Il le rééquipe techniquement, il métamorphose ce théâtre de boulevard, ne serait-ce qu'en substituant le classicisme d'un rideau de velours rouge à glands et frange d'or au parisianisme de celui de J.G. Domergue.

Il l'inaugure, le 9 octobre, avec un texte modifié d'*Amphitryon 38*, décors et costumes nouveaux d'A.-M. Cassandre. Yolande Laffon reprend le rôle de Léda, Paul Oettly celui d'Amphitryon. Le temps a fait son œuvre : la critique est maintenant sans réserves.

Le 12, Jouvet est nommé professeur au Conservatoire dans la classe de Leitner. La presse évoque son nom pour l'administration de la Comédie-Française.

L'événement prochain — la création, le 14 novembre, de *Tessa* de Margaret Kennedy et Basil Dean, adaptée par Jean Giraudoux, marque le début véritable de l'association des talents de Jouvet et de Madeleine Ozeray, et de l'influence que celle-ci peut exercer. Elle dit avoir suggéré à Jouvet le sujet et l'avoir convaincu de jouer Lewis, premier rôle, séducteur, qu'il ne croyait pas lui convenir ; Giraudoux a écrit son adaptation en songeant à elle. « Premier mélodrame poétique de notre temps », écrit Gérard Bauer. La musique — la chanson de Tessa — est composée par Maurice Jaubert ; René Moulaert a dessiné les décors.

1935

Le grand succès de *Tessa* permet de gagner l'automne. Les cours du Conservatoire, les conférences, les articles, ses notes n'occupent pas moins Jouvet.

Dès avril, il est tenté de retenir une comédie anglaise, *The Old Ladies* de Rodney Ackland, mais il n'apprécie pas la traduction. Les pourparlers seront rompus ; *La Folle de Chaillot* en sortira.

A l'occasion de déjeuners, les animateurs du Cartel s'informent de leurs projets, afin d'éviter des concurrences fâcheuses. Au cours de l'un d'eux, à l'hôtel Scribe, Jouvet indique ses choix : *Othello* et *L'Ecole des femmes*.

Il fait, en juillet et en août, sa première expérience de création cinématographique véritable : il tourne *La Kermesse héroïque* avec Jacques Feyder.

Son attention est requise cependant par la nouvelle pièce de Jean Giraudoux. Elle a été intitulée *Prélude des préludes*, puis *Préface à l'Iliade*. Le 13 septembre, quand Giraudoux en donne lecture aux comédiens, elle a pour titre *La guerre de Troie n'aura pas lieu*.

Pendant les répétitions, *Knock* est repris. Jouvet avait envisagé de présenter une pièce de l'Américaine Lilian Hellman, *Children's hour*. Là encore, il n'accepte pas la traduction et doit avancer la création de *La guerre de Troie n'aura pas lieu*.

Il voit un tragédien dans le rôle d'Hector, pense à Charles Boyer, à Henri Rollan. L'urgence, un avis de Madeleine Ozeray l'entraînent à s'y essayer, alors qu'il se destinait Priam, Démokos ou Olpédès. Andromaque pourrait être interprétée par Annie Ducaux ou Edwige Feuillère ; le personnage échoit à Falconetti. M.-H. Dasté joue Cassandre, Pierre Renoir Ulysse, José Noguero Pâris, Hélène revient naturellement à Madeleine Ozeray — Giraudoux l'a conçue pour elle.

Peu de changements de texte en répétitions, Giraudoux n'en est pas coutumier. Le 22 novembre, dans les décors de Mariano Andreu, avec une musique de Maurice Jaubert, est créée la pièce, assurément la plus reconnue du répertoire giralducien, mais qui n'avait pas la faveur de son auteur.

Elle est apparue un peu courte. Giraudoux l'a complétée avec le *Supplément au voyage de Cook*.

1936

L'Ecole des femmes ! C'est le 9 mai que Jouvet, enfin, réalise la mise en scène de la comédie de Molière. Les décors et les costumes de Christian Bérard, la musique de Vittorio Rieti, la machinerie de Camille Demangeat, Madeleine Ozeray-Agnès, Julien Bertheau-Horace, Jouvet-Arnolphe concourent à l'éclat du spectacle. Celui-ci produit un effet de choc, il provoque l'émerveillement, l'enthousiasme, suscite aussi des réserves. Le public ne se précipite pas d'abord, mais, bientôt, l'événement fait date. Six cent soixante-quinze représentations en France et dans le monde, dont quatre cent quarante-six à Paris, en témoignent. Pour cette série de représentations, *La Scintillante* de Jules Romains est donnée en lever de rideau.

Le problème de l'interprétation des classiques qu'il pose n'est pas étranger sans doute à la proposition faite à Jouvet par le ministre de l'Education nationale, Jean Zay, d'administrer la Comédie-Française. Giraudoux avait décliné l'offre, à la fin de 1935. Jouvet, à son tour, refuse, indique le nom d'Edouard Bourdet et propose une mesure originale. Le décret du 19 août, portant nomination d'Edouard Bourdet, la formule ainsi : « MM. Gaston Baty, Jacques Copeau, Charles Dullin et Louis Jouvet seront chargés de la mise en scène. »

Dans ses conversations avec Bourdet, Jouvet se déclare intéressé par *Le Soulier de satin* de Claudel, *Le Menteur* de Corneille et *Dom Juan* de Molière.

Le 25 août, il est promu officier de la Légion d'honneur.

Il doit créer *Le Château de cartes* de Stève Passeur. Les répétitions font apparaître des faiblesses. Jouvet s'inquiète ; il télégraphie à Giraudoux : « Si les choses ne s'arrangeaient pas, voyez-vous des difficultés que commencions répétitions à votre retour ? » Ce sont celles d'une *Electre*.

Activité cinématographique : deux films[4].

1937

Le Château de cartes ouvre l'année, le 9 janvier. Le texte d'*Electre* est achevé le 20 janvier. Lecture peut en être faite aux comédiens le 23. Les répétitions ne commenceront qu'au début mars ; Jouvet est pris par la mise en scène de *L'Illusion* de Corneille, programmée à la Comédie-Française le 15 février. Il a reconstitué l'équipe de *L'Ecole des femmes* : Bérard, Rieti, Jouvet.

Marcel Achard commence une pièce pour Jouvet et Ozeray, *Le Corsaire*.

Madeleine Ozeray a espéré être l'Electre de Giraudoux, mais celui-ci l'estime trop jeune. Le choix se porte sur Renée Devillers. Jean-Pierre Giraudoux, le fils de Jean, l'a remarquée dans *Espoir* de Bernstein ; il a remarqué aussi Gabrielle Dorziat : elle sera Clytemnestre, Renoir Egisthe, Paul Cambo Oreste, Madeleine Ozeray Agathe.

Jouvet demande le décor à Braque. Pris par une exposition, le peintre ne peut accepter. Sur le conseil de Bérard, Jouvet engage un jeune artiste, Guillaume Monin, et demeure fidèle pour la musique à Rieti.

Giraudoux a écrit rapidement ; le texte a besoin de retouches aux répétitions.

Il passe un examen difficile, le 12 mai, devant la critique. Eloges sans doute, mais mêlés de reproches : « Flots de mots », note l'un, « festins d'images », souligne Colette qui conclut : « On ne fait pas une œuvre théâtrale avec des jeux de l'esprit. » Giraudoux est touché !

Il veut répondre, sur la scène, comme Molière dans *L'Impromptu de Versailles*, qu'il a vu récemment à la Comédie-

4. *Voir « Les rôles de Louis Jouvet au cinéma ».*

Française, ou dans la manière de *L'Impromptu du Vieux-Colombier* que Jouvet lui a rapportée. Il compose, à grands traits, *L'Impromptu de Paris*, invitant Jouvet « à le compléter, à l'illustrer et à en baptiser les acteurs ». Car lui-même sera en mission aux Etats-Unis à l'époque de la création.

Le Corsaire de Marcel Achard devait succéder à *Electre* ; *L'Impromptu de Paris* retarde sa création.

L'Impromptu de Paris met en scène la troupe de l'Athénée en répétitions. Se terminera-t-il par la représentation de *L'Ecole des femmes*, de *L'Occasion* de Mérimée ou de *La guerre de Troie n'aura pas lieu* ? Des variantes du texte sont envisagées. Jouvet pense un moment à *Knock* ; il retient *La guerre de Troie n'aura pas lieu*, avec de nouveaux décors de Guillaume Monin.

Jouvet tient Giraudoux au courant. Celui-ci, à New York, esquisse quelques scènes d'une *Ondine* pour répondre au vœu de Madeleine Ozeray, séduite par un conte de La Motte-Fouqué et le rôle qu'elle y voit. Il annonce à Jouvet une « Dormeuse ». Jouvet répond : « Marguerite Moreno ne cesse de me faire des visites pour que vous lui fassiez un rôle. »

A l'Athénée, les recettes ne sont pas bonnes. Jouvet se réjouit, du moins, de ce que le ministre Jean Zay envisage d'utiliser certaines tirades de *L'Impromptu de Paris* pour défendre sa réorganisation des théâtres lyriques nationaux à la Chambre des députés.

A la Comédie-Française, il propose à Edouard Bourdet de mettre en scène *L'Avare* ou *Le Tartuffe*.

Il a joué, cette année, dans six films.

1938

Six films encore en 1938. Travail théâtral et travail cinématographique ne cessent de s'imbriquer.

A l'Athénée, il doit reprendre *Knock*.

Dans une lettre du 16 janvier à Giraudoux, Jouvet relate la rencontre de Daladier, venu voir *La guerre de Troie*, qui est « parti très satisfait de se voir justifié par la pièce — "Giraudoux a raison... ce ne sont pas les hommes politiques qui déclarent la guerre" — et est rentré chez lui travailler à des dossiers qui nous préparent sans doute doucement la prochaine » ; il revient sur un rôle pour Marguerite Moreno.

Le 25 mars, Christian Bérard, Vittorio Rieti et la machinerie de l'Athénée, une nouvelle fois réunis par Jouvet, réalisent le mélange romanesque et poétique de réalité et de fiction offert par *Le Corsaire* de Marcel Achard. La machinerie assure à merveille les enchaînements d'une double aventure amoureuse — celle des personnages d'un film et celle de leurs interprètes, qui finissent par se rejoindre. Jouvet, Madeleine Ozeray et Dalio en sont les protagonistes.

Pierre Renoir a abandonné son rôle pendant les répétitions. Il n'a pas admis les termes de la critique de Marcel Achard sur le film de son frère Jean, *La Marseillaise* ; Alexandre Rignault l'a remplacé.

Le 21 juillet, dans les salons du ministère des Affaires étrangères, Jouvet et Madeleine Ozeray jouent la cinquième scène du deuxième acte de *L'Ecole des femmes*, devant les souverains britanniques.

Pour le 13 octobre, Jouvet s'est chargé de mettre en scène, à la Comédie-Française, *Tricolore* de Pierre Lestringuez. Un acte de complément s'avère nécessaire. Commande est passée à Giraudoux, au printemps. En quinze jours, il écrit *Proverbe des proverbes* devenu *Cantique des cantiques*, « petit acte d'humaine ironie », dit Jouvet. Vuillard en peint le décor. Madeleine Renaud, Jean Debucourt, Pierre Dux sont les interprètes.

Le 13 octobre, à l'Athénée, les comédiens lisent le premier acte d'*Ondine* ; l'auteur leur lit le deuxième le 17. Les répétitions commencent, suspendues, reprises... Le texte n'est pas achevé, Giraudoux bute sur le troisième acte. En fin de compte, le tribunal de *La Petite Catherine de Heilbronn* de Kleist lui suggère le procès d'Ondine. Il livre le troisième acte le 19 décembre.

Bérard ne peut — ou ne veut pas — faire les décors. Le nom du peintre new-yorkais Pavel Tchelitchew est suggéré à Jouvet, avec la complicité non avouée de Madeleine Ozeray. Il n'est pas libre. Roland Oudot, sollicité, se met au travail sur la scène même, y dressant directement les décors.

Fondateur, en 1933, de la Société d'histoire du théâtre, Jouvet en est élu président.

1939

L'univers singulier d'*Ondine*, sa poésie, l'humanité et la sensibilité qui l'animent, posent des problèmes au metteur en scène. Une reprise de *Knock*, le 8 février, est nécessaire afin de permettre de mener à terme les répétitions.

En février, Jouvet, d'accord avec Giraudoux, est obligé de modifier la distribution du deuxième acte ; il fait appel, pour le Chambellan, à Félix Oudart. Malgré leur qualité, les décors de Roland Oudot ne restituent pas l'atmosphère cherchée. Tchelitchew s'est ravisé — Madeleine Ozeray ne doit pas y être étrangère — et se propose ; Jouvet lui télégraphie : « Trop tard », mais finit par accepter une collaboration qui se révèle essentielle.

Ce n'est qu'en mai que la distribution — elle compte trente-trois comédiens — est arrêtée : outre Jouvet-Hans et Madeleine Ozeray-Ondine, Romain Bouquet et Raymone, les parents terrestres d'Ondine, Auguste Boverio, le roi des ondins, Jean Parédès, le poète et le bourreau... Henri Sauguet a composé la musique

La création, le 4 mai, annonce un succès exceptionnel. Le plafond prévu pour les recettes est dépassé : vingt-neuf mille francs, les plus fortes recettes alors de Paris. Mais les frais engagés sont aussi exceptionnels.

En compagnie de Tchelitchew, Jouvet projette de monter, avec lui, *Othello* de Shakespeare, et pense à demander l'adaptation à Paul Eluard. Il revient à un vieux projet : *L'Annonce faite à Marie...*

Giraudoux s'en va, dans Paris, à la rencontre de celles qu'on appelle les « folles », vieilles excentriques du petit monde parisien. L'idée première lui a été soufflée par Jouvet en souvenir du projet avorté de *The Old Ladies*.

La guerre déclarée, une partie du personnel — artistique et technique — est mobilisée. Jouvet ne peut rouvrir l'Athénée à l'automne.

Les émissions du Cartel, à la radio, réunissent les acteurs et les actrices disponibles.

En décembre, à Nice, Jouvet tourne *Untel père et fils*. Trois films avec lui sont sortis au cours de l'année.

1940

Jouvet a cru pouvoir profiter de la permission d'un de ses chefs machinistes pour reprendre *Knock*. Une crise d'eczéma aux mains l'a rendu indisponible.

Ce n'est que le 23 mars, après avoir procédé à des engagements de comédiens et à une réorganisation des services techniques, qu'il reprend le cours des représentations d'*Ondine*.

La bataille de France est déclenchée. Jouvet ferme l'Athénée le 15 mai.

Il quitte Paris dans la nuit du 11 au 12 juin, se rend à Bordeaux et, lorsque les Allemands atteignent la ville, passe à Aix-en-Provence. Là, il rassemble des éléments de sa troupe et des théâtres du Cartel et réalise à Radio-Marseille des émissions hebdomadaires. La première, en juillet, est consacrée à *Il ne faut jurer de rien*, de Musset.

Quand il regagne Paris, il se heurte aux impératifs des autorités d'occupation.

Au début de septembre, appuyé par Madeleine Ozeray, il songe à une tournée en Amérique latine, l'été 1941, et avertit Marcel Karsenty.

Une tournée de *L'Ecole des femmes* en Suisse, au début de 1941, lui est proposée ; elle pourrait être combinée avec la mise en film, par Max Ophuls, de *L'Ecole des femmes*.

Il est pressé par les Allemands de rouvrir son théâtre, gagne du temps et explique que les comédiens nécessaires sont dispersés.

Du 6 au 31 décembre, il donne *L'Ecole des femmes* à l'Athénée dans la perspective de la tournée.

Les laisser-passer en zone libre sont enfin obtenus. Jouvet a prétexté qu'il aura ainsi l'occasion de prendre contact avec ses comédiens qui s'y sont réfugiés et de reformer la troupe indispensable à la marche de l'Athénée.

1941

Le 2 janvier, le train emmène les interprètes de *L'Ecole des femmes* à Bâle. Ils jouent en Suisse, du 16 janvier au 26 février, commencent un tournage du spectacle, bientôt abandonné.

Le couple formé par Jouvet et Madeleine Ozeray est bouleversé par une brève aventure de Madeleine avec Max Ophuls.

Dès l'arrivée en zone libre où la tournée se poursuit, Jouvet, aidé par Marcel Karsenty, parvient à établir les accords pour une tournée au Brésil, en Uruguay et en Argentine. En attendant, il ira présenter *Knock* en Suisse, du 16 avril au 13 mai.

C'est à Lyon, et de Lyon, que toutes les mesures sont prises pour la Suisse et pour l'Amérique latine.

A Lyon aussi, Jouvet rencontre Giraudoux. Le plan du premier acte de *La Folle de Chaillot* est prêt. Ils s'entretiennent de *Sodome et Gomorrhe*. Peut-être Giraudoux donne-t-il lecture des deux premiers actes des *Gracques* ?

Le 27 mai a lieu le départ pour Lisbonne. La troupe y embarque sur le paquebot le *Bagé*, le 6 juin. Jouvet emporte un matériel important et un répertoire de dix pièces : *L'Ecole des femmes*, *Knock* et *Monsieur Le Trouhadec saisi par la débauche* de Jules Romains, *La guerre de Troie n'aura pas lieu*, *Electre* et *Ondine* de Giraudoux, *Je vivrai un grand amour* de Stève Passeur et, pour le même spectacle, *La Jalousie du Barbouillé*, *La Coupe enchantée* de La Fontaine et *La Folle Journée* d'Emile Mazaud.

A Paris, Pierre Renoir « garde » l'Athénée. Le théâtre va être sous-loué, mais Renoir versera aux familles ou virera sur leur compte en banque les appointements de ceux et celles qui suivent le Patron en Amérique du Sud.

Le *Bagé* accoste à Rio de Janeiro, le 26 juin[5].

7 juillet, première au théâtre municipal de *L'Ecole des femmes*. Les représentations s'y terminent le 26 juillet. Elles reprennent au théâtre municipal de Sao Paulo, du 28 au 31 juillet.

Du 6 août au 15 septembre, la compagnie joue au théâtre Odéon de Buenos Aires, puis, du 17 au 21 septembre, au théâtre-opéra de Rosario et au théâtre municipal de Santa Fe.

La saison prend fin au théâtre Solis de Montevideo, du 24 au 30 septembre.

De retour à Rio de Janeiro, le 7 octobre, dans l'attente d'un bateau pour rentrer en France, une représentation exceptionnelle est donnée au profit des œuvres de Mme Vargas, la femme du président de la République.

Mais Jouvet décide de ne pas rentrer en France. Une nouvelle saison, en 1942, aura l'appui moral et financier des gouvernements du Brésil, de l'Argentine et de l'Uruguay.

5. A partir de Rio de Janeiro, l'histoire et les enseignements de la tournée du théâtre Louis Jouvet en Amérique latine sont évoqués dans le chapitre : « On ne fait du théâtre que par plaisir et en liberté ». Nous ne rapportons ici que les principaux faits, événements annexes significatifs et dates.

Pour huit spectacles, son répertoire comprendra *Tessa* et *Judith* de Giraudoux, *L'Annonce faite à Marie* de Claudel, *Le Médecin malgré lui* et le premier acte du *Misanthrope* de Molière, *Léopold le bien-aimé* de Jean Sarment, *On ne badine pas avec l'amour* de Musset, *La Belle au bois* de Supervielle (qui travaille à une adaptation du *Roi Lear* pour Jouvet), *L'Occasion* de Mérimée. Il implique un matériel énorme : vingt-deux décors, dont deux avec une machinerie pour des changements à vue, deux cents costumes. Des décorateurs du Brésil, Eduardo Anahory, José Maria Do Santos, J. Senna, Enrique Liberal, ou d'Argentine, Anna Inès Carcano, sont invités à concevoir les maquettes. Paul Misraki et Renzo Massarani composent les musiques. Certains membres de la troupe regagnent la France. D'autres, venus de France, des Etats-Unis, réfugiés ou résidant à Rio de Janeiro, sont engagés.

Hollywood propose à Jouvet de venir tourner un film. Celui-ci accepte, à condition que toute la troupe soit engagée. Contre-proposition, raconte Wanda : Jouvet et cinq comédiens de son choix. L'affaire s'arrête là.

Le projet d'une tournée au Canada s'esquisse. Sont-ce des propos ironiques de Jouvet à l'égard de l'Amérique au cours d'une conférence de presse ? Les Etats-Unis refusent le visa de transit.

1942

Le 22 février, Jouvet a la surprise de recevoir un appel téléphonique de Giraudoux, alors à Genève. Celui-ci lui annonce l'envoi d'un acte, *L'Apollon de Marsac*, qu'il vient de terminer. Il l'a écrit pour lui et Agnès, Madeleine Ozeray. Quand le manuscrit arrive, le 13 mai, il porte ce mot : « Cher Jouvet, cher Louis. Trouvez vous-même le nom d'Apollon. A bientôt. Je travaille bien pour vous. *Sodome et Gomorrhe* est terminée. *La Folle de Chaillot* sera prête à votre retour... Jean. »

Giraudoux, le 31 mars, a écrit à son fils : « J'ai deux pièces terminées, *Sodome et Gomorrhe* et *L'Apollon de Marsac*, mais j'attends Jouvet. »

La première de la seconde saison — celle de *Tessa* — a lieu le 12 juin, au théâtre municipal de Rio de Janeiro.

Jouvet donne à l'Apollon le nom de « Monsieur de Marsac ». La pièce est créée le 16 juin.

Quelle inquiétude peut avoir Jouvet sur le privilège qu'il a eu jusque-là de créer le théâtre de Giraudoux ? De Buenos Aires, le 18 août, il télégraphie à celui-ci : « Vous demandons nous réserver tout votre répertoire pour tournée retour. » Le 12, Giraudoux indique : « Jouvet toujours à Buenos Aires. Je l'attends pour deux pièces que je ne donnerai sans doute pas sans lui. » En juin, il a lu *Sodome* à Edwige Feuillère. Le 16 décembre, sur le jeu d'épreuves de la pièce, il portera : « Pour être représenté au théâtre de l'Athénée ».

La lourdeur financière des spectacles a obligé Marcel Karsenty à contracter des dettes, malgré le succès. Il reste à régler les passages d'avion pour Buenos Aires ; les mauvaises recettes de Sao Paulo contraignent à un emprunt. Emprunt et dettes seront remboursés.

Le 21 septembre, une partie importante du matériel est détruite par l'incendie du théâtre Ateneo à Buenos Aires. Parmi les manifestations de solidarité dont elle est l'objet, la troupe a la chance de recevoir le soutien le plus généreux d'un Français de Buenos Aires, M. Pellec, directeur de l'hôtel Alvear, « et d'une grande famille aussi parisienne qu'argentine ». L'hôtel possède un petit théâtre ; M. Pellec le met à la disposition de Jouvet. Les représentations peuvent y être reprises. Des matinées poétiques sont organisées à Buenos Aires, à Rosario et à Santa Fe.

Alors que Jouvet a à faire face aux conséquences du sinistre, le gouvernement uruguayen dénonce ses accords. Des négociations permettent toutefois de maintenir la série de représentations au théâtre Sodre de Montevideo, du 10 au 31 octobre, mais dans des conditions assez précaires.

Désormais, il n'est plus possible de rémunérer comédiens et techniciens ; un défraiement égal à celui du Patron peut leur être attribué. Tel est le contrat nouveau que Jouvet soumet, le 17 octobre, à la compagnie lorsque, encouragé par M. Pellec, il se risque à répondre aux propositions des théâtres municipaux de Santiago du Chili et de Vina del Mar — le précédent contrat expire le 30. Quatre comédiens commencent par refuser ; faute d'un bateau dans l'immédiat, l'ensemble quitte Buenos Aires le 12 novembre et se dirige vers le Chili en faisant halte à Mendoza, au Teatro Independencia.

A Santiago du Chili, « la recette de notre première représentation, le 19 novembre, dépasse les quarante-deux mille pesos offerts pour notre séjour ». Représentations dans la ville jusqu'au 7 décembre et, du 9 au 14, à Vina del Mar. « Le total de nos recettes dépasse sept cent mille pesos. »

Marcel Karsenty est déjà au Pérou, à Lima. En son absence, Léo Lapara assure l'administration auprès du Patron. Karsenty négocie la venue du théâtre Louis Jouvet. Celui-ci s'embarque sur le *Rimac*, bateau marchand équipé en croiseur auxiliaire, que lui a dépêché le président péruvien. Jouvet a l'émotion de laisser à Santiago son vieux compagnon, Romain Bouquet, trop malade pour poursuivre l'aventure.

1943

Le *Rimac* arrive le 6 janvier à Callao, port avancé de Lima. Là, le théâtre principal est mis gracieusement à la disposition de Jouvet, du 8 janvier au 3 février. On refuse du monde.

Un meilleur climat s'établit parmi les comédiens. Déjà se dessine une perspective mexicaine. Pourtant, quatre comédiens et comédiennes abandonnent la tournée, Madeleine

Ozeray la première, bien qu'elle n'exclue pas absolument la possibilité de la rejoindre à la prochaine étape, sans doute la Colombie, Bogotá.

Du 4 au 20 mars, partis de la côte, passant à près de trois mille mètres d'altitude par Guayaquil et Quito — une soirée poétique y est improvisée —, Jouvet et ses camarades s'acheminent vers Bogotá, utilisant le cargo et l'autorail, le taxi et le chemin de fer.

A Bogotá, le théâtre Colon accueille, du 26 mars au 18 avril, la première troupe française à se présenter en Colombie. Madeleine Ozeray n'est pas venue. Elle exigeait que la compagnie adoptât désormais l'appellation « théâtre Louis Jouvet-Madeleine Ozeray », qu'elle-même ne fût pas seulement défrayée mais touchât un pourcentage sur les recettes. Monique Mélinand et Micheline Buire reprennent ses rôles avec succès.

Le 16 avril, la nouvelle parvient du Chili : Romain Bouquet est mort. Les représentations colombiennes continuent au théâtre Bolivar de Medellín, du 29 avril au 4 mai.

Au Venezuela, « en reconnaissance à notre visite, en hommage à la nation amie, tous les frais de transport seront payés par le gouvernement. Nous recevrons une large subvention, la disposition du théâtre municipal de Caracas. Nous serons exemptés de toutes les taxes et impôts, nous serons exonérés de tous les frais, y compris ceux de la lumière. » Ils jouent du 22 juin au 23 juillet.

La prochaine invitation est celle du Mexique. La route passe par La Havane. Dès le 20 août, la troupe y est rassemblée ; le matériel n'arrive que le 30 septembre. Elle ne pourra donner des représentations, à cause de la chaleur, qu'en novembre, du 14 au 18, puis le 10 décembre, au théâtre-auditorium. Pas d'aide officielle, de lourdes taxes à prévoir ; pour tenir, il faut la compréhension d'un hôtelier de La Havane, qui accepte de l'héberger en partageant frais et recettes.

A Paris, Giraudoux est à son bureau à l'hôtel de Castille, quand il reçoit la visite de Pierre Lestringuez. Comme celui-ci craint de le déranger, il répond : « Mais non, je ne travaille pas, je prophétise. » La prophétie qu'il vient de porter sur le manuscrit de *La Folle de Chaillot*, maintenant achevée, indique : « Cette pièce a été créée par la compagnie Louis Jouvet, au théâtre de l'Athénée, le 17 octobre 1945. » Edwige Feuillère a créé *Sodome et Gomorrhe* le 11 octobre, non sans être irritée par les hésitations de l'auteur à autoriser la création. Dans quelle attente ? celle de Jouvet ?

A Haïti, les autorités, le public font du passage de la compagnie au théâtre Rex de Port-au-Prince, du 17 décembre au 3 janvier, une fête de l'amitié pour la France.

1944

Après une longue et pénible traversée, du 4 au 22 janvier, sur le *Tabasco*, un petit vapeur mexicain, la saison mexicaine débute le 28 janvier, dans le vaste théâtre du Palacio de las Bellas Artes de Mexico. Complet !

Jouvet, le 18 février, apprend la mort de Giraudoux.

La première série de représentations au Bellas Artes se termine le 14 février, une seconde se déroule du 10 au 31 mars.

troupe se rend à Guadalajara, au théâtre Degollado, du › au 22 mai. Un nombre insuffisant de représentations pour un séjour de plusieurs mois, des frais de décors et de costumes importants... la situation financière n'est pas bonne. Une firme cinématographique, Mundial Film, propose une production avec la troupe. L'interdiction par les Etats-Unis d'importer de la pellicule vierge pour une production en langue étrangère ruine le projet.

La nouvelle du débarquement allié conforte Jouvet dans son projet : mener la tournée, cette fois, en terre française, en Martinique et en Guadeloupe, avant le retour en France.

Le comité d'Alger est informé et le gouverneur général de Fort-de-France patronne sa venue.

Plusieurs comédiens et comédiennes refusent de suivre, pour diverses raisons allant de l'intérêt personnel à la volonté manifestée ou à l'obligation de servir dans les Forces françaises libres. Jouvet dissout la compagnie. Deux comédiens, trois comédiennes, l'équipe technique et l'administrateur restent auprès de lui ; ils embarquent à Vera Cruz sur le *Duc d'Aumale*, le 14 juillet.

Ils parviennent à Fort-de-France le 5 août. Pour donner ses représentations, Jouvet doit compléter les distributions en faisant appel à des amateurs ; les techniciens ont à équiper théâtre ou salle de cinéma. Ils iront ensuite en Guadeloupe, à Basse-Terre, puis à Pointe-à-Pitre.

Le 7 septembre, première — celle de *L'Annonce faite à Marie* — au Ciné-Théâtre de Fort-de-France, suivie, du 14 au 18 septembre, par *L'Ecole des femmes*. Du 28 septembre au 10 octobre, les deux pièces et un récital poétique « De Villon à nos jours » sont présentés à Basse-Terre, au théâtre d'Arbaud, la « poétique » au cinéma Rialto de Pointe-à-Pitre. Nouvelle série à Fort-de-France, du 16 novembre au 11 décembre, avec *Je vivrai un grand amour*, *Knock*, le récital poétique, *La Coupe enchantée* accompagnée de *La Jalousie du Barbouillé* et de *La Folle Journée*.

Le 13 décembre, Jouvet et ses fidèles peuvent prendre le premier bateau pour la France, le *Sagittaire*.

1945

Escales à Casablanca et à Alger — il a été question d'y jouer, ainsi qu'à Oran — mais le *Sagittaire* reprend la traversée, entre dans le port de Marseille le 11 février.

Jouvet arrive à Paris le 18 février.

Jouvet retrouve son théâtre, il trouve le manuscrit de *La Folle de Chaillot* de Giraudoux. Mais l'Athénée a un sous-locataire qui n'entend pas se retirer aussitôt, mais le financement de *La Folle de Chaillot* est lourd.

Pour résoudre le problème financier, Jouvet envisage une coproduction avec le cinéma ; il se heurte aux réticences de Suzanne Giraudoux. D'où la vivacité de sa réplique le 29 mai :

« J'ai appris avec lui [Giraudoux] le théâtre et l'amitié, il m'a fait connaître la fidélité. C'est une phrase qu'il m'a dite souvent lorsque, par scrupule professionnel, je voulais le laisser libre d'accepter les propositions de plus en plus nombreuses que lui faisaient d'autres directeurs au fur et à mesure que sa réputation grandissait : "Non, me disait-il. Pourquoi ? J'aime la fidélité..." Je ne saurais me désintéresser de l'œuvre de Jean aujourd'hui moins que jamais. Les ressources de ses ouvrages sont pour moi toutes morales, mais soyez assurée que je ne perds pas de vue les vôtres : elles vont de pair. »

Il lui demande en outre « l'exclusivité des quinze pièces qui constituent l'œuvre dramatique » de Giraudoux, s'engageant « à assurer chaque année la remise à la scène ou la reprise d'une de ses pièces ».

La première lecture de la pièce est faite le 20 juin ; il y en aura trente autour de la table avant de passer en scène.

La disposition du théâtre acquise après des mois de négociations, une subvention gouvernementale de deux millions de francs anciens accordée par le ministre de l'Education nationale, René Capitant, permettent la création de *La Folle de Chaillot* le 19 décembre. Marguerite Moreno a le rôle qu'elle souhaitait depuis 1937. Marguerite Mayane, Raymone, Lucienne Bogaert jouent les autres « folles », Monique Mélinand Irma, Jouvet le chiffonnier... dans les décors et costumes de Christian Bérard, avec la musique d'Henri Sauguet. Deux cent quatre-vingt-dix-sept représentations témoignent du succès, jusqu'à épuiser les forces de Marguerite Moreno. La subvention est intégralement remboursée.

Jouvet revient au cinéma : il tourne le film de Christian Jaque, *Un revenant.*

Lors de la Conférence de Paris, le théâtre de l'Athénée, comme d'autres théâtres parisiens, illustre son répertoire, un spectacle chaque semaine, du 28 mai au 30 juin : *Knock*, *La Folle de Chaillot*, *L'Annonce faite à Marie*, *L'Ecole des femmes* (débuts de comédienne, débuts dans la compagnie, débuts dans le rôle d'Agnès de Dominique Blanchar).

A la fin de juillet, Jouvet se repose près de Marseille, au château de Montredon, chez la comtesse Pastré ; Christian Bérard y séjourne aussi. « Je travaille *Dom Juan*, écrit-il à René Thomas-Coèle, et les difficultés m'apparaissent encore plus grandes [...]. Je souffre de ne pouvoir apprendre le texte, il est étrange qu'il résiste à la mémoire aussi fortement. Y a-t-il des musiques qui présentent cette particularité ? [...] De temps en temps, j'ai l'impression d'avoir affaire au *Discours de la méthode.* » Il s'emploie à amener Bérard aux décors de *Dom Juan* : « Il faut aller prudemment avec lui et ne pas le forcer. Je vais rester encore quelque temps pour "ensemencer" Bébé. » Bérard entreprend de l'intéresser au talent d'un jeune écrivain, Jean Genet ; celui-ci vient d'écrire une pièce, *Les Bonnes.*

Sur le chemin du retour, Jouvet se propose d'aller voir Marcel Pagnol ; il a accepté de mettre en scène son adaptation d'*Hamlet* à la Comédie-Française, pour les débuts de Pierre Blanchar. Le projet mis en œuvre n'aboutit pas.

Jouvet joue *L'Annonce faite à Marie* aux Rencontres internationales de Genève, du 3 au 5 septembre.

Il tourne *Copie conforme* sous la direction de Jean Dréville.

1947

Au terme des représentations de *La Folle de Chaillot*, désireux de présenter *L'Apollon de Marsac* à Paris et soucieux de création, il réunit à l'affiche la comédie de Giraudoux et *Les Bonnes*. Monique Mélinand, Yvette Etiévant sont les « bonnes » de Madame-Yolande Laffon ; Dominique Blanchar, l'Agnès de Marsac.

Cependant que Jouvet répète *Dom Juan*, « engagé » totalement, spirituellement, artistiquement dans l'aventure, il tient le rôle de l'inspecteur Antoine dans un film d'Henri-Georges Clouzot, *Quai des Orfèvres* ; il représente la France au premier festival d'Edimbourg, du 6 au 16 septembre, avec *L'Ecole des femmes* et *Ondine* ; il reprend *Knock* le 11 octobre ; il inaugure le 1er novembre, en collaboration avec Pierre Renoir, une nouvelle classe au Conservatoire (considéré comme démissionnaire de son ancienne classe, il avait été fait professeur honoraire, le 1er janvier 1942).

Dom Juan est présenté le 24 décembre. Après avoir pensé à jouer Sganarelle, il a eu l'idée de confier le rôle à un des jeunes pensionnaires du Grenier de Toulouse, Daniel Sorano, tandis qu'il prendrait celui de Dom Juan, mais le rapport du couple maître-valet ne lui a pas paru bon.

Léo Lapara l'a emmené, avec intention, voir Fernand René, ancien comique de music-hall. Avec lui, avec Andrée Clément-Elvire, Pierre Renoir-Dom Luis, avec les décors et les costumes de Christian Bérard, la musique d'Henri Sauguet, Jouvet-Dom Juan fait découvrir cette œuvre de Molière jusque-là négligée et l'inscrit parmi les pièces maîtresses du répertoire.

1948

Première grande tournée officielle de l'après-guerre. Du 7 mars au 30 avril, au Caire, puis à Alexandrie : *L'Ecole des femmes*, *Dom Juan*, *Ondine*, *Knock* et *L'Apollon de Marsac*, *La Folle Journée* et *La Coupe enchantée* ; du 1er mai au 25 juin, avec *L'Ecole des femmes*, l'Italie (Rome, Florence, Venise, Turin, Milan), Strasbourg, la Pologne (Varsovie, Cracovie), la Tchécoslovaquie (Morava-Ostrava, Bratislava, Prague), l'Autriche (Vienne), l'Allemagne (Munich, Stuttgart, Nuremberg, Baden-Baden).

En vacances à Aix-en-Provence, Jouvet étudie *Pour Lucrèce* de Giraudoux ; Marguerite Moreno est prête à jouer Barbette, la ventouseuse. Il rencontre Bérard ; ils établissent peu à peu le décor des *Fourberies de Scapin* qu'il mettra en scène pour la compagnie Renaud-Barrault la prochaine saison.

A la rentrée, il retrouve *Dom Juan* et tourne *Les amoureux sont seuls au monde* et *Entre onze heures et minuit*.

1949

Une reprise de *Knock*, le 12 janvier, célèbre le vingt-cinquième anniversaire de la pièce : elle aura connu mille deux cent quatre-vingt-dix-huit représentations à Paris.

La première, au théâtre Marigny, des *Fourberies de Scapin*, avec Jean-Louis Barrault, est prévue le 18 février. Henri Sauguet a composé la musique. Le 13 au soir, Jouvet s'apprête à régler les éclairages en compagnie de Bérard. Quand il arrive, Bérard vient de s'écrouler, foudroyé par une crise cardiaque. Jouvet est cruellement éprouvé par cette mort qui lui apparaît comme un avertissement pour lui-même.

Ondine est reprise le 7 mai, avec Dominique Blanchar, au dixième anniversaire de la création.

Les tournages se succèdent : *Retour à la vie*, *Miquette et sa mère*, *Lady Paname*, un film de son vieux complice Henri Jeanson, cette fois réalisateur.

Bérard disparu, quel décorateur pour *Le Tartuffe* qu'il prépare ? Depuis *Dom Juan*, Jouvet entretient des relations régulières avec les dominicains ; des conversations avec eux l'orientent vers Braque.

Le 17 septembre, il note : « Travail sur *Tartuffe*, aisé, mais je suis inquiet de cette aisance, de cette facilité, et cependant je sens qu'à mon âge, en ce moment, il faut que je sois dans cet état de détachement et de sérénité pour pratiquer. La seule question est de savoir si le public sera satisfait, s'il agréera ce que je peux encore faire, si mes idées ne sont pas déjà un peu démodées ou éventées. »

Il a choisi Gabrielle Dorziat pour Dorine — bien qu'il ait souligné, dans ses cours au Conservatoire, la jeunesse des interprètes du rôle jusqu'à Rachel au XIXe siècle. Mais, avec Gabrielle Dorziat, il entend marquer l'autorité, dans la famille, d'un personnage qui a élevé les enfants.

En octobre, la mort de Copeau, en décembre, celle de Dullin le bouleversent.

1950

Il paraît dans Tartuffe, le 27 janvier. Pierre Renoir joue Orgon, Monique Mélinand Elmire. La musique — c'est leur cinquième collaboration — est d'Henri Sauguet.

La critique est réservée, quand elle n'est pas mauvaise. Mais André Malraux lui écrit : « Ce qui m'a frappé, c'est la qualité du style que vous êtes parvenu, une fois de plus, à donner, et où votre direction des artistes se mêle au décor et permet de décoller du réalisme. »

Le 31 janvier, Jouvet et Marcel Karsenty constituent la Compagnie dramatique des tournées Louis Jouvet. Elle porte sur l'exploitation en tournée des représentations théâtrales en France et à l'étranger et sur toute activité cinématographique (à l'exclusion de la projection cinématographique).

Du 22 février au 25 juin, elle présente *L'Ecole des femmes* et *Knock* en Belgique, en France, au Portugal, en Espagne, en Afrique du Nord et en Suisse.

Quatre mois de tournée ! Vers la fin, dans le train, entre Perpignan et Marseille, raconte Marcel Karsenty, « Jouvet se sentit mal à l'aise. Ses chevilles enflaient. Il souffrait de la jambe gauche. "C'est une phlébite, diagnostiqua le médecin. Il va falloir prendre quelques précautions et vous reposer." Malgré son état de fatigue, Jouvet n'était pas homme à quitter une tournée pour raison de santé. »

Il se repose l'été, près d'Aix-en-Provence, en compagnie de Léo Lapara et Hélèna Bossis.

Il est promu commandeur de la Légion d'honneur, le 31 juillet.

Il a repris le manuscrit de *Pour Lucrèce*. En septembre, il en adresse un exemplaire à Edwige Feuillère — le rôle de Paola a été écrit pour elle. Toutefois, s'il a reçu des promesses — la création se ferait au cours de la saison 1952-1953 —, il n'a pas d'accord précis des Giraudoux.

Quel projet former ? Il lit une adaptation théâtrale du roman de Graham Greene, *La Puissance et la Gloire*, par Pierre Quet et Pierre Darbon. Elle demande beaucoup d'aménagements, mais il la retient aussitôt et songe à Clouzot pour lui donner une forme satisfaisante.

Il fixe, une seconde fois, l'interprétation de *Knock* pour l'écran dans une mise en scène cinématographique de Guy Lefranc.

1951

Des tractations sont engagées avec MM. Quet et Darbon, Graham Greene et bientôt Clouzot. Celui-ci exige toute liberté. Il en use pour un premier travail ; Greene ne peut l'approuver. Mais c'est du fait de Jouvet que la collaboration est arrêtée.

Le 7 février, mercredi des Cendres, à Saint-Germain-l'Auxerrois, Jouvet lit la prière de Willette pour les artistes qui mourront dans l'année.

Il accepte de mettre en scène la nouvelle pièce de Sartre, *Le Diable et le Bon Dieu* au théâtre Antoine.

Du 27 février au 3 avril, il est au Canada, à Montréal et à Québec, et aux Etats-Unis, à Boston et à New York, avec *L'Ecole des femmes*. Les représentations, les réceptions, les conférences, les interviews malmènent son cœur. Le 3 avril, à l'Anta Theater de New York, il joue Arnolphe pour la dernière fois.

Pendant son absence, le Grenier de Toulouse, le Centre dramatique de l'Est et le Centre dramatique de l'Ouest se sont succédé à l'Athénée.

Dès son retour, il commence à répéter *Le Diable et le Bon Dieu* au théâtre Antoine.

Lui, accoutumé à commander toute opération de ses spectacles, n'a pas choisi les comédiens : Pierre Brasseur, Jean Vilar, Maria Casarès... ; ni les décors de Félix Labisse et les costumes de Francine Galliard-Rissler ; surtout, il ne trouve pas d'entente avec l'auteur. La pièce est créée le 7 juin.

Le 1er juillet, Jouvet participe à l'hommage rendu par Bellac à Giraudoux.

Il revient tourner *Une histoire d'amour.*

Les répétitions de *La Puissance et la Gloire* débutent le 7 août. Pierre Bost a eu finalement la charge de remanier l'adaptation de Pierre Quet et Pierre Darbon. « Je ne suis pas très satisfait de moi, écrit Jouvet le 9 à Marcel Karsenty, et j'ai peur de cette pièce qui n'en est pas une et qui est vraiment très peu pathétique et sans histoire attachante. » A Pierre Renoir, le 10, estimant son rôle difficile — celui du prêtre : « Je ne sais pas de quel côté il faut le prendre » et, pour la pièce : « Il y a là un peu de ce que Brecht appelle le "théâtre d'aliénation", le théâtre non pathétique dont le souci est bien plus de susciter un jugement, une appréciation, une réaction dans l'esprit du spectateur, et donc de "l'engager" dans l'histoire, plutôt que de le porter, de le faire participer et communier avec les sentiments et les sensations que les acteurs expriment (et pour leur compte) dans un paroxysme où acteurs et spectateurs finissent par vivre à l'unisson. Excuse-moi de te dire tout cela mais je tâche de voir clair. Jusqu'ici, le texte est d'un intérêt réel et sans un mot de trop. Enfin, je suis bien impatient et angoissé. »

Le 14, le *Journal officiel* publie sa nomination comme conseiller auprès de la direction générale des Arts et des Lettres pour toutes les questions relatives à la décentralisation dramatique.

L'après-midi, répétition dans le foyer-bar. Elle prend fin à 16 h 30. Le livre de bord du théâtre consigne : « Après la répétition, conversation sur la pièce et indications aux comédiens par monsieur Louis Jouvet. A 17 h 10, celui-ci se sent pâlir et va s'étendre sur le tapis du palier du bar, ressentant des douleurs dans la poitrine. Quelques instants plus tard, son malaise se prolongeant, mademoiselle Mélinand fait appeler un médecin. » Celui-ci diagnostique un infarctus du myocarde.

Le 15, une hémiplégie gauche se déclare. S'ajoutent, dans la nuit du 15 au 16, des complications pulmonaires.

Louis Jouvet meurt dans son bureau, le 16 août, à 20 h 15.

Rôles au théâtre[1]

1908

Groupe d'action d'art et la revue *La Foire aux chimères* :

14 juin. Danton, dans *Charlotte Corday* de François Ponsard (scène des triumvirs), au Château du peuple.

18 juillet. Hargand, dans *Les Mauvais Bergers* d'Octave Mirbeau (acte III). Don Quichotte, dans *Le Moulin des chimères* de Bernard Marcotte. Don Luis, dans *Dom Juan* de Molière (scènes), à l'Université populaire du faubourg Saint-Antoine.

En dehors du Groupe d'action d'art :

22 août. Le Coryphée, dans *Œdipe roi* de Sophocle, trad. Lacroix, au théâtre municipal de Saint-Dizier (avec Fernand de Clairval).

Groupe d'action d'art et la revue *La Foire aux chimères* :

30 août. Maximilien-Serror, dans *Les Maîtres de la vie* de Georges-Hector Mai.

Alceste, dans *Le Misanthrope* de Molière (acte I), au Château du peuple.

1. La date mentionnée est celle de la première prise des rôles. Certains ont été repris ultérieurement.

L'Hexagramme :

27 septembre. Le Prêteur, dans *Un magistrat comparaît devant un homme libre*, de Han Ryner (scènes dialoguées).

Groupe d'action d'art :

4 octobre. Oswald, dans *Les Revenants* d'Henrik Ibsen, à l'Université populaire du faubourg Saint-Antoine.

14 novembre. Burrhus dans *Britannicus* de Racine, au théâtre de la Ruche des arts. Grenouillot, dans *Le Principal Témoin* de Georges Courteline.

15 novembre. Jorès Sangue, dans *Le Droit au bonheur* de Camille Lemonnier et Pierre Soulaine. Monsieur Saumâtre, dans *Hortense, couche-toi !* de Georges Courteline, à l'Université populaire du faubourg Saint-Antoine.

26 décembre. Le Directeur, dans *La Recommandation* de Max Maurey. Jacques, dans *Le Cœur a ses raisons* de Robert de Flers et Gaston Arman de Caillavet, au théâtre de la Ruche des arts.

1909

Théâtre d'action d'art :

28 février. Jacques Séguin, comte d'Olastro, dans *Le Combat des cerfs* d'Emile Bergerat, à l'Université populaire du faubourg Saint-Antoine.

13 mars. *Le Chien Flamberge* de G. Nigond, au théâtre de la Ruche des arts.

L'Hexagramme :

4 avril. Lucien, dans *Jusqu'à l'âme* de Han Ryner.

Théâtre d'action d'art :

5 juin : Pylade, dans *Andromaque* de Racine, au théâtre de la Ruche des arts.

19 septembre. Arnolphe, dans *L'Ecole des femmes* de Molière, à l'Université populaire du faubourg Saint-Antoine.

7 novembre. Auguste Mercadet, dans *Le Faiseur* de Balzac, au Trocadéro (petite salle).

1910

19 février. Le colonel Chabert, dans *Le Colonel Chabert* de Louis Forest, d'après la nouvelle de Balzac, au théâtre de l'Athénée-Saint-Germain.

Théâtre de la Ruche des arts :

6 mars. Ma Soupe, dans *L'Asile de nuit* de Max Maurey.

Théâtre d'action d'art :

15 mai. M. Lepic, dans *Poil de carotte* de Jules Renard, à l'Université populaire du faubourg Saint-Antoine.

Théâtre d'idées :

5 juin. Le Rédacteur, dans *Féministe* de Lydie Pissargewski et Léon Combes.

Tournée Zeller : *Le Juif errant*.

Théâtre du Châtelet : *Le Tour du monde en quatre-vingts jours* (chef des Pawnees), *Michel Strogoff* (émir Feofar).

1911

Théâtre des arts :

3 octobre. Père Zossima, dans *Les Frères Karamazov*, de Jacques Copeau et Jean Croué d'après le roman de Dostoïevski.

8 novembre. Méteil, dans *Le Pain* de Henri Ghéon.

7 décembre. Le Ministre, dans *Le Chagrin dans le palais de Han*, poème chinois (adaptation de Louis Laloy).

1912

6 janvier. Le Joueur de vielle, dans *Les Dominos*, de Couperin et Laloy. Le Roi, dans *Fantasio* de Musset.

18 avril. Le Maigre, le Lion, le Bourgeois, dans *Mil neuf cent douze*, revue de Muller et Gignoux.

Théâtre chrétien de Passy :

10 juillet. Duguesclin, dans *Messire Duguesclin* de Paul Déroulède.

L'Œuvre, salle Malakoff :
23 décembre. L'Homme, dans *L'Annonce faite à Marie* de Paul Claudel.

1913

Théâtre du Châtelet :
14 février. Le Grand Prêtre, dans *Champion de l'air* d'Emile Codey.
25 avril. Saison d'été au théâtre du Château d'eau : *Les Oberlé*, d'après le roman de René Bazin ; *Une nuit de noces* de Kéroul et Barré ; *Monte Cristo*, d'après Alexandre Dumas ; *Les Gaietés de l'escadron* de Georges Courteline (abandonné par L. Jouvey le 19 juin).
Théâtre du Vieux-Colombier :
22 octobre. Master Cranwell, dans *Une femme tuée par la douceur* de Thomas Heywood (adaptation de Jacques Copeau). Macroton, dans *L'Amour médecin* de Molière.
12 novembre. Grimbosq, dans *Les Fils Louverné* de Jean Schlumberger.
18 novembre. Wladislas, dans *Barberine* de Musset.
4 décembre. Maître Simon, dans *L'Avare* de Molière.
22 décembre. Le Savetier, dans *La Farce du savetier enragé*, anonyme du XVe siècle.

1914

1er janvier. Le Docteur, dans *La Jalousie du Barbouillé* de Molière.
10 mars. Féodor Pavlovitch Karamazov, dans *Les Frères Karamazov* de Jacques Copeau et Jean Croué, d'après le roman de Dostoïevski.
19 mai. Messire André Aguecheek, dans *La Nuit des rois* de Shakespeare (traduction de T. Lascaris).

1917

Garrick Theater, théâtre français de New York

27 novembre. Jouvet, dans *L'Impromptu du Vieux-Colombier* de Jacques Copeau. Géronte, dans *Les Fourberies de Scapin* de Molière.

5 décembre. L'évêque de Lima, dans *Le Carrosse du Saint-Sacrement* de Mérimée.

1918

20 février. Louis Thieux, dans *Les Mauvais Bergers* d'Octave Mirbeau.

5 mars. Le marquis de Kergazon, dans *La Petite Marquise* de Meilhac et Halévy.

2 avril. Trielle, dans *La Paix chez soi*, de Georges Courteline.

21 octobre. Brid'Oison, dans *Le Mariage de Figaro* de Beaumarchais.

28 octobre. Le Cantonnier, dans *Blanchette* d'Eugène Brieux.

4 novembre. Général Le Prieur, dans *Georgette Lemeunier* de Maurice Donnay.

11 novembre. Crainquebille, dans *Crainquebille* d'Anatole France.

25 novembre. Sganarelle, dans *Le Médecin malgré lui* de Molière.

2 décembre. Ulrik Brendel, dans *Rosmersholm* d'Henrik Ibsen.

9 décembre. Vatel, dans *Le Gendre de M. Poirier* d'Emile Augier et Jules Sandeau.

16 décembre. Claudio, dans *Les Caprices de Marianne* de Musset.

1919

17 février. The Theatre, dans *Induction* de Percy Mac Kaye (traduction de Jacques Copeau). Josselin, dans *La Coupe enchantée* de La Fontaine. The Theatre, dans *Prologue à Washington* de Percy Mac Kaye (traduction de Jacques Copeau).

1920

Théâtre du Vieux-Colombier :

10 février. Autolycus, dans *Le Conte d'hiver* de Shakespeare (traduction de Suzanne Bing et Jacques Copeau).

10 avril. Filliâtre Demelin, dans *L'Œuvre des athlètes* de Georges Duhamel.

27 mai. Anselme, dans *Crommedeyre-le-Vieil* de Jules Romains.

1er juillet. Truchard, dans *La Folle Journée* d'Emile Mazaud.

1921

23 mars. Antigone, dans *La Mort de Sparte* de Jean Schlumberger.

1922

5 janvier. Philinte, dans *Le Misanthrope* de Molière.

7 mars. Le Prince, dans *L'Amour livre d'or* de Léon Tolstoï.

16 juin. Le Grand Prêtre, dans *Saül* d'André Gide.

1923

Comédie des Champs-Elysées :

13 mars. M. Le Trouhadec, dans *M. Le Trouhadec saisi par la débauche* de Jules Romains.

24 octobre :

Le général Foulon-Dubelair, dans *La Journée des aveux* de Georges Duhamel.

14 décembre :

Knock, dans *Knock ou le Triomphe de la médecine* de Jules Romains.

1924

6 octobre. Le Vicomte, dans *La Scintillante* de Jules Romains.

8 décembre. Malborough, dans *Malborough s'en va-t-en guerre* de Marcel Achard.

1925

31 janvier. M. Le Trouhadec, dans *Le Mariage de M. Le Trouhadec* de Jules Romains.

30 avril. Muscar, dans *Tripes d'or* de Fernand Crommelynck.

9 octobre. Démétrios, dans *Démétrios* de Jules Romains.

1926

26 avril. Bava, dans *Bava l'Africain* de Bernard Zimmer.

26 décembre. M. Tom Prior, dans *Au grand large* de Sutton Vane (traduction de Paul Verola).

1927

5 avril. Klestakoff, dans *Le Revizor* de Gogol (traduction d'Olga Choumanski et Jules Delacre).

12 octobre. Léopold, dans *Léopold le bien-aimé* de Jean Sarment.

1928

28 mars. M. Lèbre, dans *Le Coup du 2 décembre* de B. Zimmer.

3 mai. Général de Fontgeloy, dans *Siegfried* de Jean Giraudoux.

1929

30 janvier Crété, dans *Suzanne* de Stève Passeur.

18 avril. Jeff, dans *Jean de la Lune* de Marcel Achard.

8 novembre. Mercure, dans *Amphitryon 38* de Jean Giraudoux.

1930

30 avril. Valfine, dans *Le Prof' d'anglais* de Régis Gignoux.

1931

13 avril. Zelten, dans *Siegfried* de J. Giraudoux (reprise).

20 mai. Thomas, dans *L'Eau fraîche* de Pierre Drieu La Rochelle.

29 octobre. Armand, dans *Un taciturne* de Roger Martin du Gard.

1932

3 février. Domino, dans *Domino* de M. Achard.

18 novembre. Le Margrave, dans *La Margrave* d'Alfred Savoir.

1933

1er mars. Le Contrôleur, dans *Intermezzo* de J. Giraudoux.

8 décembre. Pétrus, dans *Pétrus* de M. Achard.

1934

11 avril. Le Berger de Laïus, dans *La Machine infernale* de Jean Cocteau.

Athénée - Théâtre Louis Jouvet :

14 novembre. Lewis Dodd, dans *Tessa* de Margaret Kennedy et Basil Dean (adaptation de J. Giraudoux).

1935

22 novembre. Hector, dans *La guerre de Troie n'aura pas lieu* de J. Giraudoux.

Outourou, dans *Supplément au voyage de Cook* de J. Giraudoux.

1936

9 mai. Arnolphe[2], dans *L'Ecole des femmes* de Molière.

1937

13 mai. Le Mendiant, dans *Electre* de J. Giraudoux.

4 décembre. Louis Jouvet, dans *L'Impromptu de Paris* de J. Giraudoux.

1938

25 mars. Frank O'Hara-Kid Jackson, dans *Le Corsaire* de Marcel Achard.

1939

4 mai. Le chevalier Hans, dans *Ondine* de J. Giraudoux, d'après un conte de Frédéric de la Motte-Fouqué.

2. *Joué, la première fois, au Théâtre d'action d'art.*

1941

Odéon-Buenos Aires :

3 septembre. Modeste, dans *Je vivrai un grand amour* de Stève Passeur.

1942

Théâtre municipal de Rio de Janeiro :

16 juin. Blazius, dans *On ne badine pas avec l'amour* de Musset. Le M. de Marsac[3], dans *L'Apollon de Marsac* de J. Giraudoux.

19 juin. Anne Vercors, dans *L'Annonce faite à Marie* de Paul Claudel.

26 juin. Fra Eugénio, dans *L'Occasion* de Mérimée.

30 juin. Barbe-Bleue, dans *La Belle au bois* de Jules Supervielle.

9 novembre. Alceste, dans *Le Misanthrope* de Molière (acte I).

1945

Athénée-Théâtre Louis-Jouvet :

22 décembre. Le Chiffonnier, dans *La Folle de Chaillot* de Jean Giraudoux.

1947

24 décembre. Dom Juan, dans *Dom Juan ou le Festin de Pierre* de Molière.

1950

27 janvier. Tartuffe, dans *Le Tartuffe* de Molière.

3. Repris à Paris, à l'Athénée, le 19 avril 1947

Rôles au cinéma

1933

Topaze, dans *Topaze*. Réal. : Louis Gasnier. Scén. et adap. : Léopold Marchand et Louis Gasnier, d'après la pièce de Marcel Pagnol. Avec Edwige Feuillère, Marcel Vallée, Pierre Larquey.

Knock, dans *Knock*. Réal. : Louis Jouvet et Roger Goupillères. Scén. : Georges Neveux, d'après la pièce de Jules Romains. Avec Pierre Palau, Pierre Larquey, Robert Le Vigan.

1935

Le chapelain, dans *La Kermesse héroïque*. Réal. : Jacques Feyder. Scén. et adap. : Jacques Feyder et Charles Spaak. Dial. : Bernard Zimmer. Avec Françoise Rosay, Jean Murat, Alerme.

1936

Durin, dans *Mister Flow*. Réal. : Robert Siodmak. Scén. et adap. : Henri Jeanson et Charles Noti, d'après le roman de Gaston Leroux. Dial. : Henri Jeanson. Avec Edwige Feuillère, Fernand Gravey.

Le baron, dans *Les Bas-Fonds*. Réal. : Jean Renoir. Scén. : Eugène Zamiatine et Jacques Companeez, d'après le roman de Maxime Gorki. Adap. et dial. : Charles Spaak et Jean Renoir. Avec Jean Gabin, Suzy Prim, Junie Astor, Vladimir Sokoloff.

Simonis, dans *Mademoiselle Docteur*. Réal. : G.W. Pabst. Scén. Irma von Cube, Léon Birinski et Herman J. Markiewicz. Adap. Georges Neveux et Jacques Natanson. Dial. : Jacques Natanson. Avec Dita Parlo, Viviane Romance, Pierre Fresnay, Pierre Blanchar, Charles Dullin.

1937

Archibald Soper, évêque de Bedford, dans *Drôle de drame*. Réal. : Marcel Carné. Scén. et dial. : Jacques Prévert, d'après le roman de Storer Clouston. Avec Françoise Rosay, Michel Simon, Jean-Louis Barrault, Jean-Pierre Aumont.

Le commissaire Calas, dans *L'Alibi*. Réal. : Pierre Chenal. Scén. et dial. : Marcel Achard. Avec Eric von Stroheim, Jany Holt, Albert Préjean.

Valfar, dans *Forfaiture*. Réal. : Marcel Lherbier. Scén. : Jacques Companeez. Dial. : Jacques Natanson. Avec Sessue Hayakawa, Lise Delamare, Victor Francen, Sylvia Bataille.

Pierre Verdier dit Jo, dans *Un carnet de bal*. Réal. : Julien Duvivier. Scén. : Julien Duvivier et Pierre Wolff. Dial. : Henri Jeanson. Avec Marie Bell.

Roederer, dans *La Marseillaise*. Réal. : Jean Renoir. Scén. : Jean Renoir, Carl Koch, Nina Martel-Dreyfus, Mme Jean-Paul Dreyfus. Dial. : Jean Renoir. Avec Pierre Renoir, Lise Delamare, Aimé Clariond.

Itchoua, dans *Ramuntcho*. Réal. : René Barberis. Scén. : Emile Allard et René Barberis, d'après le roman de Pierre Loti. Dial. : Emile Allard. Avec Françoise Rosay, Madeleine Ozeray, Paul Cambo.

1938

Rossignol, dans *La Maison du Maltais*. Réal. : Pierre Chenal. Scén. : Jacques Companeez, d'après le roman de Jean Vignaud. Dial. : Simon Gantillon. Avec Viviane Romance, Jany Holt, Marcel Dalio, Pierre Renoir.

Le professeur Lambertin, dans *Entrée des artistes*. Réal. : Marc Allégret. Scén. : Henri Jeanson et André Cayatte. Dial. : Henri Jeanson. Avec Janine Darcey, Claude Dauphin, Odette Joyeux, André Brunot, Marcel Dalio, Bernard Blier, Monique Mélinand, Wanda.

René Cercleux, dans *Education de prince*. Réal. : Alexandre Esway. Scén. : Roger Clouzot, Carlo Rim et Paul Madeux, d'après le roman de Maurice Donnay. Dial. : Carlo Rim. Avec Elvire Popesco, Alerme, Josette Day.

Ivan, dans *Le Drame de Shanghai*. Réal. : G.W. Pabst. Scén. : Léo Lania, Alexandre Arnoux et Henri Jeanson, d'après le roman d'O.P. Gilbert. Dial. : Henri Jeanson. Avec Raymond Rouleau, Valery Inkijinoff.

Monsieur Edmond, dans *Hôtel du Nord*. Réal. : Marcel Carné. Scén. : Henri Jeanson et Jean Aurenche d'après le roman d'Eugène Dabit. Dial. : Henri Jeanson. Avec Arletty, Annabella, Jean-Pierre Aumont, Bernard Blier.

Saint-Clair, dans *La Fin du jour*. Réal. : Julien Duvivier. Scén., adap. et dial. : Charles Spaak et Julien Duvivier. Avec Michel Simon, Victor Francen, Gabrielle Dorziat, Madeleine Ozeray.

1939

Le charretier de la mort, dans *La Charrette fantôme*. Réal. : Julien Duvivier. Scén. : Julien Duvivier, d'après le roman de Selma Lagerlöf. Dial. : Alexandre Arnoux. Avec Pierre Fresnay, Micheline Francey, Marie Bell.

Le baron Hartmann, dans *Sérénade*. Réal. : Jean Boyer. Scén. : Ernest Neuville, Jacques Companeez et Max Maret.

Adap. : Ernest Neuville. Dial. : Pierre Wolff. Avec Liliane Harvey, Bernard Lancret.

1940

Volpone, dans *Volpone*. Réal. : Maurice Tourneur. Adap. et dial. : Jules Romains, d'après la pièce de Ben Jonson. Avec Harry Baur, Charles Dullin, Fernand Ledoux, Jacqueline Delubac.

1940-1945

Pierre et Félix Froment, dans *Untel père et fils*. Réal. : Julien Duvivier. Scén. : Marcel Achard, Charles Spaak et Julien Duvivier. Dial. : Marcel Achard et Charles Spaak. Avec Raimu, Michèle Morgan.

1946

Jean-Pierre, le directeur de la troupe de ballets, dans *Un revenant*. Réal. : Christian-Jaque. Scén. : Henri Jeanson. Adap. : Henri Jeanson, Christian-Jaque et Louis Chavance. Dial. : Henri Jeanson. Avec Gaby Morlay, Ludmilla Tcherina, Marguerite Moreno, François Périer, Louis Seigner.

Gabriel Dupon et Manuel Ismora, le duc de Niolles, Olaf Christiansen, le déménageur, dans *Copie conforme*. Réal. : Jean Dréville. Scén. : Jacques Companeez. Adap. : Paul Andreota et Jean Dréville. Dial. : Henri Jeanson. Avec Suzy Delair, Jean-Jacques Delbo, Léo Lapara.

1947

L'inspecteur Antoine, dans *Quai des Orfèvres*. Réal. : Henri Georges Clouzot. Scén. : H.G. Clouzot et Jean Ferry, d'après le roman de S.A. Steeman *Légitime Défense*. Dial. : H.G. Clouzot. Avec Suzy Delair, Simone Renant, Dora Doll, Charles Dullin, Bernard Blier.

1948

Gérard Favier, dans *Les amoureux sont seuls au monde*. Réal. : Henry Decoin. Scén. et adap. : Henri Jeanson. Avec Renée Devillers, Dany Robin, Philippe Nicaud.

L'inspecteur Carrel, dans *Entre onze heures et minuit*. Réal. : Henry Decoin. Scén. et adap. : Marcel Rivet et H. Decoin. Dial. : Henri Jeanson. Avec Madeleine Robinson, Monique Mélinand, Yvette Etiévant.

1949

Girard, dans *Retour à la vie*. Réal. : H.G. Clouzot. Scén. et dial. : H.G. Clouzot et Jean Ferry. Avec Noël Roquevert.

Monchablon, dans *Miquette et sa mère*. Réal. : H.G. Clouzot. Scén., adap. et dial. : H.G. Clouzot et Jean Ferry, d'après la pièce de Robert de Flers et Gaston Arman de Caillavet. Avec Bourvil, Danielle Delorme, Saturnin Fabre, Pauline Carton.

Gambier dit Bagnolet, dans *Lady Paname*. Réal. : Henri Jeanson. Scén., adap. et dial. : H. Jeanson. Avec Suzy Delair.

1950

Knock, dans *Knock*. Réal. : Guy Lefranc. Scén. et adap. : Georges Neveux, d'après la pièce de Jules Romains. Dial. : J. Romains. Avec Jean Brochard, Pierre Renoir, Pierre Bertin, Yves Deniaud.

1951

L'inspecteur Ernest Plonche, dans *Une histoire d'amour*. Réal. : Guy Lefranc. Scén. et dial. : Michel Audiard. Avec Dany Robin, Daniel Gélin, Marcel Herrand.

Conférencier

1926

« Technique du théâtre. Le métier théâtral », salle Gaveau, Paris, 25 janvier.

1929

« Le comédien et le personnage » : compte rendu fait au congrès international de psychologie tenu à Paris du 21 au 27 mars.

1935

« Les problèmes du théâtre contemporain », Rive gauche, Paris, 20 février.

« La disgrâce de Becque », musée Carnavalet, Paris, 1er avril.

1936

« Le métier de directeur de théâtre », Les Annales, salle Gaveau, Paris, 28 février.

« Beaumarchais vu par un comédien », musée Carnavalet, Paris, 23 mars. (Teatro Gimnástico, Rio de Janeiro, 25 octobre 1941 ; Cercle uruguayen, Montevideo, 29 octobre 1942 ; Teatro municipal, Caracas, 7 août 1943.)

1937

« Molière », Les Annales, salle Gaveau, Paris, 16 février. Association catholique des artistes, Paris. (Académie brésilienne des lettres, Rio de Janeiro, 18 juillet 1941, avec quelques modifications.)

1938

« L'interprétation de Molière », Les Annales, salle Gaveau, Paris, 2 mars.

Causerie improvisée sur la machinerie, à propos de la machinerie du *Corsaire* de Marcel Achard, causerie accompagnée de démonstrations (manœuvre des changements à vue).

1939

« Marivaux, le théâtre et les personnages », Les Annales, salle Gaveau, Paris, 6 février.

« De la convention dramatique », Société des historiens du théâtre, Sorbonne, 29 avril (conférence précédente remaniée).

1941

« Trois aspects du théâtre », Lausanne, Martigny, Vevey, Montreux, Yverdon, février. Conférence remaniée répétée au Grand Théâtre, Lisbonne, 2 juin. Association de la presse brésilienne (A.B.I.), 15 juillet. Teatro Solis, Montevideo, 30 septembre. Amis des arts, Buenos Aires, 1er octobre.

« Confidences sur le métier de comédien », Teatro Cervantès, Buenos Aires, 15 septembre.

1942

« Molière, homme de métier », théâtre de l'hôtel Alvear, Buenos Aires, 9 novembre.

« Confidences sur le métier de comédien », grand amphithéâtre, université de Santiago du Chili (conférence faite en 1941, mais complètement remaniée). (Alliance française, école des Beaux-Arts, Lima, 20 janvier 1943.)

1944

« Découverte sur le théâtre en Amérique latine », Palacio de las Bellas Artes, sous le patronage de l'Institut mexicano-européen des relations culturelles, Mexico, 14 juin. (Société des historiens du théâtre, Sorbonne, Paris, 26 avril 1945, conférence remaniée.)

1945

« Prestiges et perspectives du théâtre français en Amérique latine », théâtre de l'Athénée, inauguration des conférences de l'Athénée, sous la présidence du professeur Paul Rivet, présentation de René Peter, Paris, 17 et 18 avril. Théâtre du Capitole, Toulouse, 17 octobre.

1946

« Du sentiment dramatique à la mise en scène », T.E.C., maison de la Chimie, Paris, 28 janvier .

« De Molière à Giraudoux », Les Annales, salle Gaveau, Paris, 21 février, 14 et 28 mars. Théâtre municipal, Lausanne, 5 septembre. Palais des Beaux-Arts, Bruxelles, 21 octobre. (Freemason Hall, Edimbourg, 7 septembre 1947 ; Prague, 7 juin 1948 ; Boston University, Boston, 16 mars 1951 ; Columbia University, New York, 26 mars 1951.)

1947

« A l'ombre de Molière au royaume des imaginaires, auteurs, acteurs, spectateurs », Les Annales, salle Gaveau, Paris, 25 février. Cité universitaire, Paris, avril. (Alliance française, New York, 30 mars 1951.)

« Pourquoi j'ai monté *Dom Juan* », Les Annales, salle Gaveau, Paris, 19 décembre.

1949

Knock, Les Annales, salle Gaveau, Paris, 25 avril. Grand Théâtre, Bordeaux, 16 mai. (Bergerac, 10 avril 1950.)

1950

« Pourquoi j'ai monté *Tartuffe* », Les Annales, salle Gaveau, Paris, 31 janvier.

1951

« Propos sur le comédien », Les Annales, salle Gaveau, Paris, février. Société d'esthétique, Sorbonne, Paris, 10 février. Théâtre municipal, Rennes, 19 février. Institut de France, New York, 27 mars.

« Problèmes de la mise en scène des comédies classiques », Société d'histoire du théâtre, Sorbonne, Paris, mai.

Louis Jouvet à la radio

Emissions des théâtres du Cartel

Saison 1937-1938

Sous le titre « Le théâtre libre de la radio d'Etat », des émissions sont réservées aux théâtres du Cartel (Gaston Baty, Charles Dullin, Louis Jouvet, Georges Pitoëff, René Rocher). Chaque théâtre doit assurer une émission par mois, au cours de la saison. La pièce choisie peut être soit celle en jeu, retransmise directement du théâtre, soit une pièce enregistrée spécialement pour l'émission.

Emissions du Théâtre Louis-Jouvet

1937

Vendredi 1er octobre : *Electre* de Jean Giraudoux (ret.). Présentation de Gérard Bauer.

Lundi 13 décembre : *La guerre de Troie n'aura pas lieu* de Jean Giraudoux (ret.). Présentation de Gérard Bauer.

Vendredi 17 décembre : *L'Ecole des femmes* de Molière (enr.). Présentation de Pierre Brive.

1938

Samedi 22 janvier, mardi 1er février : *Knock* de Jules Romains (ret.). Présentation de Henry Legrand.

Mardi 29 mars, mercredi 27 avril, mardi 21 juin : *Le Corsaire* de Marcel Achard (ret.). Présentation de Gérard Bauer.

Le contrat n'est pas renouvelé au cours de la saison 1938-1939.

Saison 1939-1940

Un nouveau contrat est passé entre la Radiodiffusion nationale et les théâtres du Cartel. Tous les vendredis, sur Paris-P.T.T., une « case horaire » est réservée aux théâtres du Cartel qui doivent assurer cinquante-deux émissions pour la saison. Il est constitué une seule troupe qui groupe les acteurs disponibles des théâtres du Cartel.

Emissions assurées par le Théâtre Louis-Jouvet

1939

22 septembre, première émission de la série : *L'Ecole des femmes* de Molière (Jouvet : Arnolphe).

13 octobre : *La Tempête* de Shakespeare (traduction de Henri Fluchère).

10 novembre : *L'Occasion* de Mérimée (Jouvet : Fray Eugenio).

Décembre : *Sœur Béatrice* de Maurice Maeterlinck.

1940

11 février : *Le Testament du père Leleu* de Roger Martin du Gard.

25 février : *Les Perses* d'Eschyle (traduction de Paul Mazon).

10 mars : *Deux Paires d'amis* de Pierre Bost.

7 avril : *La Folle Journée* d'Emile Mazaud (Jouvet : Truchard).

28 avril : *Hippolyte porte couronne* d'Alexandre Guinle. Musique de Henri Sauguet.

En juin et juillet 1940, après l'armistice, Louis Jouvet réunit à Aix-en-Provence quelques comédiens épars des théâtres du Cartel qui se trouvaient en zone libre. Il constitue ainsi une petite troupe composée par : Madeleine Ozeray, Raymone, Annie Cariel, Marcelle Tassencourt, Jacqueline Morane, Alexandre Rignault, Stéphane Audel, Marcel Lupovici, Régis Outin, Paul Delon. La régie et la mise en onde des pièces sont assurées par Marthe Herlin, et l'administration par Maurice Goldschild.

Louis Jouvet loue, dans les collines aixoises, une propriété, « L'Harmas », où vit la petite troupe. Il obtient pour elle, de la radio nationale, des émissions hebdomadaires qui ont lieu tous les dimanches en fin d'après-midi à Marseille. La troupe assure ces émissions du début juillet au 15 octobre.

Emissions de la Société d'histoire du théâtre

En qualité de comédien et de président de la Société d'histoire du théâtre, Louis Jouvet a participé aux émissions de celle-ci, « Prestiges du théâtre », sur la chaîne nationale de la Radiodiffusion française. Il a marqué ainsi de son interprétation des œuvres repères du théâtre dans son évolution historique. Il était aussi : le Comédien ; Pierre Bertin, l'Amateur de théâtre ; Léon Chancerel ; Sébastien, le secrétaire ; Dominique Blanchar, la Jeune Comédienne.

Les enregistrements sont conservés par l'Institut national de l'audiovisuel.

1949-1951

« Prestiges du théâtre » : dialogue entre le Comédien, l'Amateur de théâtre et la Jeune Comédienne, avec audition de scènes.

1949

9 octobre. « Prestiges du théâtre » : le Comédien.

16 octobre. « Le théâtre voyage » : le Comédien. Extraits du *Tableau des merveilles* : Chamfalla.

3 octobre. « La France en zig-zag : Molière en province » : le Comédien.

30 octobre. « Vocation du théâtre » : le Comédien.

6 novembre. « Années mystérieuses de Molière » : le Comédien. *La Jalousie du Barbouillé* de Molière (sc. 2) : le Docteur.

13 novembre. « Molière à Toulouse » : le Comédien.

20 novembre. « Molière à Pézenas » : le Comédien. *Le Baron de la Crasse* de Poisson (sc. 5 et 6) : le Baron.

27 novembre. « Molière chef de troupe » : le Comédien.

4 décembre. « Molière à Lyon » : le Comédien. *L'Etourdi* de Molière (acte I, sc. 4 et 5 ; acte V, sc. 11) : Anselme, Trufaldin.

11 décembre. « Molière à Avignon » : le Comédien.

18 décembre. « Molière à Béziers » : le Comédien. *Le Dépit amoureux* de Molière (acte II, sc. 6) : Métaphraste.

25 décembre. « Molière à Rouen : un conte de Noël » : le Comédien. *Les Stances à Marquise* de Corneille.

1950

1er janvier. « Molière à Paris : le coup du Roy » : le Comédien. *Le Médecin malgré lui* de Molière (acte I, sc. 1 et 2) : Sganarelle.

29 janvier. *L'Ecole des femmes* de Molière (acte II, sc. 5) : Arnolphe.

12 février. *Le Tartuffe* (acte III, sc. 3) : Tartuffe. Extrait des *Enfants humiliés* de Bernanos.

7 mai. *La mort de Molière* de Grimarest.

15 octobre. « Pour ce que rire est le propre de l'homme » : le Comédien. *Le Cry du prince des sots* de Pierre Gringore (extraits).

22 octobre. « Coup de sonde en Orient » : le Comédien. *L'Avare*, farce chinoise anonyme (extraits) : l'Avare. *La Transmigration de Yo-Tchéou* (extraits) : Yo-Tchéou.

29 octobre. « Les phlyaques » : le Comédien.

5 novembre. « Aristophane et la farce » : le Comédien. *Les Acharniens* (extraits) : le Mégarien. *Les Cavaliers* (extraits) : le Paphlagonien. *Les Nuées* (extraits) : Socrate.

12 novembre. « Des saturnales aux mimes ». *Casina* de Plaute (extraits).

19 novembre. « Naissance de la farce en France » : le Comédien. *Le Dit de l'Herberie* de Rutebeuf. *Babion* (extraits) : Babion.

26 novembre. *La Farce du garçon et de l'aveugle* : le Comédien. *Le Franc Archer de Bagnolet* (extraits).

3 décembre. « Une représentation populaire au XVIe siècle en Bourgogne » : le Comédien.

10 décembre. « Quelques farces peu connues du XVe siècle » : le Comédien.

17 décembre. *La Farce de maître Pathelin* : le Comédien.

24 décembre. *La Condamnation de Banquet* : le Comédien.

31 décembre. « Sujets et personnages de la farce médiévale ». *La Fontaine de jouvence* (extraits) : le Vieillard.

1951

7 janvier. « La Renaissance et la farce » : le Comédien.

14 janvier. « L'influence italienne » : le Comédien.

21 janvier. Ruzzante : le Comédien. *La Piovanna* de Ruzzante (prologue). *Bilora* de Ruzzante (extraits) : Bilora.

28 janvier. « Les farceurs de l'Hôtel de Bourgogne » : le Comédien.

4 février. « Turlupinades » : le Comédien. *Turlupin, gardien d'honneur* (extraits) : Rodomont.

11 février. « Le vicomte de Jodelet » : le Comédien. *Les Précieuses ridicules* de Molière (sc. 11) : Mascarille.

18 février. « Molière, premier farceur de France » : le Comédien. *Le Médecin volant* de Molière (sc. 4) : Sganarelle.

25 février. « De Mascarille III à Sganarelle IV » : le Comédien.

4 mars. « De Sganarelle IV à Sganarelle VI et dernier » : le Comédien. *Le Mariage forcé* de Molière (acte II, sc. 3) : Marphurius. *Dom Juan* de Molière (acte III, sc. 1) : Dom Juan.

11 mars. « Molière et les autres » : le Comédien. *Le Pédant joué* de Cyrano de Bergerac (extraits) : Granger.

3 juin. « Les vicissitudes du rire gaulois, du XVIIIe siècle à nos jours. Les derniers refuges de la farce » : le Comédien. *La Gonfle* de Roger Martin du Gard (extraits) : Andoche.

1er juillet. « Hommage à Jean Giraudoux » : le Comédien. *Siegfried* (acte II, sc. 4) : Fongeloy. *La guerre de Troie n'aura pas lieu* (acte II, sc. 13) : Hector.

Disques

Knock de Jules Romains. Acte II, scène de la dame en noir, avec Isa Reyner. Acte II, scène du tambour de ville, avec Romain Bouquet. Columbia, série « Collection », microsillon, super 45 tours (reprise d'un disque 78 tours).

Pourquoi j'ai monté le « Dom Juan » de Molière. Conférence faite le 19 décembre 1947 à l'université des Annales, enregistrée par les services de la Radiodiffusion-télévision française. Pathé, microsillon, super 45 tours.

L'Ecole des femmes de Molière. Intégrale enregistrée le 16 mars 1951, au Colonial Theatre de Boston, par l'université de Harvard. Pathé, microsillon, 33 tours, trois disques.

Louis Jouvet. Hommage discographique, grand prix de l'académie Charles-Cros. *Prologue de l'impatience*, Bruscambille. *Le Médecin malgré lui* (extraits), Molière. *La Jalousie du Barbouillé* (extraits), Molière. *L'Ecole des femmes* (extraits), Molière. *Stances à Marquise*, Corneille. *Les Enfants humiliés* (extraits), Georges Bernanos. *Le Tartuffe* (extraits), Molière. *Récit de la mort de Molière*, Grimarest. *Les Cinq Tentations de La Fontaine* (extraits), Jean Giraudoux. *Knock ou le Triomphe de la médecine* (extrait), Jules Romains. *La Folle Journée* (extrait), Emile Mazaud. *Introduction à Giraudoux*, L. Jouvet. *Intermezzo* (extraits), J. Giraudoux. *Visitations* (extrait), J. Giraudoux. *Ondine* (extrait), J. Giraudoux. *La guerre de Troie n'aura pas lieu* (extraits), J. Giraudoux. Pierre Renoir présente et lit des extraits de la dernière lettre qu'il reçut de Louis Jouvet.

Disques Adès, en collaboration avec le service phonographique de la R.T.F., microsillon, 33 tours. 2 disques 30 cm.

De Molière à Giraudoux. Conférence prononcée à Boston, Boston University, U.S.A., le 3 mars 1951. Disque Adès, microsillon, 33 tours, 25 cm.

Louis Jouvet joue Giraudoux. Extraits de *La guerre de Troie n'aura pas lieu, Ondine, Intermezzo*. Disques Adès, microsillon, 33 tours, 30 cm.

Louis Jouvet — Grands moments de l'Athénée. Extraits : *Le Médecin malgré lui*, Molière ; *L'Ecole des femmes*, Molière ; *Le Tartuffe*, Molière ; *Knock ou le Triomphe de la médecine*, J. Romains ; *Ondine*, J. Giraudoux ; *La guerre de Troie n'aura pas lieu*, J. Giraudoux.

Disques Adès. Deux versions : cassette et disque compact digital audio.

Bibliographie

Ouvrages et articles de Louis Jouvet

1921

« La technique du Vieux-Colombier », in *Revue rhénane*, juillet.

1928

« La querelle des oiseaux », in *La Revue des vivants*, Paris.

1929

« Le comédien et le personnage » (extrait d'un compte rendu fait au congrès international de psychologie tenu à Paris du 21 au 27 mars), in *Le Monde*, 20 avril.

1930

« Défense de Meyerhold », in *Paris-Soir*, 12 juillet.

1933

« Il n'y a pas de théâtre d'avant-garde », in *La Grive*, Méziè res, juillet.

« Le théâtre affaire d'Etat », in *Le Temps*, 31 juillet 1933 et 6 août 1934.

« Réponse à M. Kistemaeckers », in *Le Temps*, 3 septembre.

« Théâtre 1933 », in *Revue 1933*, Paris, octobre.

« A l'instar de Cuvier », in *Les Cahiers du Sud*, n° 154, Paris (numéro spécial sur le théâtre élisabéthain). Extraits dans un article intitulé « Louis Jouvet et les décors de théâtre », in *Arts et métiers graphiques*, janvier 1935. Extraits traduits en anglais, in *Theatre Arts Monthly*, vol. 20, n° 3, pp. 222-223, sous le titre « The Elizabethan Theatre Reconstruction after the manner of Cuvier », 1936.

1934

« Christian Bérard », in programme de *La Machine infernale* de Jean Cocteau (comédie des Champs-Elysées) et repris dans tous les programmes des pièces dont C. Bérard fit les décors.

« A propos de la réouverture de l'Athénée — théâtre Louis Jouvet, ou Le théâtre est affaire d'Etat », in programme d'*Amphitryon 38* de Jean Giraudoux, Athénée, septembre.

1935

« Les problèmes du théâtre contemporain », conférence faite à Rive Gauche le 20 février, in *La Revue hebdomadaire*, Paris, 4 mai. Extraits traduits en anglais, in *Theatre Arts Monthly*, vol. 20, n° 5, mai 1936, sous le titre « Success, the theatre's only problem ».

« Théâtre et cinéma », in *Le Moniteur*, 20 février.

« La disgrâce de Becque », conférence faite au musée Carnavalet le 1er avril, in *La Revue hebdomadaire*, Paris, 10 août ; repris dans *Auvergnats et Limousins de Paris*, 7 décembre 1946.

« Victor Hugo et le théâtre », in *Arts et métiers graphiques*, Paris, 1er juin.

« Plein air de théâtre », in *Rails de France*, Paris, juillet.

« Mourir pauvre », in *Le Journal*, 20 juillet.

« L'art du comédien », in *Encyclopédie française*, t. 17, n° 1764, pp. 10-11-12, sous le titre « L'interprétation dramatique », Paris, décembre.

1936

« Le théâtre, gloire nationale », in *Paris-Soir Dimanche*, 12 janvier.

« L'exploitation normale d'un théâtre ? Impossible aujourd'hui », interview par Charles Gombault, in *Paris-Midi*, 23 janvier.

« Confidences : le métier de directeur de théâtre », conférence faite aux Annales le 28 février, in *Conferencia*, n° 14, 36e année, Paris, 1er juillet. Extraits traduits en anglais, in *Theatre Arts Monthly*, janvier et février 1937, sous le titre « The Profession of Producer ».

« Pour la fédération du théâtre ouvrier en France », mars-avril.

« Beaumarchais vu par un comédien », conférence faite au musée Carnavalet, 20 mars, in *La Revue universelle*, t. 65, n° 5, Paris, 1er juin ; repris dans *L'Alliance française*, décembre 1946.

« Réunion du Cartel » (Exposition 1937), in *Paris-Soir*, 10 juin.

« Dramaturgie parisienne », in *La Flèche*, Paris, 27 juin.

« Il faut adapter le théâtre aux temps modernes », interview recueillie par P. Barlatier, in *Comœdia : A temps nouveaux, arts nouveaux*, 28 juillet.

1937

« De l'ivresse dramatique », in *Livre d'or des vins de France*, juillet.

« L'illusion comique », notice pour le programme de la Comédie-Française, février.

« Molière », conférence faite aux Annales le 16 février. In *Conferencia*, n° 18, 31e année, 1er septembre. Extraits traduits en anglais, in *Theatre Arts Monthly*, septembre, sous le titre « Molière ».

« L'apport de l'électricité dans la mise en scène au théâtre et au music-hall », in *L'Homme, l'Electricité, la Vie*, numéro spécial édité pour la classe 17 bis de l'Exposition internationale de Paris, in *Arts et Métiers graphiques*, 15 mai.

« Eugène Marsan » (portrait), in *La Revue hebdomadaire*, 14 août.

« Où va le théâtre ? », in *Téléfrance*, novembre. Repris dans *Le Cahier*, décembre (ou janvier 1938 ?) et *Paris-Soir*, 10 janvier 1938.

« A propos de *L'Impromptu de Paris* », in *Vendredi*, 10 décembre.

1938

« Comment, dans *La Marseillaise*, j'ai joué un rôle inconnu », in *L'Intransigeant*, 10 février.

« Et notre théâtre aujourd'hui ? L'interprétation de Molière », conférence faite aux Annales le 2 mars 1938, in *Conferencia*, n° 12, 32e année, 1er juin.

« La interpretación de Molière », traduction par Pedro Orthous, in *Teatro, publicación official de los Teatros experimentales de la Universidad de Chile*, n° 3, mars-avril 1946.

« A propos du Salzbourg français », in *Paris-Soir*, 24 avril.

1939

« Marivaux, le théâtre et les personnages », conférence faite aux Annales le 6 février, in *Conferencia*, n° 13, 33e année, 15 juin.

« Réflexions du comédien », in *La Nouvelle Revue critique*, coll. Choses et gens de théâtre, Paris. Rééd. éd. du Sablon, Bruxelles-Paris. Traduction hongroise : *Egy Komedias Feljegyzesel*, Budapest. Ed. Bibliotheca, 1943, 1 vol. *in-8°*. Extraits publiés dans *Soirées de Paris*, 24 janvier 1946, sous le titre « Réflexions du comédien ». Autres extraits dans *Auvergnats et Limousins de Paris*, sous le titre « La disgrâce d'Henri Becque », décembre 1946.

Allocution à Radio-Luxembourg, 17 février, sur « Réflexions du comédien », reproduite dans le courrier des *Editions de la Nouvelle Revue critique*, mars.

« De la convention dramatique », conférence faite à la Sorbonne le 29 avril, in *Bulletin de la Société des historiens du théâtre*, n° 2. Extraits publiés dans *Les Cahiers de la jeunesse*, 15 mars.

1941

« Maurice Jaubert », programmes de *La guerre de Troie n'aura pas lieu* et de *Tessa*, pour la tournée en Amérique latine.

1942

Préface à l'édition en langue française de *La Pratique pour fabriquer scènes et machines de théâtre*, par Nicolas Sabbattini, traduit par Mlles Maria et Renée Canavaggia, in *Ides et Calendes*, Neuchâtel.

1945

« Un comédien français : Romain Bouquet », in *Le Figaro*, n° 200, 8-9 avril.

Prestiges et perspectives du théâtre français, quatre années de tournée en Amérique latine, Gallimard, Paris (publication de la conférence faite au théâtre de l'Athénée les 17 et 18 avril 1945). Fragments de cette conférence parus dans *Album de modes du Figaro*, 25 juin 1945, sous le titre « Prestiges du théâtre ». Autres fragments dans *La Table ronde*, n° 23, septembre.

« Dans les yeux de Giraudoux », in *Les Lettres françaises*, n° 51, 14 mai.

« Le théâtre est un métier honteux », in *Volontés*, n° 26, 23 mai. Extraits in *Spectateurs*, 18 juillet et 5 septembre.

« Lettre à une jeune fille sur la vocation », fac-similé de l'autographe, in *Les Nouvelles Epîtres*, IIIe épître, Société nouvelle des éditions de France et d'outre-mer, 11 juillet. Repris dans *Cinémonde*, n° 615, mai 1946, sous le titre « Conseils à une jeune comédienne », et par *Elle*, sous le titre « A vous qui voulez être comédienne », 28 octobre 1947.

« Le théâtre est un secret », in *Elégance française*, éd. Marivaux, Paris.

« Rhapsodie », in *France-Monde* n° 1, juillet (extraits de la préface au livre de Sabbattini).

« Rencontre du décor », in *Style en France*, illustrations de C. Bérard. Repris dans *Palaestra*, revue hollandaise des étudiants de lettres et des beaux-arts, n° 5, Amsterdam, août, sous le titre « Note sur les relations entre le comédien et le décor ».

« Tradition et traditions », in *Plaisir de France*, août-septembre.

« Sur un vrai piano », in *Masques*, revue internationale d'art dramatique, numéro spécial, n° 4-5, 1re année.

Jules Romains dramaturge, hommage à Jules Romains pour son soixantième anniversaire, Flammarion, septembre.

« A mes amis latins », in *America*, numéro spécial pour l'Exposition de Rio de Janeiro, éd. P. Seghers, décembre.

« Jean Giraudoux », texte pour le programme de *La Folle de Chaillot*, Athénée, décembre.

1946

« L'acteur à l'écran. Vérité sur le cinéma français », in *Album de documents illustrés contemporains*, janvier. Reproduit dans *Cinémonde*, 1947.

« De Molière à Giraudoux », conférence faite aux Annales, les 8 et 21 février 1939, puis les 14 et 28 mars 1939, publiée in *Conferencia*, n° 8, 25e année, 18 août. Extraits sous le titre « De Shakespeare à Giraudoux », in *Clartés*, 15 février.

Texte pour le programme des quatre spectacles donnés en alternance au théâtre de l'Athénée, à l'occasion de la Conférence de Paris, mai-juin.

« A propos de la mise en scène de *La Folle de Chaillot* », in *Constellation*, n° 65, éd. de la France libre.

« Du désordre incarné ou l'éloge du désordre », in *Intermède*, n° 1, éd. Rombaldi, juillet.

« Le théâtre rend aux hommes la tendresse », in *Les Etoiles*, 23 juillet.

« Invasion spirituelle », in *Bulletin de l'I.D.H.E.C.*, n° 4.

« *Le Tartuffe* de Molière », présentation littéraire de Louis Jouvet, lithographies originales d'Edmond Heuzé, éd. de l'Artisan, Massonnat. Extraits in *Tuileries*, sous le titre « Tartuffe », janvier 1951.

Lettre manuscrite à M. Deblocq pour servir de préface à *L'Art du théâtre*, éd. P. Héraldy, Bruxelles-Paris, septembre.

« Le chef-d'œuvre classique », in *Plaire*.

« Madame Lanvin », in *Album de modes du Figaro*, n° 8, t. 46.

Préface aux *Mémoires* de Goldoni, coll. de mémoires sous la direction de Jean Flory, éd. du Verger, Paris.

Article pour les ballets des Champs-Elysées, programme théâtre des Champs-Elysées, novembre.

Préface à *Entrée des artistes*, scénario de Henri Jeanson, accompagné d'un portrait de Louis Jouvet par Touchagues et d'une lettre de M. Pagnol, coll. Les classiques du cinéma, Nouvelle Edition, Paris. Reproduite dans *Cinémonde* sous le titre « L'un des premiers poètes du cinéma français », 10 avril 1947.

1947

« A l'ombre de Molière — Au royaume des imaginaires — Auteurs, acteurs, spectateurs », conférence faite aux Annales le 25 février 1947, in *Conferencia*, n° 10, 36e année, 15 octobre.

Texte de présentation des *Bonnes* de Jean Genet, programme du théâtre de l'Athénée.

Texte de présentation de *La Folle de Chaillot*, in *Réalités*.

« Charles Dullin — Paris chasse Dullin », in *Combat*, 22 mai.

Le Souvenir d'André Bacqué, article sur André Bacqué, plaquette, éd. du Tertre, août.

« Les spectateurs écossais ont ajouté leur humour au comique de Molière et à l'esprit de Giraudoux » (à propos du festival d'Edimbourg), in *L'Intransigeant*, 20 septembre.

« *Knock* est pour une compagnie ce que les grandes manœuvres sont pour un régiment », in *L'Intransigeant*, 14 octobre.

Texte de quelques lignes dans *Qualité française*, n° 8, décembre.

Lettre préface pour *Les Chevaliers de l'illusion* de Pierre Bertin, éd. du Bateau Ivre, Paris.

« Dom Juan », texte pour le programme de *Dom Juan*, théâtre de l'Athénée, octobre-novembre.

1948

« Pour monter *Dom Juan* », in *Champs-Elysées*, n° 1, janvier-février.

« Pourquoi j'ai monté *Dom Juan* », conférence faite aux Annales, le 12 décembre 1947. In *Conferencia*, n° 11, 15 novembre.

« *Dom Juan* de Molière retrouvera-t-il un public ? », in *Combat*, 20 décembre 1947.

« Je vais essayer de prouver que *Dom Juan*, chef-d'œuvre reconnu, peut aussi être une pièce jouée », in *L'Intransigeant*, 24 décembre.

« A propos du *Dom Juan* de Molière », in *Occident*, décembre 1947.

« Notre théâtre si riche en vocations », texte pour le programme du Grenier de Toulouse.

« Les amateurs », in *Cahiers d'art dramatique*, janvier.

« Présentation des classiques à l'écran », in *Revue théâtrale*, n° 7, 7 mars.

« Mécanique du théâtre », in *Education nationale*, n° 17, 13 mai. Repris dans *The French Review*, n° 3, vol. 22, janvier 1949.

Texte de présentation de la *Revue de l'histoire du théâtre*, n° 1-2.

Préface pour *Knock* de Jules Romains, illustrations de Jacques Touchet, éd. Jacques Petit, Angers, août 1948.

« Commis voyageur en art dramatique », in *Caliban*, n° 22, décembre.

Konkakt med Publikum (contact avec le public), éd. Thaning et Appels, Copenhague.

1949

« Propos sur *Dom Juan* », in *Revue de la pensée française*, New York, janvier.

« Hommage à Jacques Copeau », in *Les Nouvelles littéraires*, n° 1119, 10 février.

Lettre à Charles Dullin, sous le titre « Pour saluer Charles Dullin », in *L'Homme de la rue*, Nice, n° 11, 11 février.

« *Les Fourberies de Scapin* », texte pour le programme de la compagnie Madeleine Renaud-Jean-Louis Barrault, théâtre Marigny.

« Hommage à Christian Bérard », in *Vogue*, mars.

Débat autour de la nouvelle présentation des *Fourberies de Scapin* : « Lettre à Pierre Brisson », in *Le Figaro littéraire*, 1er mars.

« A propos de *Knock* », in *Revue Biblio*, n° 3, 17e année, mars.

« *Knock* », conférence faite aux Annales le 25 avril, in *Conferencia*, n° 6, 38e année, 15 juin.

« Hommage à Georges Pitoëff », texte lu par J.-L. Barrault, le 2 mai, au vernissage de l'exposition des maquettes de Georges Pitoëff, 4 mai.

« Situation du théâtre », in *Cahiers français d'information*, juillet.

1950

« Notes sur l'édifice dramatique », in *Architecture et dramaturgie*, communications présentées par A. Villiers, Bibliothèque d'esthétique, Flammarion, Paris, pp. 9-22.

« Vocation et tempérament du comédien », in *Plaisir de France*, janvier-février.

« La remise en cause perpétuelle du principe des générales », lettre à *Combat*, janvier.

« Pourquoi j'ai monté *Tartuffe* », conférence faite aux Annales le 31 janvier, publiée dans les *Annales* (*Conferencia*), n° 1, 57e année, novembre.

Exposition Christian Bérard au musée d'Art moderne (23 février au 23 avril), article pour le catalogue, éd. des Musées nationaux.

1951

« Christian Bérard au théâtre », paru dans *Vingt-cinq ans d'élégance à Paris*, 1925-1950, éd. Pierre Tisné, 24 février.

Préface aux *Fourberies de Scapin*, mise en scène de Jacques Copeau, Seuil, Paris, janvier.

« Propos sur le comédien », conférence faite aux Annales le 1er février, in *Les Annales* (*Conferencia*), n° 10, 58e année, août. Extraits parus dans *Tuileries*, février.

Présentation du Grenier de Toulouse au théâtre de l'Athénée, 26 février. Extraits dans le programme du Grenier de Toulouse.

« Continuité du théâtre », in *Théâtre de France*, éd. Plaisir de France, Paris.

Lettre-préface à *Molière en Afrique noire* de Pierre Ringel, éd. Presses du livre français, Paris. Contient en outre une lettre de Louis Jouvet, p. 69.

Réflexions du comédien (nouvelle édition), éd. Librairie théâtrale, Paris.

Ecoute mon ami, Flammarion, Paris. Avec des illustrations de Christian Bérard.

Témoignages sur le théâtre, Bibliothèque d'esthétique, Flammarion, Paris.

1952

Ecoute, mon ami, Flammarion, Paris.

Préface aux œuvres de Molière, éd. Pardo, Nice.

1954

Le Comédien désincarné, Bibliothèque d'esthétique, Flammarion, Paris.

« Quatre lettres à Jacques Copeau », in *Cahiers de la compagnie Madeleine Renaud-Jean-Louis Barrault*, n° 7, 2e année, René Julliard, Paris.

1965

Molière et la comédie classique, extraits des cours de Louis Jouvet au Conservatoire (1939-1940), coll. Pratique du théâtre, Gallimard, Paris.

1968

Tragédie classique et théâtre du XIXe siècle, extraits des cours de Louis Jouvet au Conservatoire (1939-1940), coll. Pratique du théâtre, Gallimard, Paris.

1980

« Correspondance avec Jean Giraudoux », in *Cahiers Jean Giraudoux*, n° 9, Grasset, Paris.

1983

Préface aux *Fourberies de Scapin*, mise en scène de Jacques Copeau, coll. Les Introuvables, éd. d'Aujourd'hui.

1986

Elvire Jouvet 40, montage par Brigitte Jaques de cours de Louis Jouvet sur *Dom Juan* de Molière au Conservatoire. Commentaires de Brigitte Jaques et François Régnault. Photographies du spectacle réalisé par Brigitte Jaques, sous ce titre et avec ce texte, coproduit par la compagnie Pandora, le Théâtre national de Strasbourg et la Comédie-Française, créé au Théâtre national de Strasbourg le 8 janvier 1986 et présenté à Paris, au théâtre de l'Athénée-Louis Jouvet, avec l'aide du théâtre de l'Europe.

Elvire Jouvet 40 a fait l'objet d'un film de Benoît Jacquot, d'après la mise en scène de Brigitte Jaques, produit par l'Institut national de l'audiovisuel en 1987.

1987

« Cours au Conservatoire national d'art dramatique — 1949-1951 » (extraits), in *Revue d'histoire du théâtre*, n° 1, 39e année.

Découverte de Sabbattini, réédition de la préface à *La Pratique pour fabriquer scènes et machines de théâtre* par Nicolas Sabbattini.

Bibliothèque nationale, catalogue de l'exposition « Louis Jouvet et la scénographie », Maison Jean-Vilar, Avignon, commissaire Marie-Françoise Christout, éd. Département des arts du spectacle de la Bibliothèque nationale.

Ecoute, mon ami (nouvelle édition), éd. Librairie théâtrale, Paris.

Le Comédien désincarné (nouvelle édition), Flammarion, Paris.

Louis Jouvet : morceaux choisis, à l'usage des anciens et nouveaux élèves du Conservatoire national d'art dramatique, hors commerce, Paris.

Molière et la comédie classique (nouvelle édition), Gallimard, Paris.

Réflexions du comédien (nouvelle édition), éd. Librairie théâtrale, Paris.

Témoignages sur le théâtre (nouvelle édition), Flammarion, Paris.

Tragédie classique et théâtre du XIXe siècle (nouvelle édition), Gallimard, Paris.

Sur Louis Jouvet

1925

Antoine (André), *S.O.S.* (journal), 4 avril.

1926

« L'avant-garde et les théâtres d'art : les opinions de M. Louis Jouvet », in *Cahiers de la république des lettres*, 15 juillet.

1927

« Louis Jouvet et la comédie des Champs-Elysées », in *Entr'acte*, n° 1, septembre.

1928

Sarment (Jean), « Louis Jouvet », in *Entr'acte* n° 6, février.

1929

Lièvre (Pierre), *Suite au paradoxe sur le comédien*, éd. du Trianon, Paris.

1930

Cogniat (Raymond), *Décors de théâtre*, éd. des Chroniques du soir, Paris.

1931

Crémieux (Benjamin), « Metteurs en scène : Louis Jouvet », in *Je suis partout*, 12 septembre.

1933

Reuillard (Gabriel), « Quand Louis Jouvet faisait les beaux soirs de Saint-Dizier et autres lieux », in *Excelsior*, 29 janvier.

1934

Hort (Jean), *Les Théâtres du Cartel*, éd. Skira, Genève.

1935

Chancerel (Léon), « Louis Jouvet », in *La Vie intellectuelle*, 10 janvier.

Jeanson (Henri), « Réquisitoire contre Jouvet », in *Comœdia*, 15 avril.

1936

Brasillach (Robert), *Animateurs de théâtre*, éd. Corréa, Paris. Nouvelle édition, éd. La Table Ronde, Paris, 1954.

1937

Reuillard (Gabriel), « Quand Jouvet jouait le mélo », in *Candide*, 1er septembre.

1938

Cézan (Claude), *Louis Jouvet et le théâtre d'aujourd'hui*. Introduction de Jean Giraudoux, éd. Emile Paul, Paris. Edition revue et augmentée en 1948.

Giraudoux (Jean), « Louis Jouvet et le théâtre d'aujourd'hui », in *Beaux-Arts*, 28 janvier.

1947

Giraudoux (Jean), *Visitations*, éd. Ides et Calendes, Neuchâtel.

Maulnier (Thierry), « Louis Jouvet et Jean Vilar devant le problème de la mise en scène », in *Formes et couleurs*, n° 5.

1948

Bernard (Jean-Jacques), *Mon ami le théâtre*, Albin Michel, Paris.

Blanchart (Paul), *Histoire de la mise en scène contemporaine*, éd. Presses universitaires de France, Paris.

1949

Ambrière (Francis), *La Galerie dramatique* 1945-1948, éd. Corréa.

1951

« Hommage à Louis Jouvet », textes de Maurice Rostand, Guy Lefranc, Jean Brochard, André Suarès, Paul Léautaud, Georges Neveux, Julien Duvivier, Jean Cocteau, Daniel Ivernel, Pierre Bost, in *Combat*, 20 août.

« Hommage à Louis Jouvet », textes de Roger Nimier, Edmond Sée, Emmanuel Bondeville, Jean Marchat, Jean

Delannoy, Roger-Ferdinand, Pierre Blanchar, Hubert Gignoux, docteur Soulas, in *Opéra*, 22 août.

« Hommages à Louis Jouvet », textes de Marcel Achard, Jean Cocteau, Gaston Baty, Philippe Erlanger, Jacques Hébertot, Raymond Cogniat, Catherine Valogne, Léon Chancerel, in *Arts*, 24 août.

« L'hommage de Paris à Louis Jouvet », notes d'Eric Bromberger, in *Paris-Match*, n° 128.

« Jouvet, mon patron », lettre d'Alice Doris, présentée par J.-J. Gautier, in *Le Figaro littéraire*, 1er septembre.

« Louis Jouvet », textes de Bob Bergut, Jean Giraudoux, Fernand Ledoux, Jean-Pierre Aumont, Georges Neveux, Louis Jouvet, in numéro souvenir de *L'Ecran français*, n° 320, 29 août.

Beucler (André), *Matinées et soirées avec Louis Jouvet*, coll. Les Œuvres libres, Fayard, Paris.

Brisson (Pierre), « Louis Jouvet », in *Le Figaro*, 17 août.

Chancerel (Léon), « Louis Jouvet », in *Larousse mensuel*, octobre. « Louis Jouvet », in *Education nationale*, 4 octobre.

Cocteau (Jean), « Louis Jouvet », in *Les Lettres françaises*, 23 août.

Crémieux (Benjamin), « Louis Jouvet », in *Les Lettres françaises*, 23 août.

Duhamel (Georges), « Le souvenir de Louis Jouvet », in *France-Illustration*, n° 307.

Fumet (Stanislas), « Le Théâtre d'action d'art de Louis Jouvet », in *Rassemblement*, 7 septembre.

Gautier (Jean-Jacques), *Paris sur scène*, éd. Jacques Vautrain. Illustrations Sennep.

Gouhier (Henri), « Louis Jouvet », in *Vie intellectuelle*, n° 10.

Herrand (Marcel), « Mon ami Louis Jouvet », in *France-Illustration*, n° 307.

Jeanson (Henri), « Mon ami Louis Jouvet », in *Combat*, 18 et 19 août.

Lemarchand (Jacques), « Une minute de silence », in *Le Figaro littéraire*, 15 septembre.

Marquetty (Valentin), *Mon ami Jouvet*, éd. Le Conquistador, Paris.

Moissan (Catherine), « En tournée avec lui... », in *France-Illustration*, n° 307.

Moussinac (Léon), « Un grand visage de la France : Louis Jouvet », in *L'Humanité-Dimanche*, 19 août.

Rousseaux (André), « Jouvet et l'âme du siècle », in *France-Illustration*, n° 307.

1952

Lipnitzki, *Images de Louis Jouvet*, préface J.-L. Barrault, éd. Emile Paul frères, Paris.

« Louis Jouvet (1887-1951) » : documents biographiques ; répertoire et rôles ; les tournées ; la compagnie ; les films ; la radio ; conférences ; bibliographie. Textes de Pierre Brisson, Louis Joxe, Pierre-Aimé Touchard, Paul Abram, Jean Meyer, Georges Jamati, Henri Sauguet, Jacques Jaujard, in *Revue d'histoire du théâtre* I-II.

Touchard (Pierre-Aimé), « Louis Jouvet libère ses secrets », in *Arts*, n° 373.

1953

Boury (François), *Louis Jouvet*, coll. Nos Contemporains, n° 1, éd. Gilco.

« Jean Giraudoux et *Pour Lucrèce* », textes de Georges Neveux, Louis Jouvet et Jean Giraudoux. Quatre lettres de Jacques Copeau à Louis Jouvet. In *Cahiers de la compagnie Madeleine Renaud-Jean-Louis Barrault*, n° 2, 1re année, Julliard, Paris.

Touchard (Pierre-Aimé), *Six Années de Comédie-Française*, Le Seuil, Paris.

1954

Jouvet (Louis), « Rencontres avec Stanislavski », in *Revue d'histoire du théâtre*, t. IV.

1955

« *Intermezzo* », propos de Jean-Louis Vaudoyer, souvenirs de René Lalou, in *Cahiers de la compagnie Madeleine Renaud-Jean-Louis Barrault*, n° 10, 3e année, Julliard, Paris.

Veinstein (André), *Du Théâtre libre au Théâtre Louis Jouvet. Les théâtres d'art à travers leurs périodiques*, éd. Librairie théâtrale, Paris.

1957

Liebowitz Knapp (Bettina), *Louis Jouvet Man of the Theater*, préface de Michael Redgrave, éd. New York Columbia University Press.

Maulnier (Thierry), « Jouvet absent et prudent », in *Revue de Paris*, n° 7.

1958

Léautaud (Paul), *Le Théâtre de Maurice Boissard*, t. II : 1915-1941, Gallimard, Paris.

1959

Anders (France), *Jacques Copeau et le Cartel des quatre*, éd. Nizet, Paris.

Beigbeder (Marc), *Le Théâtre en France depuis la Libération*, Bordas, Paris.

Dhomme (Sylvain), *La Mise en scène, d'Antoine à Brecht*, Fernand Nathan, Paris.

Encyclopédie du théâtre contemporain, dirigée par Gilles Quéant, vol. II, 1914-1950. Textes de Léon Chancerel, Rose-Marie Moudouès, Pierre-Aimé Touchard, Georges Neveux, Louis Jouvet, éd. Olivier Perrin, Paris.

1961

« Louis Jouvet », catalogue de l'exposition pour le dixième anniversaire de sa mort, éd. Bibliothèque nationale, Paris.

« Louis Jouvet », témoignages de Jean-Louis Barrault, Léo Lapara, Marcel Karsenty, in *Le Figaro littéraire*, n° 799.

« Louis Jouvet », textes de Lucienne Bogaert, Charles Vildrac, Léon Chancerel, Georges Neveux, Bernard Zimmer, Marcel Achard, Jean Meyer, Georges Sadoul, Julien Duvivier. Témoignages de Renée Devillers, Gabrielle Dorziat, Blanche Albane, Madeleine Ozeray, Monique Mélinand, Odette Joyeux, Marcel Dalio, in *Les Lettres françaises*, n° 889.

1962

« Le théâtre en France », textes de Paul Berthet, Madeleine Madaule, Lucien Aguettand, Madeleine Ozeray, Wanda Kérien, in *Europe*, n° 396-397, avril-mai.

« Plans des projets de dispositif de Louis Jouvet pour *L'Ecole des femmes* », in *Revue d'histoire du théâtre*, t. I.

1963

Borgal (Clément), *Metteurs en scène* : Jacques Copeau, Louis Jouvet, Charles Dullin, Gaston Baty, Georges Pitoëff, éd. Fernand Lanore, Paris.

Brisson (Pierre), « L'honneur de Jouvet », in *Le Figaro*, 18 janvier.

Wanda Kérien, *Louis Jouvet, notre patron*, préface de François Périer, Editeurs français réunis, Paris.

1966

Jomaron (Jacqueline), « A propos d'un document de mise en scène (*Tartuffe*-Louis Jouvet, 1950), in *Revue d'histoire du théâtre*, t. II, 1966.

Ozeray (Madeleine), *A toujours Monsieur Jouvet*, éd. Buchet-Chastel, Paris.

1969

Mignon (Paul-Louis), *Le Théâtre contemporain*, Hachette, Paris.

Régent (Roger), « Anthologie du cinéma : Louis Jouvet », in *L'Avant-Scène du cinéma*, n° 91, avril.

1970

Simon (Alfred), *Dictionnaire du théâtre français contemporain*, Larousse, Paris.

1971

Arletty, *La Défense*, éd. La Table Ronde, Paris.

Frank (André), *Jean-Louis Barrault : Louis Jouvet, chef de famille*, Seghers, Paris.

1972

Barrault (Jean-Louis), *Souvenirs pour demain*, Seuil, Paris.

Copeau (Jacques) et Martin du Gard (Roger), *Correspondance* (2 tomes), Gallimard, Paris.

1973

Berriau (Simone), *Simone est comme ça*, coll. Vécu, Robert Laffont, Paris.

1975

Lapara (Léo), *Dix Ans avec Louis Jouvet*, éd. France-Empire Paris.

Pignarre (Robert), *Histoire de la mise en scène*, coll. Que sais-je ?, P.U.F., Paris.

1976

Aumont (Jean-Pierre), *Le Soleil et les ombres*, Robert Laffont, Paris.

Copeau (Jacques), *Registres II. Molière*, Gallimard, Paris.

« Sur *Amphitryon 38*, *Intermezzo*, *Electre* », in *Cahiers Jean Giraudoux*, n° 5, Grasset, Paris.

1977

Delbo (Charlotte), *Spectres, mes compagnons*, éd. Maurice Bridel, Lausanne.

Gélin (Daniel), *Deux ou trois vies qui sont les miennes*, Julliard, Paris.

Lorcey (Jacques), *Marcel Achard ou Cinquante Ans de vie parisienne*, éd. France-Empire, Paris.

1978

Joyeux (Odette), *Le Beau Monde*, Albin Michel, Paris.

Mignon (Paul-Louis), *Panorama du théâtre au XXe siècle*, Gallimard, Paris.

1979

Copeau (Jacques), *Les Registres du Vieux-Colombier*, t. I, Gallimard, Paris.

1981

« Du texte à la scène », in *Cahiers Jean Giraudoux*, n° 10, Grasset, Paris.

1982

Bibliothèque nationale, catalogue de l'exposition Jean Giraudoux, commissaire Cécile Giteau, éd. Bibliothèque nationale, Paris.

Giraudoux (Jean), *Théâtre complet*, coll. La Pléiade, Gallimard, Paris.

Mazeau (Jacques), *Les Grands Acteurs contemporains*, coll. Que sais-je ?, P.U.F., Paris.

1984

Assouline (Pierre), *Gaston Gallimard*, Balland, Paris.

Copeau (Jacques), *Les Registres du Vieux-Colombier*, t. II, *America*, Gallimard, Paris.

1985

Karsenty (Marcel), *Les Promeneurs de rêves*, Ramsay, Paris.

1986

Bourdet (Edouard), *Journal* (extraits), in *Revue d'histoire du théâtre*, t. IV.

Dalio (Marcel), *Mes années folles*, Ramsay Poche, Paris.

« Louis Jouvet », textes de Louis Marin et Louis Jouvet, in *Théâtre en Europe*, n° 9, janvier.

Loubier (Jean-Marc), *Louis Jouvet*, biographie, Ramsay, Paris.

Mignon (Paul-Louis), *Le Théâtre au XXᵉ siècle*, coll. Folio-Essais, Gallimard, Paris.

1987

Bibliothèque nationale, catalogue de l'exposition Jouvet, Dullin, Baty, Pitoëff, le Cartel ; commissaire Marie-Françoise Christout ; éd. Bibliothèque nationale, Paris.

« Dossier Louis Jouvet », témoignage de Marthe Herlin-Besson, texte Paul-Louis Mignon, in *Comédie-Française*, n° 163, décembre.

Remerciements

Nous tenons à remercier pour leurs témoignages et leurs informations : Lucien Aguettand, Jean-Louis Barrault, Julien Bertheau, Maurice Bessy, Dominique Blanchar, Marie-Françoise Christout, et le département des arts du spectacle de la Bibliothèque nationale, Marie-Hélène Dasté, Michel Etcheverry, Charles Ford, Marcel Karsenty, Léo Lapara, Jeanne Laurent, Rose-Marie Moudouès, François Périer, Henri Sauguet, Pierre Soulages, René Thomas-Coèle et Wanda Kérien.

Nous exprimons notre gratitude à Rose-Marie Moudouès et à la Société d'histoire du théâtre pour nous avoir autorisés à reproduire une part de la documentation, dont le numéro spécial de la *Revue d'histoire du théâtre* (1952, I-II), consacré à Louis Jouvet, est la source.

Du même auteur

Jean Dasté, coll. Les Metteurs en scène, P.L.F

Le Théâtre en U.R.S.S., L'Arche.

Salacrou, coll. Bibliothèque idéale, Gallimard.

J'aime les marionnettes, Rencontre.

Impromptu délibéré, entretiens avec Armand Salacrou, coll. Le Manteau d'Arlequin, Gallimard.

Le Théâtre d'aujourd'hui de A jusqu'à Z, coll. L'Avant-Scène, Michel Brient.

Le Théâtre contemporain, Hachette.

Panorama du théâtre au XXe siècle, Gallimard.

Barrault-Renaud, coll. Notre Siècle, Messine, Paris.

Le Théâtre au XXe siècle, coll. Folio-Essais, Gallimard.

« Carnet d'un spectateur fidèle et libre », in *Le Guide d'Avignon*, La Manufacture, Lyon.

Paul-Louis Mignon est né en 1920 au Vésinet. Il a fait un premier apprentissage théâtral à l'université, au sein du groupe théâtral médiéval de la Sorbonne, les Théophiliens. Etudiant, il est accueilli par Charles Dullin, Jean-Louis Barrault, Jean Vilar, Maurice Jacquemont, et développe auprès d'eux sa connaissance de la pratique théâtrale. Mais, à la Libération, il est engagé à *Combat* par Albert Camus, sur recommandation de Jean-Paul Sartre, pour la rubrique spectacles, et bientôt après, à la Radiodiffusion française par Jean Tardieu, pour le magazine d'information théâtrale. De 1947 à 1985, il assure à la radio la critique dramatique et réalise, de 1959 à 1974, le magazine théâtral de la télévision.

Président d'honneur du syndicat de la critique dramatique et musicale, président pendant quinze ans de la commission d'aide aux compagnies dramatiques du ministère de la Culture, secrétaire général du Centre français et membre du comité exécutif de l'Institut international du théâtre, il a consacré plusieurs ouvrages à des aspects marquants de l'histoire du théâtre contemporain. Il a travaillé ainsi avec Louis Jouvet pour l'édition de la mise en scène des *Fourberies de Scapin* par Jacques Copeau.

Composition, montage, photogravure : TexTel, 69005 Lyon. Achevé d'imprimer sur les presses de la S.E.P.C. à Saint-Amand-Montrond.
Dépôt légal : juin 1989. N° d'impression : 1146.